UNA VIDA QUE VALGA LA PENA

Marshall Goldsmith
y Mark Reiter

UNA VIDA QUE VALGA LA PENA

El arte de vivir con plenitud y sin arrepentimientos

indicios

Argentina – Chile – Colombia – España
Estados Unidos – México – Perú – Uruguay

Título original: *The Earned Life*
Editor original: Currency, Penguin Random House LLC
Traducción: Valentín Farrés

1.ª edición Noviembre 2022

ISBN: 978-84-15732-56-3
E-ISBN: 978-84-19251-77-0
Depósito legal: B-16.991-2022

Fotocomposición: Ediciones Urano, S.A.U.

Impreso por: Romanyà-Valls – Verdaguer, 1 – 08786 Capellades (Barcelona)

Impreso en España – *Printed in Spain*

Otras obras de Marshall Goldsmith y Mark Reiter

Un nuevo impulso
Disparadores

Al Dr. R. Roosevelt Thomas, Jr. (1944-2013),
por sus ideas y su apoyo.

A Annik LaFarge, por presentarnos.

«No presumas que soy lo que fui».

Enrique IV, segunda parte, William Shakespeare

ÍNDICE

PARTE I
ELEGIR TU VIDA

PARTE II
MERECER TU VIDA

PRÓLOGO A LA EDICIÓN EN ESPAÑOL

Una vida que valga la pena

Algunas preguntas, no son muchas, marcan un punto de inflexión en la vida. El efecto que producen en nuestro interior es tan intenso que se convierten en un catalizador del cambio en algunos aspectos de nuestra forma de pensar, de sentir y de actuar. Son pausas, micromomentos reveladores, muy poco habituales, que logran algo verdaderamente complejo: que paremos unos instantes y nos cuestionemos lo que pensamos y creemos. Gracias a ellas, por fin, nos escuchamos.

Este gran libro, y digo «gran» porque considero que es un libro que todos deberíamos tener en nuestra mesilla de noche, está lleno de preguntas que inducen al lector a reflexionar. Preguntas profundas, desafiantes, rigurosas, esclarecedoras, abiertas. Es una obra que recomiendo leer despacio para paladear y disfrutar al máximo de cada una de las ideas y aprendizajes que en ella se transmiten.

Cuando la tienes en tus manos hay momentos en los que sientes que el mundo se para. De alguna forma reconoces la verdad que encierran sus ideas, observas cómo te envuelven y sientes una conexión directa y profunda con el autor. Esta conexión nace de su generosidad y sinceridad. Generosidad en mayúsculas al regalarnos los aprendizajes y conocimientos acumulados a lo largo de toda una vida trabajando como *coach* con los CEOs de las principales empresas del mundo, y sinceridad, porque detrás de cada palabra se percibe el alma y el pensamiento de un profesional que ha destinado y destina su existencia a un propósito increíble: ayudar profundamente a los demás. Ambas cosas son las que hacen posible que comiences a reflexionar de forma seria y rigurosa sobre tus experiencias, sobre lo que deseas y sobre cómo vivir una vida que realmente merezca la pena.

¿A qué esperas para vivir tu vida? Es una preciosa pregunta que Marshall Goldsmith nos hace a lo largo de este libro. ¿A qué esperas para vivir tu vida? Detrás de esta pregunta, cada uno podemos hacernos más preguntas. ¿Por qué esperas? ¿A quién esperas? ¿A qué esperas a dar la mejor versión de ti mismo? ¿Qué te impide dar el primer paso? ¿Qué te detiene? Son interrogantes que deberíamos destinar tiempo a contestar. Preguntas que necesitan profundidad y franqueza porque te sitúan delante de tu presente con una nitidez y honestidad incuestionables. Son cuestiones que nos guían hacia lo que de verdad importa. La vida es lo más significativo que tenemos y vivir una vida valiosa es el sueño que todos queremos y debemos alcanzar. Está en nuestras manos.

Animo al lector a que se deje cautivar por este libro y reflexione con el autor formulándose las mismas preguntas que él nos formula. Hay páginas que te atrapan irremediablemente, párrafos que deseas leer una y otra vez y conceptos que nunca olvidarás: «Cada respiración que tomas es un nuevo yo». Un nuevo yo implica que todo lo que hicimos ayer pertenece al pasado; si cometimos un error, fue nuestro yo anterior quien lo hizo, luego de nada sirve lamentarse ni sentirse culpable. Es una magnífica y liberadora forma de ver la vida. Cada instante nos ofrece una nueva oportunidad para comenzar de cero, de nuevo con los aprendizajes de lo vivido. ¿Somos capaces de descubrir el poder que hay detrás de este planteamiento? Vivir el presente sin el peso del pasado. Vivir cada día como una nueva oportunidad. Vivir cada instante con un poco más de experiencia, de sabiduría, de esperanza. El solo hecho de entender así nuestra vida supone, desde mi punto de vista, un salto relevante acerca de cómo nos vemos a nosotros mismos y nuestra capacidad de acción para cambiar las cosas que deseamos. Nos permite entender y amar cada momento de una forma completamente diferente con la ligereza de vivir un presente más consciente, más honesto y mucho más significativo. Es francamente bonito entender la vida de esta manera.

Otro concepto que me gustaría resaltar es la valiosa diferencia entre lo que haces, lo que quieres lograr y lo que quieres llegar a ser. Hacer - lograr - ser. Tres planos completamente distintos. Vivimos inmersos en una sociedad que valora excesivamente lo que hacemos y logramos. De hecho, destinamos toda nuestra existencia a conseguir y lograr el mayor número de cosas que podamos. Cuanto más tenemos, más valemos; qué concepto tan aceptado y a la vez tan equivocado. ¿Cuánto tiempo destinamos a pensar quién queremos ser? ¿Cuándo nos paramos a hacerlo? Los objetivos guían con demasiado poder y fuerza nuestras vidas. No debería ser así. No, si lo reflexionáramos con calma. Erróneamente pensamos que las metas u objetivos nos van a proporcionar felicidad, satisfacción o éxito, pero lamentablemente, al alcanzarlos, descubrimos que la satisfacción no es de ninguna manera tan grande como imaginábamos y que además se desvanece como las olas en el mar o como la arena que se escapa de nuestras manos y, lo peor de todo, es que no nos proporcionan la ansiada felicidad que buscábamos.

Reflexionar sobre lo que queremos llegar a ser crea un rumbo completamente diferente en nuestras vidas. Marca un camino más completo y con una guía clara. Es un giro de 360 grados a la forma en que entendemos la vida, nuestra vida. En palabras del autor: *"apostamos por un futuro que será mejor que nuestro actual yo"*. Apostamos, definimos, creamos un futuro mejor que nos ayuda a elevar nuestra mirada sobre el presente, sobre los problemas, sobre nuestros miedos o dudas y nos inspira a dar los primeros pasos para vivir con plenitud. Nos anima a «ser mucho más» en todos los aspectos. Con nosotros mismos, con nuestra familia, con nuestro entorno, con nuestros amigos, con la sociedad. Es una senda extraordinaria que todos deberíamos seguir.

Marshall Golsdmith nos ofrece el camino y los pasos para conseguirlo. Él nos dice que es un libro de reflexión sobre su futuro, yo creo que es mucho más que eso. Es un libro donde nos da lo mejor de sí mismo, donde nos abre su alma y sus pensamientos. Nos hace entender que hay algo que da sentido a nuestra vida y a nuestro personal e intransferible camino. Ese algo es el propósito que cada uno de nosotros nos marcamos para vivir. Las opciones son infinitas. Los caminos también. Aquello que decidamos cohesionará todo lo que nos sucedió en el pasado, en el presente, y lo que sucederá en el futuro. De hecho, definirá nuestra vida. Busquemos cada uno un propósito que haga que nuestra vida merezca la pena.

Ahora, en este instante, tienes en tus manos un libro que te ayudará a conseguirlo. Muchas gracias, Marshall Goldsmith.

Juana Erice, comunicadora, *coach,*
autora de *Alíate con el miedo*, *Atrévete* y *Gracias*

INTRODUCCIÓN

Hace algunos años, durante el gobierno de George W. Bush, me presentaron a un hombre llamado Richard en una conferencia de liderazgo. Richard era gerente de negocios para artistas, escritores y músicos. Varios conocidos comunes me habían dicho que Richard y yo teníamos mucho en común. Él vivía en Nueva York, donde yo acababa de comprar un apartamento, y acordamos que podíamos quedar para cenar la próxima vez que yo estuviera en la ciudad. En el último momento, se echó atrás sin motivo aparente. Pero bueno…

Unos años más tarde —durante el gobierno de Obama—, nos reunimos por fin para cenar y, como los amigos habían predicho, congeniamos inmediatamente. Hubo conversación animada y risas. En un momento dado, Richard se arrepintió de haber cancelado la cita en aquel entonces, al imaginar todos los buenos momentos y las comidas joviales que nos habíamos perdido durante, como él decía, aquellos «años perdidos» antes de conocernos. Estaba bromeando sobre los años perdidos, por supuesto, pero no podía ocultar una nota de melancolía, como si se hubiera equivocado en una decisión vital que requería una disculpa.

Repetía periódicamente esa nota de contrición las dos o tres veces al año que nos reuníamos en Nueva York. Y en cada ocasión, yo decía: «Déjalo. Acepto tus disculpas». Entonces, durante una de nuestras cenas, me contó una historia.

Acababa de graduarse en el instituto de un suburbio de Maryland. Como era un estudiante indiferente y sin interés por la universidad, se alistó en el ejército estadounidense. Después de tres años de servicio en una base militar en Alemania —y no en un despliegue de combate en Vietnam—, volvió a Maryland decidido a obtener un título universitario. Tenía veintiún años y por fin había aclarado su futuro. Pasó el verano anterior a su primer año conduciendo un taxi por la ciudad de Washington. Un día, llevó del aeropuerto a Bethesda a una joven, estudiante de Brown, que regresaba de un año de estudios en Alemania.

«Tuvimos una hora de trayecto para intercambiar impresiones sobre Alemania», explicó Richard. «Fue una de las horas más encantadoras de mi vida hasta ese momento. Definitivamente, había química en ese taxi. Cuando llegamos a casa de sus padres, que era muy grande, llevé sus maletas al porche e hice tiempo para pensar en mi próximo movimiento. Quería volver a verla, pero no estaba bien visto que un conductor pidiera una cita a una pasajera, así que hice lo siguiente. Escribí mi nombre en una tarjeta de la compañía de taxis y dije suavemente: "Si necesitas que te lleven al aeropuerto, llama a la central y pregunta por mí". Ella dijo: "Me gustaría", con lo que daba a entender que ya estábamos acordando una cita. Volví al taxi, entusiasmado por las posibilidades. Ella sabía cómo localizarme y yo sabía dónde vivía; estábamos conectados de alguna manera».

A medida que Richard hablaba, yo estaba seguro de saber por dónde iba su historia. Era la materia prima de casi todas las comedias románticas que había visto. Una chica y un chico se conocen, uno de ellos pierde un nombre o un número o una dirección, el otro espera en vano volver a tener noticias, por casualidad se encuentran años después y vuelven a conectar. O alguna otra variante, pero no fue el caso.

«Me llamó unos días después y concertamos una cita para el siguiente fin de semana», continuó Richard. «Conduje hasta su casa y me detuve a tres cuadras de distancia para serenarme. Esta noche era importante para mí. Me veía pasando mi vida con ella, a pesar de que venía de un entorno mucho más acomodado que el mío. Y entonces hice algo inexplicable. Me paralicé. Tal vez fuera la gran casa, el barrio elegante o el hecho de que conducía un taxi, pero no tuve el valor de acercarme a su puerta. Nunca volví a verla, y mi cobardía me ha perseguido durante cuarenta años. Tiene que ser esa la gran razón por la que he pasado toda mi vida adulta solo».

La voz de Richard se entrecortó con este abrupto y desconcertante final de su historia. Su rostro estaba tan angustiado que tuve que apartar la mirada. Yo esperaba un recuerdo conmovedor de una primera cita con éxito y muchas más posteriores, o una aceptación agridulce de que, tras unas cuantas citas, él y la joven se habían dado cuenta de que no eran el alma gemela que esperaban. En cambio, había escuchado un relato de colosal arrepentimiento, la más vacía y desolada de las emociones humanas. Fue un bloqueo de la conversación que aterrizó entre nosotros con un trágico golpe. Yo no tenía nada curativo o redentor que añadir. El arrepentimiento es un sentimiento que no le deseo a ningún ser humano.

Cualquier libro de consejos que se precie tiene como objetivo ayudar a los lectores a superar un reto: perder peso, hacerse rico y encontrar el amor son tres retos universales que me vienen a la mente. En mis últimos libros me he centrado en nuestro comportamiento en el nexo donde se interseccionan nuestras aspiraciones profesionales y nuestro bienestar personal. En *What Got You Here Won't Get You There* (*Un nuevo impulso*), abordé el tema de cómo erradicar los comportamientos autodestructivos en el lugar de trabajo; en *Mojo*, el de cómo hacer frente a los contratiempos profesionales que detienen nuestro impulso, y en *Triggers* (*Disparadores*), el de cómo reconocer las situaciones cotidianas que desencadenan nuestras respuestas y elecciones menos atractivas.

El reto que enfrentamos aquí es el arrepentimiento.

Mi premisa es que nuestras vidas oscilan entre dos polos emocionales. En un polo está la emoción que conocemos como satisfacción o plenitud. Juzgamos nuestra sensación interna de satisfacción en función de seis factores que yo llamo los «Satisfactores»:

- Propósito
- Sentido
- Logros
- Relaciones
- Compromiso
- Felicidad

Estos son los puntos de referencia que dictan todos nuestros esfuerzos en la vida.* Invertimos enormes cantidades de tiempo y energía para encontrar el propósito y el sentido de nuestras vidas, para ser reconocidos por nuestros logros, para mantener nuestras relaciones, para estar comprometidos con lo que hacemos y para ser felices. Nuestra vigilancia y esfuerzo son incesantes, porque nuestra conexión con estos seis factores es frágil, variable y fugaz.

La felicidad, por ejemplo, es el indicador universal de la temperatura de nuestro bienestar emocional, y por eso nos preguntamos con frecuencia si somos felices, o soportamos que los demás nos hagan esa pregunta.

Sin embargo, la felicidad puede ser nuestro estado emocional menos permanente, tan breve como un sueño. Nos pica la nariz, nos rascamos, nos sentimos aliviados y felices, y luego nos damos cuenta de que una molesta mosca zumba por la habitación y una brisa

---

* He excluido intencionalmente la salud y la riqueza de esta lista de Satisfactores —seguramente otras dos áreas principales de todos nuestros esfuerzos— bajo el supuesto de que, si estás leyendo este libro, estos dos objetivos ya han ocupado gran parte de tu vida adulta, hasta el punto de que puedes tener cada uno de ellos bajo control. Miras el espejo o el extracto del banco y te dices: «Estoy bien». Además, estoy convencido de que, si necesitas consejos sobre dietas, ejercicio y cómo enriquecerte, encontrarás mejores respuestas en otros lugares.

fría entra por la ventana, y en algún lugar gotea un grifo. Situaciones como estas suceden de un momento a otro, durante todo el día. Nuestra felicidad se desvanece instantánea y constantemente. El sentido, el propósito, el compromiso, las relaciones y los logros son vulnerables por igual. Los alcanzamos y los agarramos pero, con una rapidez alarmante, se nos escapan de las manos.

Pensamos que, si podemos crear una equivalencia entre (a) las elecciones, los riesgos y el esfuerzo que hicimos al perseguir los seis Satisfactores y (b) la recompensa que recibimos por hacerlo, lograremos una última sensación de plenitud, como si hubiéramos descubierto que nuestro mundo es justo y equitativo. Nos recordamos: «Lo he querido, he trabajado para conseguirlo y mi recompensa ha sido igual a mi esfuerzo. En otras palabras, me lo he ganado». Es una dinámica sencilla que describe gran parte de nuestro esfuerzo en la vida. Pero, como veremos, nos ofrece una imagen incompleta de una vida que valga la pena.

El arrepentimiento es el polo opuesto de la satisfacción.

El arrepentimiento, en palabras de Kathryn Schulz en su maravillosa charla TED de 2011 sobre el tema, es «la emoción que experimentamos cuando pensamos que nuestra situación actual podría ser mejor o más feliz si hubiéramos hecho algo diferente en el pasado». El arrepentimiento es un cóctel diabólico de *acción* (nuestros arrepentimientos son creados por nosotros, no nos los imponen los demás) e *imaginación* (debemos visualizarnos tomando una decisión diferente en nuestro pasado que nos proporciona un resultado presente más atractivo). El arrepentimiento está totalmente bajo nuestro control, al menos en lo que respecta a la frecuencia con la que lo invitamos a entrar en nuestras vidas y el tiempo que dejamos que se quede. ¿Elegimos ser torturados o desconcertados por ello para siempre (como en el caso de mi amigo Richard), o podemos seguir adelante, sabiendo que el arrepentimiento no ha terminado con nosotros, que seguramente viviremos para arrepentirnos de nuevo algún día?

Nuestros arrepentimientos no son de talla única. Al igual que las camisas de los hombres, vienen en S, M, L, XL, XXL, e incluso más grandes. Para que quede claro, en este libro no voy a ocuparme de los microarrepentimientos, de los pasos en falso fortuitos, como el desliz que ofende a un colega. Estos son pasos en falso lamentables que suelen resolverse con una disculpa sincera. Tampoco estoy pensando en nuestros arrepentimientos de tamaño medio, como el tatuaje que inspiró la charla TED de Kathryn Schulz, que la atormentaba en el momento en que salía del salón de tatuajes, mientras se preguntaba obsesivamente: «¿En qué estaba pensando?». Al final lo superó, e incluso aprendió una lección sobre lo expuesta y totalmente desprovista de seguridad que estaba respecto de sus lamentables elecciones, y se prometió a sí misma que lo haría mejor en el futuro.

De lo que se trata aquí es de un arrepentimiento existencial de enormes dimensiones, de esos que desvían los destinos y persiguen nuestra memoria durante décadas. El arrepentimiento existencial es decidir no tener hijos y cambiar de opinión demasiado tarde. Es permitir que nuestra alma gemela se convierta en la que se perdió. Es rechazar el trabajo perfecto porque dudamos de nosotros mismos mucho más que quienes nos quieren contratar. Es no tomar en serio nuestros estudios en la escuela. Es mirar hacia atrás, ya jubilados, y desear que nos hubiéramos permitido más tiempo de ocio para desarrollar intereses fuera del trabajo.

Puede ser difícil, pero no es imposible, evitar el arrepentimiento existencial, en la medida en que estamos abiertos a focalizarnos en nuestra satisfacción. Estar abiertos a las oportunidades que surgen en el camino puede ayudarnos a evitar el arrepentimiento, aun cuando creamos que estamos felices y satisfechos en el lugar donde nos encontramos. La herramienta más sencilla que conozco para encontrar la satisfacción es estar atentos a ella.

Los lectores de mis libros anteriores saben que soy incapaz de ocultar mi admiración por mi amigo Alan Mulally. Considero que Alan es un modelo de cómo crear una vida bendecida por la satisfacción y sin nada de arrepentimiento.

En 2006, cuando Alan era CEO de la compañía de aviación comercial Boeing y le ofrecieron el puesto de CEO de la Compañía Ford Motor, me pidió consejo sobre los pros y los contras de dejar Boeing, la única empresa en la que él había trabajado. Como su antiguo *coach*, yo me sentía en una posición objetiva única para darle consejo. Yo sabía que era un líder excepcional y creía que podía tener éxito en cualquier puesto ejecutivo. También sabía desde hacía algún tiempo que se le presentarían múltiples oportunidades para ser líder en otras empresas, aunque muy pocas de ellas serían lo suficientemente atractivas o desafiantes como para alejarlo de Boeing. Cualquier oferta, para servir, tendría que ser una oportunidad extraordinaria. Ayudar a revivir a Ford era una gran oportunidad, y le recordé a Alan el consejo profesional que le había dado antes: *Mantén la mente abierta.*

Alan rechazó inicialmente la oferta de Ford. Sin embrago, mantuvo la mente abierta y continuó recopilando información sobre lo que se necesitaría para rescatar al gigante automotriz, reconsiderando el trabajo desde todos los ángulos (es uno de sus talentos). Unos días después, aceptó la oferta de trabajar en Ford. Al hacerlo, continuó enfocándose en estar abierto a lograr una realización aún mayor, sin evitar el arrepentimiento.*

El arrepentimiento, sin embargo, es nuestro tema secundario aquí. Estuve coqueteando con llamar a este libro «La cura del arrepentimiento», pero llegué a la conclusión de que eso sería engañoso. El arrepentimiento es el extraño que llama a la puerta, que aparece

---

* El precio de las acciones de Ford aumentó un 1.837 % durante los siete años que Alan estuvo al frente de la empresa y, lo que es más importante, él obtuvo un 97 % de aprobación como CEO por parte de los empleados de una empresa sindicalizada.

cuando tomamos malas decisiones y todo se ha estropeado. Es lo que hay que evitar, teniendo en cuenta que no podemos desterrarlo por completo (ni deberíamos, teniendo en cuenta lo instructivos que nuestros arrepentimientos pueden ser: «Nota para mí: No vuelvas a hacer *eso*»). Nuestra política oficial sobre el arrepentimiento en estas páginas es aceptar su inevitabilidad, pero reducir su frecuencia. El arrepentimiento es el contrapeso deprimente para encontrar la satisfacción en un mundo complejo. Nuestro tema principal es lograr una vida de satisfacción, lo que yo llamo una *vida que valga la pena*.

Uno de los conceptos que nos guían aquí es que nuestras vidas residen en un continuo que oscila entre el Arrepentimiento y la Satisfacción como se ilustra a continuación.

Arrepentimiento   Satisfacción

Si pudiéramos elegir, estoy seguro de que cada uno de nosotros preferiría pasar más tiempo acercándose al extremo derecho que al izquierdo. Al investigar para este libro, pedí a una gran variedad de personas de mi círculo profesional que se situaran en este continuo. No se trata de un estudio científico riguroso, pero tenía curiosidad por saber qué impulsaba a la gente a situarse más cerca de la satisfacción que del arrepentimiento y, en ese caso, a qué distancia. Todos mis encuestados tenían éxito según los parámetros obvios en los que nos basamos. Estaban sanos. Habían acumulado una lista importante de logros profesionales, así como el estatus, el dinero y el respeto que suelen acompañar a los logros. Supuse que la mayoría de ellos se acercaría al extremo derecho de la línea; todos los indicios indicaban que deberían estar experimentando una plenitud casi total.

Tonto de mí. La verdad es que ninguno de nosotros conoce la escala de las aspiraciones de otro hombre o mujer y, por tanto, ninguno conoce la profundidad de sus decepciones y arrepentimientos. No podemos presumir ni predecir la relación de otras personas con la satisfacción o el arrepentimiento, ni siquiera de aquellas que creemos conocer bien. He aquí la respuesta de un CEO europeo, llamado Gunther, que está en la cima de su campo y, sin embargo, abrumado por el arrepentimiento de haber descuidado a su familia en favor de su carrera:

Arrepentimiento   Satisfacción

Presionado para medir su sensación de satisfacción, Gunther vio que todos los parámetros convencionales de éxito en las que él destacaba no podían contrarrestar su sensación de fracaso como padre y marido. El fracaso sobrepasaba su éxito, como si hubiera desperdiciado su vida ganando las recompensas equivocadas.

Lo mismo ocurrió con Aarin, una cliente de *coaching*. La consideraba una mujer muy exitosa y, por tanto, muy satisfecha y con pocos remordimientos. Aarin había emigrado de Nigeria a los Estados Unidos a los once años, había obtenido un título superior en ingeniería civil y había desarrollado una experiencia específica que la convertía en una consultora muy solicitada en la construcción de rascacielos, puentes, túneles y otras grandes estructuras. Tenía poco más de cincuenta años, estaba felizmente casada y tenía dos hijos en edad universitaria. Como inmigrante africana, era una rareza en su lugar de trabajo, posiblemente la única, lo que significaba que se había inventado una carrera para sí misma. Yo admiraba eso. Llevaba seis años asesorándola, y tenía la impresión de que conocía tanto sus sueños como sus resentimientos. Por eso me sorprendió su respuesta relativamente pesimista.

Arrepentimiento   Satisfacción

¿Cómo podía ser que ella, entre todas las personas, estuviese más arrepentida que satisfecha? Ella tenía una satisfacción básica con su vida. «No tengo motivos para quejarme». Y, sin embargo, el arrepentimiento la inundaba. Sus lamentos no se centraban en lo lejos que había llegado, sino en lo poco que había hecho en comparación con lo que creía que podía hacer. Hiciera lo que hiciera, no podía librarse de la idea de que no estaba a la altura de su potencial. Lamentaba que, cuando aceptaba un proyecto que pagaba lo suficiente como para cubrir los gastos generales y los salarios, tendía a relajarse y a no buscar nuevos negocios. ¿Por qué no contrataba a personas que se ocuparan de varios proyectos a la vez y se daba más tiempo para obtener mejores resultados? «Todo el mundo cree que soy una persona muy resistente», decía. «Pero en realidad soy una oveja vestida con ropa de primera categoría. La mayoría de las veces me siento como una impostora, indigna de los honorarios que cobro y de los elogios que recibo, y siempre estoy temiendo que llegue el momento en que me descubran».

Estaba claro que teníamos que hacer más *coaching*.

Me sorprendió que alguna de las preguntas de mi encuesta, ciertamente arbitraria y poco científica, arrojara respuestas parecidas de Gunther y Aarin. Las personas que podrían considerarse modelos de satisfacción resultaban estar atormentadas por un persistente arrepentimiento.

Esperaba que todos ellos fueran como Leonard, un operador de Wall Street que se vio obligado a jubilarse a los cuarenta y seis años cuando su tipo de comercio, altamente apalancado, le convirtió en una víctima de las reformas financieras Dodd-Frank de 2009. He aquí la respuesta de Leonard:

Arrepentimiento   Satisfacción

Hubiera apostado a que Leonard estaría amargado por el prematuro final de su carrera y que su amargura se transformaría en un profundo arrepentimiento. Aparentemente, no. Le pregunté cómo podía sentirse así, teniendo en cuenta lo joven que era y lo mucho que podría haber logrado.

Me respondió: «Soy un hombre afortunado. Un profesor de estadística me dijo que yo tenía un pequeño don. Podía ver las tasas de cambio en términos de rendimientos y tipos de interés en mi cabeza. Así que me dediqué a la transacción de bonos, el único campo en el que podía cobrar por mi pequeño talento. Acabé en una empresa con un sistema de remuneración que era puro pago por juego. Si obtenía beneficios, mi parte estaba estipulada por contrato hasta el último centavo. Si no lo hacía, estaba afuera. Gané dinero todos los años y nunca me sentí mal pagado o engañado. Recibía exactamente lo que me merecía, y por lo tanto lo sentía totalmente ganado. Eso no solo es satisfactorio cuando miro hacia atrás; es gratificante porque todavía tengo el dinero». Se reía al decir esto, claramente asombrado por su buena suerte y también encantado de cómo era.

Su razonamiento me desarmó. Durante años, yo había mantenido un prejuicio sobre los tipos de Wall Street: creía que eran personas inteligentes que entraban en el sector financiero a regañadientes, no porque les fascinaran los mercados, sino porque era una forma fácil de ganar un montón de dinero, salir pronto y pasar el resto de sus vidas haciendo lo que realmente querían hacer. Estaban dispuestos a sacrificar sus mejores años haciendo algo lucrativo, que no necesariamente amaban, para poder alcanzar la independencia y la comodidad lo antes posible. Él me demostró que estaba equivocado. Le encantaba comerciar con valores. Le resultaba fácil, lo que aumentaba sus posibilidades de demostrar que era excelente en ello. El hecho de que estuviera en un campo que pagaba muy bien por un rendimiento excelente no era una recompensa como tal; era un medio para conseguir un fin. Para él, la satisfacción provenía de la validación de ser una estrella en su trabajo y, como resultado, un buen proveedor para su familia. Le pedí que se calificara a sí mismo en los seis Satisfactores como si yo fuera un médico que realizara un examen físico anual. Cada categoría estaba bajo su control. Siempre había aspirado a la seguridad económica para poder mantener a su familia inmediata y a la extensa, por lo que marcó propósito, logros y significado. Su compromiso había sido total, «tal vez excesivo», admitía. Le gustaba el comercio. Las relaciones con su mujer y sus hijos mayores eran sólidas. «No dejo de sorprenderme de que mis hijos sigan queriendo pasar tiempo conmigo», dijo. Diez años después de dejar la mesa de operaciones financieras, donaba una buena parte de su fortuna y reconvertía su experiencia profesional ofreciendo asesoramiento financiero gratuito. No me molesté en preguntarle si era feliz. La respuesta estaba escrita en su rostro.

Red Hayes, el hombre que escribió el clásico de la música country de los años 50 *Satisfied Mind*, explicó que la idea de la canción surgió de su suegro, quien un día le preguntó quién creía que era el hombre más rico del mundo. Red aventuró algunos nombres. Su suegro le dijo: «Te equivocas; es el hombre con una mente satisfecha».

En Leonard, me di cuenta de que había encontrado a un hombre rico con una mente satisfecha, alguien que había maximizado la satisfacción y minimizado el arrepentimiento. ¿Cómo ocurre esto?

Esta es nuestra definición de una vida que valga la pena:

Vivimos una vida que vale la pena cuando las elecciones, los riesgos y el esfuerzo que hacemos en cada momento se alinean

*con un propósito global en nuestras vidas, independientemente
del resultado final.*

La frase incómoda en esa definición es la última: «independientemente del resultado final». Va en contra de mucho de lo que nos
enseñan sobre el logro de objetivos —establecer una meta, trabajar
duro, ganarse la recompensa— en la sociedad moderna.

Cada uno de nosotros sabe en el fondo de su corazón cuándo un
éxito, mayor o menor, es merecido y cuándo es producto de un universo misericordioso que se apiada de nosotros por un momento. Y también conocemos las diferentes emociones que suscita cada resultado.

El éxito merecido se siente como algo inevitable y justo, con un
matiz de alivio por no haber sido privados del mismo por una cala-
midad de último momento.

El éxito inmerecido es todo alivio y asombro al principio, la culpa de ser el beneficiario de la suerte necia. Es un sentimiento turbio
y no del todo gratificante: un suspiro de vergüenza más que un gesto de victoria. Esto explica por qué, con el paso del tiempo, a menudo revisamos la historia en nuestras mentes, y convertimos nuestra
suerte necia en algo que realmente hemos ganado mediante la aplicación de la habilidad y el trabajo duro. Nos encontramos en la tercera base e insistimos en que hicimos un triple, cuando en realidad
fue un error del jugador de campo lo que nos llevó de la primera a
la tercera. Jugamos a este juego mental revisionista para enmascarar
la ilegitimidad de nuestro éxito, y así demostramos de nuevo la mor-
daz observación de E. B. White de que «la suerte no es algo que se
pueda mencionar en presencia de hombres que se hicieron de abajo».

Por el contrario, algo verdaderamente merecido nos hace tres
simples requerimientos:

- Hacemos nuestra mejor *elección* apoyados en los hechos y en
  la claridad de nuestros objetivos. En otras palabras, sabemos
  lo que queremos y hasta dónde tenemos que llegar.

- Aceptamos el *riesgo* que conlleva.
- Ponemos nuestro máximo *esfuerzo*.

El resultado de este brebaje mágico de elección, riesgo y máximo esfuerzo es la gloriosa noción de una recompensa merecida. Es un término perfectamente válido, dentro de sus limitaciones. Una recompensa merecida es la solución ideal para cada objetivo que perseguimos y cada comportamiento deseable que intentamos perfeccionar en nosotros mismos. Se dice que debemos merecernos un salario, un título universitario, o la confianza de otras personas. Debemos ganarnos nuestra condición física. Debemos ganarnos el respeto; no se nos da gratuitamente. Y así con el largo catálogo del esfuerzo humano: desde una oficina con buenas vistas hasta el afecto de nuestros hijos —pasando por una noche de buen sueño o nuestra reputación y fama—, todo debe ganarse mediante la elección, el riesgo y el máximo esfuerzo. Por eso valoramos el éxito merecido; hay algo heroico en aplicar la máxima energía, ingenio y voluntad para conseguir lo que creemos que queremos.

Pero una recompensa merecida, por muy heroica que sea, no es suficiente para mis propósitos. Desde luego, no ayudó a que Gunther, el CEO europeo, se sintiera satisfecho. Toda su carrera fue una sucesión ininterrumpida de recompensas ganadas, de objetivos cada vez mayores perseguidos y alcanzados. Pero todas esas recompensas estaban en el trabajo, no en casa. No tenían ningún poder para evitar que se sintiera abrumado por su fracasada vida familiar. Desde luego, no conducían a una vida que valiese la pena. Aarin tampoco encontró satisfacción en su impresionante serie de logros. Cada gran victoria parece haberla dejado con cuestionamientos sobre su motivación y compromiso: podría y debería haberse esforzado más.

En muchos casos, los resultados de nuestras elecciones, riesgos y esfuerzos máximos no son justos y equitativos. A menos que hayas tenido una vida absurdamente encantada, sabes que la vida no siempre es justa. Esto comienza al nacer: quiénes son tus padres, dónde creces, tus oportunidades educativas y muchos otros factores, la mayoría de ellos se hallan fuera de tu control. A algunos les toca la cuchara de plata, a otros el trozo de carbón. En algunos casos, las desventajas que heredamos pueden superarse mediante decisiones astutas y el máximo esfuerzo. Incluso entonces, las inequidades de la vida pueden doler; por ejemplo, si eres el candidato perfecto para un puesto de trabajo, pero se contrata al sobrino de alguien. Puedes hacerlo todo bien, pero no hay garantía de que el resultado sea justo para ti. Puedes estar amargado y enfadado, y quejarte de que no es justo. O puedes aceptar las decepciones de la vida con elegancia. Pero no esperes que cada intento de merecer un objetivo te proporcione la recompensa adecuada. El resultado no es tan fiable como deseas o mereces.

Hay otra razón, más irrecusable, por la que dudo en confiar demasiado en el concepto de recompensa merecida: es un recipiente demasiado provisional y frágil para contener nuestros deseos y anhelos de una vida que valga la pena. El estímulo emocional que nos proporciona una recompensa es efímero. La felicidad se nos escapa desde el primer segundo en que somos conscientes de ella. Conseguimos un ascenso largamente buscado y, con una prisa alarmante, levantamos la vista hacia el siguiente peldaño de la escalera, como si ya estuviéramos insatisfechos con lo que tanto nos costó ganar. Hacemos campaña durante meses para ganar unas elecciones y, tras una rápida celebración, debemos ponernos a trabajar inmediatamente para los votantes. El esfuerzo ha terminado y comienza otro nuevo. Sea cual sea el premio que hayamos ganado —un gran aumento de sueldo, convertirnos en socios, una reseña maravillosa—, nuestro baile de la victoria es breve. Nuestra sensación de plenitud y felicidad simplemente no dura.

No estoy menospreciando el valor de una recompensa merecida, ni toda la energía que se empleó en crearla. Establecer objetivos y obtener los resultados deseados son los primeros pasos esenciales para tener éxito en cualquier actividad. Lo que cuestiono es su utilidad para lograr una vida que valga la pena cuando esos pasos están alejados de un propósito mayor en nuestras vidas.

Por eso, Leonard, el comerciante de Wall Street, se sintió realizado en su vida cuando otros, quizá más afortunados y acomodados que él, se quedaron cortos. No estaba en el juego del dinero solamente para ganar dinero. Su esfuerzo se basaba en el objetivo superior de proteger y mantener a su familia. Una recompensa que no tiene conexión con un propósito superior es un logro vacío, como un jugador de baloncesto que solo está interesado en mantener su alto promedio de puntuación en lugar de hacer los innumerables sacrificios (por ejemplo, tomar la delantera, buscar los balones sueltos, marcar al mejor jugador del oponente) que ganan juegos que están igualados y campeonatos.

En estas páginas, veremos que una vida que valga la pena exige unas pocas cosas de nosotros:

- Vive tu propia vida, no la versión que haya hecho de ella otra persona.
- Comprométete a merecer cada día. Conviértelo en un hábito.
- Atribuye tus momentos de ganancia a algo más grande que la mera ambición personal.

Al final, una vida ganada no incluye una ceremonia de entrega de trofeos. La recompensa de vivir una vida ganada es participar en el proceso de ganarse constantemente esa vida.

Este libro fue escrito durante la pandemia de COVID, mientras estaba aislado con mi mujer, Lyda, en un apartamento de alquiler de una habitación junto al océano Pacífico en el sur de California. Acabábamos de vender nuestra casa de treinta años en Rancho Santa Fe, al norte de San Diego, y estábamos esperando en el apartamento para hacer una mudanza permanente a Nashville, donde viven nuestros nietos gemelos, Avery y Austin. Esperamos quince meses para mudarnos.

A diferencia de mis otros escritos, este libro no solo se inspira en la vida de mis clientes de *coaching*, utilizando sus ejemplos como una fuente de material, sino también en la mía propia. Está escrito en un momento de mi vida en el que todavía no he hecho todo lo que quería hacer, pero se me acaba el tiempo. Así que tengo que tomar decisiones. Tengo que dejar ir los sueños que albergaba en mis días de juventud, no solo porque el reloj está avanzando, sino también porque esos sueños ya no tienen sentido para mí.

Este libro es una reflexión sobre mi futuro. He aprendido que nunca es demasiado tarde para reflexionar, porque, mientras respires, tienes más tiempo. Pero nunca es demasiado pronto; y pronto es mejor. Eso es lo que espero que el lector, sea cual sea su edad, se lleve de estas páginas al reflexionar sobre la vida que se está forjando y al tomar decisiones basadas en esa reflexión. Hay mucha introspección aquí sobre las personas que me ayudaron y lo que me enseñaron. Hay mucha introspección por la pandemia, que resultó ser un extraordinario año y medio de ganancias no monetarias para mí. También hay mucha introspección porque estoy en una etapa de la vida en la que las oportunidades de enfrentarme al arrepentimiento existencial aumentan de forma predecible, por la sencilla razón de que los intervalos de diez o veinte años en el futuro que pueden haber determinado mis elecciones en días anteriores, cuando el tiempo parecía ilimitado, ya no son una opción racional para mí. Puede que viva treinta años más y llegue a los cien. Pero no puedo contar con ello, ni sé si mi buena salud continuará o qué amigos y colegas estarán cerca para notarlo. A medida que mi tiempo en la tierra se acorta, tengo que hacer una selección con todas las casillas sin marcar de mi lista de cosas por hacer en la vida. ¿Qué cosas no se pueden hacer? ¿Qué cosas ya no parecen tan importantes? ¿Qué dos o tres cosas son imprescindibles y me arrepentiría mucho de no haberlas hecho? Quiero utilizar el tiempo que me

queda para maximizar la satisfacción y minimizar mis arrepentimientos.

Este libro es una de mis cosas imprescindibles. Espero que te
sirva y te enseñe a utilizar tu tiempo de forma oportuna y a terminar
sin remordimientos.

EJERCICIO INTRODUCTORIO

....

¿Qué significa para ti «que valga la pena»?

Piensa en un momento de tu vida que presente la conexión más indiscutible entre lo que te propusiste y lo que finalmente conseguiste. Quizá tu momento sea tan sencillo como querer sacar un sobresaliente en álgebra y dedicar las horas de estudio necesarias para conseguirlo. O tal vez sea esa vez que se te ocurrió una idea brillante que resolvió al instante un problema que tenía a todos tus colegas perplejos, y eso mejoró la opinión que ellos tenían sobre ti. O tal vez sea un logro con muchas partes móviles: poner en marcha tu propio negocio, escribir un guion y conseguir que se venda, crear un producto y sacarlo al mercado. Cada uno de ellos es un acontecimiento merecido, discreto y vinculado a un objetivo concreto. Cabe esperar que la sensación de éxito haya sido lo suficientemente gratificante como para querer repetirlo. Así es como se construye una vida de recompensas merecidas, con un objetivo conseguido cada vez. Pero la suma no siempre es mayor que las partes. Esta cadena de recompensas ganadas no necesariamente proporciona una vida que valga la pena.

HAZ ESTO: Ahora toma ese sentimiento de merecimiento y amplifícalo. Conéctalo a un objetivo mayor que una meta transitoria, algo que valga la pena perseguir durante el resto de tu vida. Escoge un propósito global en tu vida. Tal vez quieras conectar tus momentos ganados con una práctica espiritual para convertirte en un ser humano más iluminado. O sea algo con miras al futuro, como crear un legado que beneficie a otras personas una vez te hayas ido. Tal vez sea el ejemplo de otra persona lo que te inspire a ser mejor (por ejemplo, la famosa escena final de *Salvar al soldado Ryan*, en la que un moribundo capitán John Miller, interpretado por Tom Hanks, tras haber sacrificado su vida para salvar al soldado Ryan, le susurra: «Merécete esto»). Tus opciones son infinitas, pero el proceso de merecer sigue siendo el mismo: (a) tomar una decisión, (b) aceptar el riesgo, y (c) conseguirlo sin que quede gasolina en el depósito. La única diferencia es que no estás orientando tus esfuerzos a una recompensa momentánea, sino a un propósito global para tu vida.

Aunque se trata de un ejercicio de calentamiento antes del trabajo pesado, no es fácil. La mayoría de nosotros, a cualquier edad, rara vez nos hemos enfrentado al reto de identificar un propósito vital mayor. Satisfacer las exigencias mundanas de la vida diaria es más que suficiente para ocupar nuestro cerebro de hora en hora. Recuerda: esto no es un examen con calificación, ni tu respuesta te compromete para siempre (puede cambiar a medida que tú cambias). Lo que importa es tu intento de respuesta, sea sin esfuerzo o con dificultad. Ahora estás en condiciones de empezar.

PARTE I

ELEGIR TU VIDA

1

EL PARADIGMA DE «CADA RESPIRACIÓN»

Cuando el Buda Gautama dijo: «Cada respiración que tomo es un nuevo yo», no hablaba metafóricamente. Lo decía literalmente.

Buda enseñaba que la vida es una progresión de movimientos discretos de reencarnación constante desde un tú anterior a un tú presente. En un momento dado, a través de tus elecciones y acciones, puedes experimentar placer, felicidad, tristeza o miedo. Pero esa emoción concreta no perdura. Con cada respiración, se altera y finalmente desaparece. Fue experimentada por un tú anterior. Lo que sea que esperes que ocurra en tu próxima respiración, o en el próximo día, o en el próximo año, será experimentado por un tú diferente, el tú futuro. La única versión de ti que importa es el tú presente que acaba de respirar.

Parto de la base de que Buda tenía razón.

Eso no significa que debas abandonar tus artículos de fe espiritual o convertirte al budismo.* Solo te pido que consideres la visión de

---

* Llegué al budismo cuando tenía diecinueve años, no porque buscara convertirme a una nueva teología, sino porque expresaba ideas que se estaban formando borrosamente en mi curioso cerebro adolescente. Llegué al budismo en busca de confirmación y claridad, no de conversión. El Paradigma de Cada Respiración (el nombre que yo le doy, no el de Buda) se impuso tras años de estudio. El planteo sobre este paradigma en mi trabajo con los clientes llegó más tarde, cuando mi formación occidental no funcionó con jefes con problemas de comportamiento en el lugar de trabajo. Impregnados del paradigma occidental, se aferraban a sus triunfos pasados como prueba de que no necesitaban cambiar su comportamiento para producir más triunfos. «Si soy tan malo, ¿cómo es que tengo tanto éxito?», argumentaban, ignorando la posibilidad de que tuvieran éxito a pesar de sus defectos, no a causa de ellos. Conseguir que distinguieran entre su pasado y su presente a través de las enseñanzas de Buda fue mi último intento para asegurar que su próximo triunfo fuera conductual, no técnico o intelectual.

Buda como un nuevo paradigma para pensar en tu relación con el paso del tiempo y con una vida que valga la pena.

Un pilar fundamental del budismo es la *impermanencia*, es decir, la noción de que las emociones, los pensamientos y las posesiones materiales que ahora tenemos no duran. Pueden desaparecer en un instante, tan breve como el tiempo que necesitamos para respirar. Sabemos que esto es empíricamente cierto. Nuestra disciplina, nuestra motivación, nuestro buen humor, lo que sea, no son duraderos. Se nos escapan de las manos tan repentinamente como aparecieron.

Sin embargo, nos cuesta aceptar la impermanencia como una forma racional de entender nuestra vida, que la unidad y la peculiaridad de nuestra identidad y carácter es una ilusión. El paradigma occidental, tan arraigado desde la infancia, es un argumento continuo contra la impermanencia. En realidad, es un cuento de hadas, siempre con el mismo final: *Y vivieron felices para siempre*. El paradigma occidental consiste en esforzarse por conseguir algo mejor en el futuro y creer que se producirán dos cosas: (a) *sea cual sea nuestra mejora, seguimos siendo esencialmente la misma persona que hemos sido (solo que mejor)*, y (b) *contra toda evidencia, esta vez durará*. Será una solución permanente para lo que sea que esté royendo nuestro espíritu. Eso tiene tanto sentido como estudiar mucho para obtener un sobresaliente en matemáticas y pensar que eso te convertirá en un estudiante de sobresaliente para siempre, o creer que tu personalidad es fija y nunca puede cambiar, o que el aumento de los precios de la vivienda nunca bajará.

Esta es la gran enfermedad occidental de «Seré feliz cuando...». Es la actitud generalizada por la que nos convencemos de que seremos felices cuando consigamos ese ascenso, o conduzcamos un Tesla, o terminemos una porción de pizza, o consigamos cualquier otra medalla de nuestros deseos a corto o largo plazo. Por supuesto, cuando la medalla está finalmente en nuestras manos, aparece algo que nos obliga a subestimar su valor y a renovar nuestro esfuerzo por la siguiente medalla. Y la siguiente. Queremos alcanzar el siguiente nivel en la jerarquía de la empresa. Queremos un Tesla con más autonomía. Pedimos otra porción de pizza para llevar. Vivimos en lo que Buda llamaba el reino del fantasma hambriento, que siempre come pero nunca está satisfecho.

Esta es una forma frustrante de vivir, y por eso insto a una forma diferente de ver el mundo: una que ame el momento presente en lugar del momento anterior o el posterior.

Cuando explico el paradigma de cada respiración a mis clientes, acostumbrados como están a fijarse objetivos y a alcanzar grandes logros, les cuesta aceptar la primacía del ahora sobre los placeres válidos de recordar los éxitos del pasado o la emoción de cara al futuro de perseguir un objetivo ambicioso. Mirar hacia el futuro es algo natural para ellos, al igual que mirar hacia atrás para enorgullecerse de su trayectoria. El momento presente, sorprendentemente, es casi un pensamiento secundario.

Poco a poco, voy minando su actitud. Cuando los clientes se lamentan por un error, reciente o antiguo, les digo basta y les pido que repitan lo siguiente: «Ese era un yo anterior. El yo presente no cometió ese error. Entonces, ¿por qué me estoy torturando por un error pasado que la versión actual de mí no cometió?».

Luego les pido que hagan el gesto universal de la mano para sacudirse un problema y que repitan conmigo: "Déjalo ir". Aunque parezca una tontería, esta rutina funciona. Los clientes no solo empiezan a ver la inutilidad de insistir en el pasado, sino que también abrazan la noción psíquicamente tranquilizadora de que el error lo cometió otra persona, un yo anterior. Pueden perdonar a ese yo anterior y seguir adelante. En mis primeras reuniones con los clientes puedo emplear esta rutina media docena de veces en una hora de conversación. Pero al final lo consiguen, normalmente en un momento crítico o tenso en el que por fin aprecian que el paradigma de cada respiración tiene utilidad en su vida diaria, y no solo en su carrera.

Hace diez años empecé a dar *coaching* a un ejecutivo de unos cuarenta años que había sido elegido para ser el próximo CEO de una empresa de medios de comunicación. Llamémoslo Mike. Sus aptitudes naturales de liderazgo hacían que destacara entre los directivos habituales, inteligentes y motivados, que prometen poco y cumplen mucho. Pero tenía algunas asperezas que había que limar, y ahí fue donde entré yo.

Mike era encantador cuando servía a sus intereses, pero podía ser insensible y despectivo con las personas menos útiles para él. Era muy persuasivo, pero a veces agresivo cuando la gente no le concedía inmediatamente la razón y se equivocaba. También se le notaba demasiado satisfecho con su éxito, lo que confería un molesto tufillo de privilegio. Era especial y nunca permitía que la gente lo olvidara.

Insensible, rara vez equivocado y con privilegios. No eran defectos que fueran a acabar con su carrera, sino cuestiones que surgieron en mis revisiones panorámicas con sus colegas y subordinados directos, que compartí con él. Aceptó las críticas con gracia y, en menos de dos años (mediante un proceso que es la esencia del *coaching* individual), cambió su comportamiento para su propia satisfacción y, lo que es más importante, para la opinión de sus compañeros. (Tienes que cambiar mucho para lograr que la gente lo note, aunque sea un poco). Seguimos siendo amigos después de que se convirtiera en CEO, y hablamos al menos una vez al mes sobre su trabajo y, cada vez más, sobre su vida familiar. Él y su mujer —que eran novios desde la universidad— tenían cuatro hijos mayores, todos fuera de casa e independientes. El matrimonio era sólido después de años de tensiones cuando Mike se centraba en su carrera mientras su mujer, Sherry, criaba a los niños y acumulaba un resentimiento aparentemente inquebrantable por el ensimismamiento y la insensibilidad de Mike. ¿Se equivoca Sherry?, le pregunté, señalando que, si él había sido percibido como insensible y con privilegios en el trabajo, probablemente era igual en casa.

«Pero he cambiado», dijo. «Incluso ella lo ha admitido. Y somos mucho más felices. ¿Por qué no lo deja pasar?».

Le expliqué el paradigma de cada respiración, e hice hincapié en lo difícil que era para los occidentales concebir que no somos una masa unitaria de carne y hueso y emociones y recuerdos, sino una multitud de individuos en constante expansión, cada uno de ellos marcado por el tiempo en el momento de nuestra respiración más reciente, y que renace con cada respiración.

Le dije a Mike: «Cuando tu mujer piensa en su matrimonio, no puede separar al anterior Mike del hombre que es su marido hoy. Son un solo personaje para ella, una persona permanente. Así pensamos todos si no prestamos atención».

Mike le daba vueltas al concepto. El tema salía a relucir de vez en cuando en nuestras conversaciones, pero él no podía pensar en sí mismo como una serie continua de muchos Mikes, uno nuevo casi ocho millones de veces al año (el número estimado de respiraciones que hacemos anualmente). Chocaba con su imagen fija del Mike impresionante y exitoso que proyectaba al mundo. Yo no podía culparlo por ello. Le estaba ofreciendo un nuevo paradigma, no una sugerencia casual. Logramos la comprensión a nuestro propio ritmo.

Seguimos hablando con regularidad y sigue siendo CEO. Pero en el verano de 2019 me llamó de improviso, para anunciar emocionado: «¡Lo tengo!». Yo no sabía de qué estaba hablando, pero pronto quedó claro que se refería a nuestras charlas de cada respiración. Me describió una conversación que había tenido el día anterior con Sherry. Volvían de una reunión del 4 de julio en su casa de fin de semana con sus hijos, las parejas de estos y unos amigos. Fue un fin de semana alegre lleno de gente. Mike y Sherry estaban reviviendo los momentos más importantes durante las dos horas de viaje, satisfechos por cómo habían estado sus hijos, por lo atentos y serviciales que habían sido sus amigos, por cómo los chicos habían hecho la mayor parte de la comida y la limpieza. Básicamente, se felicitaban por su buena suerte y por el éxito de su crianza. Entonces, Sherry echó un manto de sombra sobre su ensoñación.

«Ojalá hubieras contribuido más cuando ellos estaban creciendo», dijo. «Estuve tan sola la mayor parte del tiempo».

«No me dolieron sus palabras, ni me enfadé», me dijo Mike. «Me volví hacia ella y le dije con mucha calma: "Tienes razón sobre ese tipo de hace diez años. No tenía ni idea de un montón de cosas. Pero ese no es el tipo que está en este coche ahora. Ahora es un hombre mejor. Mañana va a ser otra persona tratando de ser un poco mejor. Otra cosa: la mujer que sufrió entonces no es la misma mujer de hoy. Me estás culpando por las acciones de alguien que ya no existe. No corresponde".»

En el coche se hizo silencio durante diez largos segundos. Luego Sherry se disculpó y añadió: «Tienes razón. Tengo que trabajar en eso».

Mike había necesitado años —y una situación de emoción exacerbada a la que la enseñanza de Buda se aplicaba perfectamente— para comprender el paradigma de cada respiración. Su mujer lo entendió en diez segundos.

Me parecen bien las dos escalas temporales: siempre me alegra ser cómplice de las epifanías de los demás.

La impermanencia es fácil de aceptar cuando te dedicas a ayudar a la gente a cambiar. Yo no tendría un propósito ni una carrera sin ella. Cuando aceptas que todo lo que florece también decae y desaparece, estás aceptando un punto de vista que no se aplica solo a los logros y el estatus mundanos. También se aplica, y mucho, a tu desarrollo personal. Ves que la persona que has sido no es una sentencia de por vida para seguir siendo esa persona hoy o en el futuro. Puedes dejar atrás las faltas del pasado y seguir adelante.

De acuerdo, dices. Basta de esa especie de espiritualidad liviana, Marshall. ¿Cómo se conecta este paradigma de cada respiración con el hecho de vivir una vida que valga la pena?

La conexión es tan inmediata y directa como pulsar un interruptor para que se llene de luz una habitación oscura. Si aceptamos que todo lo valioso que nos hemos ganado —desde lo más pequeño, como el elogio de un profesor, hasta lo más grande, como nuestra buena reputación o el amor recíproco de las personas que amamos— es impermanente y está sujeto a los caprichos y a la indiferencia del mundo, también debemos aceptar que estas preciadas posesiones deben volver a ganarse constantemente, prácticamente a diario o cada hora, quizá con tanta frecuencia como con cada respiración.

Recordar a los clientes que dejen de torturarse por sus fracasos pasados («Ese fue un tú anterior. Es hora de dejarlo pasar») tal vez sea una de mis contribuciones más valiosas para ellos. Pero creo que es igualmente valioso cuando ocurre lo contrario: cuando los clientes sienten la necesidad de volver a ver lo mejor de su carrera para mí. Lo veo más claramente en exatletas y directores ejecutivos que están luchando por crear su próxima vida. Cuando hablan con nostalgia de sus triunfos anteriores, ya sea al ganar una medalla de oro hace quince años o al dirigir una organización de veinte mil personas seis meses antes, es mi deber devolverlos al presente y recordarles que ya no son ese atleta admirado o ese CEO al mando. Esa era otra persona. No es diferente de preferir vivir vicariamente a través de alguien famoso al que sigues religiosamente en las redes sociales. Esa persona famosa no sabe que tú existes ni le importa; sois extraños el uno para el otro. Lo mismo ocurre con tu constante regreso a las glorias de un tú anterior. No es que los honores, la atención y el respeto, cada uno bien ganado en su momento, no fueran reales. Pero se han desvanecido. Recordarlos ya no es una expresión de plenitud; en realidad es un lamento por su impermanencia, por lo rápido y poco ceremoniosamente que se han ido.

Recuperar esa sensación de plenitud no se logra revolcándose en los recuerdos de lo que fuimos y lo que logramos. Solo puede ser ganada por la persona que somos en ese momento. Y se gana una y otra vez en los momentos posteriores, cuando volvemos a ser alguien nuevo. Como dijo el entrenador de baloncesto Phil Jackson, estudiante de budismo, después de ganar dos campeonatos consecutivos de la NBA a mediados de los años 90 con los Chicago Bulls y de ir a por un tercer trofeo en 1998: «Solo triunfas en el momento del acto exitoso. Luego, tienes que volver a hacerlo».

La verdad es que nunca terminamos de tener que merecernos la vida. No hay un momento límite en el que podamos decirnos: «He hecho lo suficiente. He terminado». Para eso mejor dejar de respirar.

EJERCICIO

....

Las Dos Cartas

Este ejercicio es para las personas que entienden intelectualmente el paradigma de cada respiración, pero no han desarrollado la memoria muscular que lo hace natural e instintivo en sus vidas. Todavía no son capaces de crear un muro psicológico entre su yo anterior y el actual, para que la distinción sea su nuevo credo. Todavía creen que hay una parte invisible e intocable de su ser que es fija e inmutable —su esencia, espíritu o alma— y que define quiénes son. Cuando confunden su yo anterior y su yo actual, pensando en los dos indistintamente, el ejercicio de las dos cartas nunca deja de desenmarañarlos. Una carta trata de la gratitud; la otra, de la inversión en el futuro.

Primera carta: En primer lugar, escribe una carta a tu yo anterior en la que expreses tu gratitud por un acto específico de creatividad, trabajo duro o disciplina —preferiblemente algo ganado en lugar de dado— que te ha hecho mejorar hoy de alguna manera. Puede ser reciente o de hace mucho tiempo. El único criterio es que destaques esta acción como una que marca una diferencia en tu vida actual. He realizado este ejercicio de agradecimiento a un tú anterior muchas veces con otras personas. Un hombre le agradeció al anterior que se hubiera hecho vegano ocho años antes, por la buena salud y el vigor que siente hoy. Una escritora le agradeció a su yo de diez años que hubiera adoptado el hábito de buscar en el diccionario cada palabra desconocida que leía y anotarla en un pequeño cuaderno durante toda la escuela secundaria y hasta la universidad. «Sin cuaderno», dijo, «no hay vida de escritora». Una mujer agradeció a su yo de seis años que aprendiera a nadar porque le había salvado la vida al menos en dos ocasiones. Otro agradeció a su yo de dieciocho años haber elegido la universidad donde conoció a su esposa.

El ejercicio no solo crea una separación entre el tú de entonces y el tú de ahora, sino que revela un vínculo de causa-efecto entre el pasado y el presente que podrías dejar de percibir a medida que la memoria se desvanece. En tus momentos más agradecidos y humildes, puede que hayas pronunciado el tópico «Estoy sobre hombros de gigantes». Esta carta te ayuda a identificar a un gigante que quizá hayas olvidado: el tú anterior.

Respira profundamente. Piensa en todos los regalos que el tú anterior ha hecho al tú que está leyendo esta frase. Si un grupo de personas te hiciera tantos regalos maravillosos, ¿qué les dirías a esas personas tan agradables? Esta es tu oportunidad de decir gracias.

Segunda carta: Ahora escribe una carta del tú presente a un tú futuro, dentro de un año, cinco años, diez años. Explica la inversión —en forma de sacrificio, esfuerzo, educación, relaciones, disciplina— que estás haciendo ahora para beneficiar a la persona a la que va dirigida la carta. La inversión puede consistir en cualquier forma de desarrollo personal, desde la mejora de la salud hasta la obtención de un título universitario, pasando por colocar un porcentaje de cada sueldo en letras del Tesoro. Piensa en ello como un acto de filantropía, con la salvedad de que no conoces de hecho al beneficiario. Todavía no.

La idea me la dio el gran jugador de la NFL Curtis Martin. Curtis ya vivía el paradigma de cada respiración años antes de que nos conociéramos. Llegó al fútbol americano a regañadientes y no jugó hasta su tercer año de instituto, cuando un entrenador lo convenció de que entrar en el equipo lo alejaría durante tres horas al día de las peligrosas calles de su barrio de Pittsburgh. Una vez lo confundieron con otra persona y le pusieron una pistola en la cara: apretaron el gatillo, pero la bala se atascó. En su último año, todas las universidades importantes querían reclutarlo. Eligió la cercana «Pitt». A pesar de una carrera universitaria plagada de lesiones, hubo suficientes destellos de talento como para que los Patriotas de Nueva Inglaterra lo convocaran en la tercera ronda en 1995. Mientras que la mayoría de los jóvenes deportistas consideran el día de la convocatoria como si les tocara la lotería, el primer pensamiento de Curtis fue «No quiero hacer esto». Un pastor lo convenció de que siguiera con el fútbol americano, mostrándole cómo la NFL podía ser un vehículo para crear el resto de su vida, que Curtis quería que fuera una vida de servicio a los demás. Esa es la imagen mental que le dio a Curtis propósito y motivación. Jugaría al fútbol como una inversión en su yo posterior a la NFL. Esa no es la fuerza motivadora habitual de los atletas de élite. Les encanta competir. Están obsesionados con ganar ahora; el futuro se ocupará de sí mismo. Pero Curtis estaba jugando un juego más largo. Se retiró como el cuarto corredor más importante de la historia de la NFL (luego de Emmitt Smith, Walter Payton y Barry Sanders) tras una lesión que puso fin a su carrera en su undécima temporada en la NFL. Durante su época de jugador había creado la Fundación Curtis Martin Job, que apoya a las madres solteras, a los discapacitados y a los jóvenes en situación de riesgo. En su primer día como exjugador de fútbol americano, Curtis estaba listo y ansioso por estrechar la mano del futuro Curtis en el que había invertido doce años antes. Estaba viviendo su nueva vida.[*]

La historia de Curtis Martin es un ejemplo positivo de inversión en un futuro tú. Gunther, el CEO lleno de remordimientos que presenté antes, es un ejemplo negativo. Gunther trabajó toda su vida con el objetivo de ganar suficiente dinero para que sus tres hijos no tuvieran que trabajar tanto como él. Fue un error monumental. Los hijos no fueron agradecidos ni productivos a causa del dinero, que utilizaron como una licencia para no hacer nada. Su error: no estaba

---

[*] Curtis explicó todo esto en su discurso de ingreso en el Salón de la Fama de la NFL en 2012. Este es generalmente reconocido como uno de los discursos más sinceros y poderosos en la historia del evento. Es el modelo para su carta a su futuro yo.

invirtiendo en su futuro yo o en su legado como padre. Simplemente, estaba haciendo un regalo. La diferencia es profunda. Una inversión viene con un retorno anticipativo. Un regalo viene sin ataduras. Había dado a sus hijos un regalo que no se habían ganado ni merecido, con esperanza pero sin expresar claramente lo que esperaba de ellos a cambio. Al final no tuvo ni la gratitud de ellos por su sacrificio ni la satisfacción de verlos crear vidas productivas por sí mismos. Comparó su arrepentimiento con el explosivo final de *El puente sobre el río Kwai*, cuando el coronel Nicholson, prisionero de guerra británico, descubre que los soldados aliados han dinamitado el puente que él había construido para los japoneses para ayudar a sus tropas a mantener la moral durante el cautiverio y por el que había llegado a sentir un orgullo de logro tan equivocado que al principio intentó sabotear el intento de destruirlo. Al final, dándose cuenta de su insensatez, dice: ¿Qué he hecho?, y luego se lanza al vacío para destruir el puente él mismo.

Si Gunther hubiera escrito una carta a su yo futuro, la vida de sus hijos podría haber sido diferente. La segunda carta es más que un ejercicio para escribir tus objetivos. Te obliga a reconsiderar tus esfuerzos bienintencionados de hoy como una inversión en las personas de las que eres más responsable para que se conviertan en seres humanos productivos y felices: tú mismo y los que más quieres. No es un regalo, sino que esperas un retorno.

2

¿QUÉ TE IMPIDE CREAR TU PROPIA VIDA?

A principios de la década de 2000 empecé a pasar ocho días al año impartiendo cursos de liderazgo a los ejecutivos de Goldman Sachs y a sus principales clientes. Mi enlace en la poderosa empresa de Wall Street era Mark Tercek, un socio de unos cuarenta años que supervisaba los programas de formación de Goldman y sus inversiones en el sector educativo. Mark era la quintaesencia del tipo de Wall Street: inteligente, carismático, con mucha energía y muy centrado en poner el dinero a trabajar para la empresa. Pero también era modesto, discreto e intimidantemente integral. Practicaba yoga, era vegetariano estricto, competía en triatlones y era un ferviente ecologista. En 2005, se le pidió que creara y dirigiera el grupo de mercados medioambientales de la empresa. Tres años más tarde, gracias a las profundas conexiones de Mark en este campo, un amigo de una empresa de búsqueda de ejecutivos lo llamó para que le sugiriera candidatos para el puesto de CEO de Nature Conservancy, la mayor organización medioambiental sin ánimo de lucro de los Estados Unidos. Mientras Mark pensaba en otros nombres y en sus credenciales, le vino a la cabeza una idea inesperada: ¿Y por qué no yo? Era perfectamente apto para el puesto. Nature Conservancy es esencialmente un banco filantrópico, que gasta su dotación y sus contribuciones anuales para comprar vastas extensiones de naturaleza que necesitan protección.

La disciplina financiera, su experiencia, era una calificación importante. Además, en su corazón, realmente lo quería. Su esposa, Amy, una ecologista igualmente comprometida, apoyó la medida.

Mark y yo ya habíamos desarrollado un vínculo de confianza, así que lo invité a mi casa de Rancho Santa Fe, donde pudimos pasar un par de días alejados del ruido empresarial para considerar los próximos pasos. ¿Debería poner fin a su importante carrera en Goldman y trasladar a sus cuatro hijos de Nueva York a Washington, para dirigir una organización sin ánimo de lucro? Cuanto más hablábamos, más claro estaba que las ventajas superaban a los inconvenientes. Sin embargo, Mark seguía dudando. Casi al final, unas horas antes de su vuelo de vuelta a Nueva York, seguía en el limbo. Así que lo llevé a dar un largo paseo por los bosques y caminos de nuestro barrio. Lo había hecho a menudo con mis clientes: perderse en la naturaleza despeja la mente.

En algún momento, como seguía indeciso sin una razón convincente, le pregunté: ¿Por qué no puedes dar el paso? No es una oferta. Es solo una entrevista.

«Si consigo el trabajo, tengo miedo de lo que puedan pensar mis socios de Goldman», dijo.

Yo no me lo podía creer. Habíamos pasado horas repasando su carrera, sus habilidades, sus intereses intelectuales, sus triunfos y sus decepciones. Había dedicado toda su vida adulta —veinticuatro años— a la empresa. Era perfecto para el nuevo trabajo y, además, podía permitirse el recorte salarial (la salida a bolsa de Goldman nueve años antes había garantizado su seguridad financiera). No tenía excusas para no intentar ir a por el puesto y, sin embargo, *esto* era lo que lo frenaba: el absurdo temor de que sus colegas pensaran que se estaba rindiendo, que no era lo suficientemente duro para soportar los rigores de Wall Street.

Lo tomé del brazo para detenerlo y mirarlo directamente. Quería que se concentrara en las palabras que estaban a punto de salir de mi boca:

«Maldita sea, Mark. ¿Cuándo vas a empezar a vivir tu propia vida?»

Yo llevaba años asesorando a ejecutivos sobre el momento adecuado para dejar un gran trabajo, y había escuchado todas las excusas para quedarse, sobre todo variaciones sobre tres temas:

- El argumento de la indispensabilidad: *La organización me necesita.*
- El argumento del ganador: *Estamos en una buena racha. Es demasiado pronto para dejarlo.*
- El argumento de que no hay lugar adonde ir: *No tengo ni idea de lo que quiero hacer a continuación.*

Pero nunca había oído a alguien del nivel de Mark renunciar a un sueño por lo que pensaran sus compañeros. Mi exabrupto debió dar en el clavo, porque, al día siguiente Mark llamó al jefe del equipo de búsqueda para postularse y, poco después, dejó Goldman para convertirse en CEO de Nature Conservancy. Ese momento con Mark es el acontecimiento instigador de este libro y del concepto de «vida merecida», aunque yo no lo sabía en ese momento.

Diez años más tarde, después de que su mandato en Nature Conservancy se convirtiera en un gran éxito, Mark me recordó nuestra charla en la cual le dije a gritos: *Demonios, ¿cuándo vas a empezar a vivir tu propia vida?*, palabras que quedaron grabadas en su cerebro y funcionaban como una especie de dispositivo mnemotécnico que le recordaba que debía mantenerse fiel a las cosas que daban sentido y propósito a su vida. Ser un buen marido y padre. Hacer una contribución al mundo. Salvar el planeta. (Ya sabes, las cosas pequeñas).

Francamente, yo había olvidado ese momento, pero su llamada me llevó de nuevo a la discusión de ese día, concretamente a su desconcertante miedo a lo que sus compañeros pudieran pensar de él. No podía entender cómo el miedo de Mark a la opinión de los demás casi lo paralizaba para intentar conseguir el trabajo en la Nature Conservancy, una elección que lo habría llenado de arrepentimiento. (No nos arrepentimos de haberlo intentado y haber fracasado; nos arrepentimos de no haberlo intentado).

Después de colgar con Mark, me vino otro recuerdo. Recordé a mi amigo, el difunto Dr. Roosevelt Thomas, Jr., doctor en comportamiento organizacional de Harvard, que rediseñó las actitudes de las empresas estadounidenses sobre la diversidad en el lugar de trabajo. Una de las ideas cruciales de Roosevelt era la influencia no apreciada de los *grupos de referencia* en la vida cotidiana. Al principio de mi carrera, escribimos juntos un artículo sobre el tema, aunque solo él lo convirtió en parte del trabajo de su vida.

Cada uno de nosotros, sostenía Roosevelt Thomas, se siente emocional e intelectualmente conectado a una cohorte específica de la población. Hoy pensamos en este concepto como «tribalismo», pero a principios de la década de 1970, la idea de los grupos de referencia para explicar la agitación social y las diferencias entre las personas era un concepto innovador. Un grupo de referencia puede ser muy amplio, como la comunidad de una religión o un partido político concreto, o puede ser tan pequeño como, por ejemplo, las personas a las que les gusta el grupo Phish (también conocido como Phish-heads). Sería imposible catalogar todos los grupos de referencia en los Estados Unidos. Son más numerosos que los hashtags de Twitter y se reproducen como conejos. El punto de Roosevelt Thomas era que, si se conoce el grupo de referencia de una persona —a quién o a qué se siente profundamente conectado, a quién quiere impresionar, por quién anhela ser respetado— se puede entender por qué habla, piensa y se comporta como lo hace. (El corolario de esto es que la mayoría de nosotros también tenemos un *grupo de contrarreferencia*. Basamos nuestra lealtad y nuestras elecciones en aquello a lo que nos oponemos más que en aquello que apoyamos, ya sea demócrata o republicano, Real Madrid o Barcelona. Lo que aborrecemos nos moldea casi tanto como lo que amamos). No tienes que estar de acuerdo con la gente de otros grupos de referencia, pero si aprecias la influencia que ejercen esos grupos, es menos probable que te quedes estupefacto ante las decisiones de sus adeptos o que los tachen de idiotas.*

Vi cómo la teoría de Roosevelt Thomas se aplicaba a Mark. Yo tenía la falsa impresión de que el grupo de referencia de Mark estaba formado por personas interesadas en temas sociales que eran veganas, practicaban yoga y se preocupaban por el medio ambiente, igual que él. La verdad es que, después de veinticuatro años, Mark seguía vinculado emocionalmente a sus agresivos colegas de Goldman Sachs, que llevaban trajes a medida y hacían tratos. Su aprobación todavía le importaba. Esperar que Mark abandonara instantáneamente este grupo de referencia era una gran petición, equivalente a exigirle que negara su identidad. Era tan fuerte que estaba dispuesto a sacrificar el regalo que le cayó del cielo con la llamada inicial de la empresa de búsqueda, es decir, la oportunidad de recrear su propia vida.

La llamada de Mark me hizo reflexionar. Aunque me alegró que mi exhortación a «empezar a vivir tu propia vida» resultara ser una frase persuasiva para él, el profesor que hay en mí se preguntó: *Si alguien tan motivado y acostumbrado al éxito como Mark podía verse frustrado por su grupo de referencia, ¿cuántas otras personas, muchas de ellas con menos recursos y oportunidades, estaban siendo igualmente bloqueadas por razones totalmente diferentes? ¿Qué fuerzas les impiden crear sus propias vidas? ¿Y qué podía hacer yo para ayudarlas?*

La buena noticia es que, hoy en día, es más fácil crear tu propia vida de lo que ha sido nunca en la historia de la humanidad. En el pasado, casi todos éramos ciudadanos de segunda clase desde nuestro

---

* Para que conste, los profesores son mi grupo de referencia. Mi madre era profesora y fue mi mayor influencia cuando crecí. Por tanto, me identifico con los profesores. Me juzgo a mí mismo por mi capacidad de impartir lo que sé para ayudar a los demás. El respeto que más valoro proviene de los profesores. Dicho esto, este hecho personal está oculto, rara vez se revela o se discute abiertamente. Incluso los amigos de toda la vida podrían no saber esto sobre mí a menos que yo se lo dijera. Así de misterioso puede ser el grupo de referencia de una persona. Hay que indagar mucho para descubrirlo. Pero la recompensa es una recalibración y nueva comprensión de alguien que creías conocer.

nacimiento. No podíamos votar ni elegir a nuestros dirigentes. El conformismo era la norma y cualquier diferencia era castigada, ya fuera respecto a quién amábamos o a qué deidad adorábamos (si es que adorábamos alguna deidad). Puede que tuviéramos más penas, pero teníamos menos arrepentimientos. No puedes arrepentirte de tus decisiones si no se te permite tomarlas.

La tendencia de los últimos cien años sugiere que seguiremos adquiriendo más derechos y más libertades. En gran parte del mundo ya no somos siervos, las mujeres pueden votar, cientos de millones de personas están saliendo de la pobreza y está bien ser gay. En otras palabras, muchos de nosotros tenemos motivos para ser optimistas. La guinda de este pastel de optimismo es la tecnología: al ampliar nuestra movilidad y el acceso a la información, la tecnología ha multiplicado el número de alternativas que nos atraen. Más libertad, más movimiento, más opciones de trabajo y de ocio.

Eso es un problema, y no soy el único que hace esta gran afirmación. Una de las reflexiones de Peter Drucker antes de morir a los noventa y cinco años en 2005 decía lo mismo:

> Dentro de unos cientos de años, cuando se escriba la historia de nuestro tiempo desde una perspectiva a largo plazo, es probable que el acontecimiento más importante que vean los historiadores no sea la tecnología, ni Internet, ni el comercio electrónico. Es un cambio sin precedentes en la condición humana. Por primera vez, un número sustancial y en rápido crecimiento de personas tiene opciones. Por primera vez tendrán que gestionarse a sí mismos. Y la sociedad no está preparada para ello.*

La libertad y la movilidad crean lo que Barry Schwartz describió como La paradoja de la elección. Nos va mejor con menos opciones,

---

* Peter F. Drucker, «Managing Knowledge Means Managing Oneself», *Leader to Leader* 16 (primavera de 2000): 8-10.

no con más. Ante treinta y nueve sabores de helado, a menudo hacemos una elección decepcionante. Es mucho más fácil elegir entre dos opciones —por ejemplo, vainilla o menta con chispas de chocolate— y sentirse satisfecho. Lo mismo ocurre con la creación de una vida propia en un mundo complejo y que avanza rápidamente: no solo es difícil elegir entre una miríada de opciones, sino que, incluso cuando sabemos lo que queremos, no siempre sabemos cómo seguir nuestros sueños.

Las barreras que nos frenan en nuestras elecciones y acciones, de manera que frustran nuestra voluntad de vivir nuestra propia vida, son formidables y numerosas, empezando por estas:

1. NUESTRA PRIMERA OPCIÓN, POR DESGRACIA, ES LA INERCIA

La inercia es el oponente más decidido y determinante del cambio. Durante años, cada vez que me he enfrentado a clientes que no consiguen cambiar el comportamiento que insisten en querer cambiar, he recurrido al siguiente mantra: *Nuestra respuesta por defecto en la vida no es experimentar el sentido o la felicidad. Nuestra respuesta por defecto es experimentar la inercia.* Quiero que no solo aprecien la omnipresencia de la inercia, sino que vean *su* inercia particular bajo una nueva luz.

Pensamos en la inercia como un estado inerte o inmóvil, una de nuestras muestras más puras de pasividad y desinterés. No es así. La inercia es un hecho activo en el que *persistimos* en el estado en el que ya estamos en lugar de cambiar a otra cosa. Esto no es mera semántica. Es un punto de vista diferente, que caracteriza incluso nuestra pasividad más perezosa como la elección activa de persistir en el *statu quo* (es decir, no elegir también es una elección; es elegir decir "paso de eso"). Por otro lado, en el momento en el que cambiamos de marcha y elegimos hacer algo diferente, dejamos de ser víctimas de la inercia. Ser víctima de la inercia o escapar de su fuerza de atracción es una decisión que solo nosotros podemos tomar. Cuando las personas descubren que pueden elegir, normalmente se sienten capacitadas para cambiar.

Otra característica intrigante de la inercia es lo bien que nos proporciona una visión de nuestro futuro a corto plazo. Es más precisa que cualquier algoritmo o modelo de previsión. La inercia es la razón por la que puedo establecer la siguiente regla sobre tu futuro inmediato: El *predictor* más fiable de lo que harás dentro de cinco minutos es lo que estás haciendo ahora. Si estás echando una siesta, limpiando tu casa o comprando por Internet, hay una alta probabilidad de que hagas lo mismo dentro de cinco minutos. Este principio a corto plazo también se aplica a largo plazo. El factor más fiable para predecir quién serás dentro de cinco años es quién eres ahora. Si ahora no sabes un idioma extranjero o cómo hacer pan casero, probablemente tampoco lo sabrás dentro de cinco años. Si no te estás comunicando con tu padre ahora, lo más probable es que no lo hagas dentro de cinco años. Y así con la mayoría de los detalles que describen tu vida actual.

Apreciar nuestra capacidad de influencia sobre la inercia puede enseñarnos a convertirla en una fuerza positiva. Cuando desarrollamos hábitos o rutinas productivos (en lugar de destructivos) —por ejemplo, hacer ejercicio a primera hora de la mañana, tomar el mismo desayuno nutritivo, seguir la misma ruta muy eficiente para ir al trabajo cada día— la inercia es nuestra amiga, ya que nos mantiene arraigados, comprometidos y constantes.

Estas son las características que hacen que la inercia sea una fuerza importante que afecta todos los aspectos de una vida que valga la pena. Pero, incluso cuando conseguimos dominar la inercia, siguen existiendo otras fuerzas que también nos impiden vivir nuestra propia vida.

2. NUESTRA PROGRAMACIÓN NOS ENCIERRA EN UN LUGAR

Crecí en Valley Station, Kentucky, a cincuenta kilómetros al sur de Louisville, a lo largo del tramo del río Ohio que forma la frontera con Indiana. Fui el único hijo de mi madre y ella se dedicó a moldear la imagen de mi infancia. Era una profesora de primaria que valoraba más el cerebro que la fuerza. Me hizo creer que yo era el niño más listo de la ciudad. Además, tal vez para evitar que me convirtiera en mecánico de automóviles, electricista o cualquier otro tipo de trabajador manual, me recordaba regularmente que no tenía buena coordinación ni habilidades mecánicas. Así, en la escuela secundaria, tenía talento para las matemáticas y para superar los exámenes estandarizados, pero era terrible en cualquier cosa mecánica o atlética. No podía cambiar una bombilla, y la única vez en las ligas menores que hice contacto entre la pelota y el bate recibí una ovación.

Afortunadamente, respondí a la programación de mi madre con una fe inquebrantable en mi inteligencia. Desafortunadamente, también desarrollé una imperdonable seguridad de que no necesitaba esforzarme mucho en la escuela. Aprendí que podía ir a la deriva y seguir sacando notas decentes. Esta racha de suerte continuó en la universidad, en el Instituto de Tecnología Rose-Hulman y en el programa de MBA de la Universidad de Indiana, y me animó (a pesar de mis años de esfuerzo insuficiente para los estudios académicos) a buscar un doctorado en la UCLA. No podía expresar por qué necesitaba un doctorado en Comportamiento organizacional o qué haría con él. La marea me habrá llevado hasta aquí, pensé. ¿Por qué no ver adónde me llevaría seguir navegando a la deriva? En la UCLA, tuve la suerte de contar con compañeros de clase que eran superiores a mí intelectualmente y con profesores que no solo eran años luz más inteligentes, sino también presencias intimidatorias que no tenían reparos en humillarme por mis vanidades e hipocresías. Fue un baño de realidad necesario. Tenía veintiséis años y finalmente aprendí que estaba en la UCLA para obtener un doctorado, no solo para recibirlo. Necesité todos esos años para superar las consecuencias no deseadas de la programación de mi madre.

Todos nosotros estamos programados de alguna manera por nuestros padres. Mamá y papá no pueden evitarlo (y suelen ser bienintencionados). Dan forma a nuestras creencias, nuestros valores sociales, cómo tratamos a otras personas, cómo nos comportamos en una relación, incluso a qué equipos deportivos animamos. Más que nada, programan la imagen que tenemos de nosotros mismos. Desde nuestros primeros días en la cuna —antes de que podamos gatear, caminar o hablar—, estudian de forma premeditada nuestro comportamiento en busca de pistas sobre nuestros talentos y nuestro potencial. Esto es más evidente cuando hay hermanos de por medio. Con el tiempo, y con suficientes pruebas, nuestros padres nos subdividen en distintas personalidades: el inteligente, el guapo, el fuerte, el simpático, el responsable, cualquiera de los muchos calificativos que parezcan aplicarse en ese momento. Es como si, sin quererlo, trataran de convertirnos en un arquetipo de ser humano, borrando todos los matices. Si no tenemos cuidado, no solo aceptamos la programación sino que adaptamos nuestro comportamiento a ella. El inteligente recurre a la inteligencia en lugar de a la experiencia, el guapo confía en su aspecto, el fuerte prefiere la fuerza bruta a la persuasión, el simpático consiente demasiado rápido, el responsable sacrifica demasiado en nombre del deber. ¿De quién es la vida que vivimos cuando partes decisivas de ella, impresas durante nuestros años de formación por las personas que amamos, ya han sido creadas para nosotros?

La buena noticia es que tenemos derecho a desprogramarnos siempre que queramos. Nuestra programación solo es un problema cuando se convierte en un bloqueo de la vida. Nos planteamos probar algo nuevo —un giro de 180 grados en nuestra carrera, un nuevo corte de pelo— y luego lo rechazamos con excusas como «Nunca he sido bueno en eso», o «No soy yo». Hasta que nosotros (o alguien más) desafía la validez de nuestras excusas (¿quién lo dice?), no podemos imaginarnos imponiendo nuestra voluntad sobre creencias que hemos llegado a aceptar como un evangelio. El mayor impacto de nuestra programación es la forma en que nos impide ver nuestra necesidad de rechazarla.

3. NOS DEJAMOS DE LADO POR OBLIGACIÓN

Puede que te resulte familiar una conmovedora escena de la película de Ron Howard de 1989, *Todo en familia*, protagonizada por Steve Martin en el papel de Gil Buckman, el atribulado padre de tres hijos, y Mary Steenburgen en el papel de su esposa, Karen, que lo acepta con serenidad. Al final de la película, después de que nos enteramos de que su hijo mayor, Kevin, tiene problemas emocionales y de que Gil acaba de dejar un trabajo que odia, Karen informa a Gil que está embarazada inesperadamente de su cuarto hijo. En medio de una tensa conversación sobre su nueva situación, Gil empieza a salir para entrenar al equipo de la liga infantil de su hijo que va en último lugar. Karen le pregunta: «¿De verdad tienes que irte?». A medio camino de la puerta, Gil se vuelve hacia ella con una mirada enloquecida y le suelta: «*Toda mi vida es "tener que"*».

La belleza de la obligación es que nos dirige a mantener nuestras promesas a los demás, implícitas o explícitas. La miseria de la obligación es que, a menudo, esas promesas entran en conflicto con las que nos hemos hecho a nosotros mismos. En esos momentos, tendemos a corregir en exceso, elegimos entre los extremos del desinterés y el egoísmo, y acabamos decepcionándonos a nosotros mismos o a los que dependen de nosotros. La obligación nos obliga a priorizar nuestras responsabilidades. Es una zona gris, con pocas normas que nos guíen más allá de la Regla de Oro de hacer lo correcto. Según mi experiencia, no hay reglas para afrontar la obligación; cada situación es diferente.

A veces es adecuado y noble ser desinteresado. Nos unimos al negocio familiar en lugar de seguir una carrera más emocionante. Nos quedamos en un trabajo aburrido u odioso por el sueldo que cubre las facturas familiares. Rechazamos un trabajo útil para hacer carrera en otra ciudad porque no queremos desarraigar a la familia. Nos sentimos satisfechos si cumplimos nuestras obligaciones con nuestros seres queridos.

Dicho esto, a veces está bien ponerse en primer lugar, a pesar de lo que piensen los demás. Tales sacrificios y compromisos pueden ser agobiantes y costosos. No son fáciles de hacer, pero también son honorables y esenciales. Como dijo el gran periodista Herbert Bayard Swope (ganador del primer Premio Pulitzer de Periodismo en 1917): «No puedo darte una fórmula segura para el éxito. Pero sí puedo darte una fórmula para el fracaso: intentar complacer a todo el mundo todo el tiempo».

4. SUFRIMOS UNA FALTA DE IMAGINACIÓN

Elegir entre dos o tres ideas válidas para la vida que se quiere llevar es una fuente legítima de confusión para muchas personas. Por otra parte, algunas personas no pueden imaginar un solo camino para sí mismas, y mucho menos dos o tres.

Solía pensar que la creatividad era una cuestión de tomar dos ideas ligeramente diferentes y fusionarlas en algo original, por ejemplo, servir langosta con filete y llamarlo Surf y Turf. Sumas A y B y obtienes D. Entonces un artista de éxito me dijo que estaba poniendo la vara demasiado baja. La creatividad se parece más a tomar A, F y L y obtener Z. Cuanto mayor sea la distancia entre las partes, mayor será la imaginación necesaria para juntarlas. Solo unos pocos de nosotros son creativos de tipo A más F más L igual a Z. Algunos son creativos del tipo A más B igual a D. Y, por desgracia, algunos ni siquiera pueden imaginar un mundo en el que A y B estén en la misma habitación.

Leer este libro es una prueba de que tienes curiosidad por mejorar. La curiosidad es la forma en que nos preparamos para encender nuestra imaginación e imaginar algo nuevo.

Si te encuentras entre el 30 por ciento de los estadounidenses que tienen un título universitario, ya sabes desde tu adolescencia lo que se siente al buscar un reinicio de la identidad, una nueva presentación de ti mismo que mejore tus probabilidades de ganarte un lugar en el mundo. Ya sabes cómo imaginar un nuevo comienzo. El novelista Richard Russo, ganador del Premio Pulitzer y autor de *Empire Falls*, al recordar sus años de estudiante, escribió: «La universidad, después de todo, es el lugar al que vamos para reinventarnos, para cortar nuestros lazos con el pasado, para convertirnos en la persona que siempre quisimos ser y que la gente que sabía más nos impidió ser». Russo comparó la universidad con entrar en el programa de protección de testigos. Se *supone* que tienes que probar una o dos identidades nuevas. De hecho, no solo no serviría de nada sino que sería francamente peligroso salir del programa si es fácil ser reconocido como la persona que entró en él.

Piensa en tu último año de instituto. Me atrevería a decir que la solicitud de ingreso en la universidad fue la primera vez que sentiste que controlabas tu futuro. Aunque el proceso está rígidamente configurado por un equipo de orientadores, empresas de pruebas y funcionarios de admisión a la universidad (por no mencionar a tus padres), a los dieciocho años eras tú quien dirigía el espectáculo. Evaluaste tus puntos fuertes y débiles. Respondiste a preguntas básicas para establecer los criterios de las universidades: distancia, tamaño, prestigio, selectividad, vida social, clima, coste, ayuda financiera y otros factores. Elegiste el número de centros a los que solicitarías plaza. Escribiste las redacciones y conseguiste las recomendaciones. Luego esperaste a que se decidieran. Si la tercera o cuarta opción ofrecía una ayuda financiera significativamente mejor que tu primera opción, te adaptaste, ya fuera resolviendo el problema del coste (pidiendo préstamos y abriéndote camino hacia la universidad) o te conformaste con la escuela menos atractiva y aceptaste el dinero.*

Entonces te matriculaste y descubriste que, tanto si eras la reina del baile como el payaso de la clase en el instituto, la persona de mundo o el cerebrito, la universidad era tu oportunidad para borrar tu adolescencia y escribir un nuevo guion. Como sugiere Russo, podías medir con precisión el éxito o el fracaso de tus años universitarios en función de lo reconocible que eras en la graduación en comparación con la persona que había entrado en escena cuatro años antes. Lo hiciste una vez; puedes volver a hacerlo.

5. NOS SENTIMOS EXHAUSTOS POR EL RITMO DEL CAMBIO

Si hacer grandes afirmaciones sobre la sociedad fuera parte de la descripción de mi trabajo (no lo es), esta es la única afirmación —aprendida de Rob Nail, de Singular University— que haría con confianza:

> *El ritmo de cambio que estás experimentando hoy es el más lento que experimentarás durante el resto de tu vida.*

En otras palabras, lento es hoy, rápido es mañana. Te engañas a ti mismo con una nostalgia inútil si piensas que, sea cual sea la situación, en algún momento del futuro próximo —cuando termines el proyecto «urgente» o cuando los niños crezcan y tu vida doméstica se calme— podrás volver a una época más lenta en la que el ritmo

---

* En el peor de los casos, si se produce un desastre y se te cierran todas las opciones principales, excepto tu escuela segura, aprendiste lo rápido que puedes aceptar y hacer las paces con la «tragedia» de que te ofrezcan solo una opción. Es una lección de cómo si te dan limones debes hacer limonada, y tu introducción a la situación que surge de no tener opción. En el capítulo 4 lo veremos con más detalle.

de la vida y la velocidad a la que esta cambió fueron más relajados y suaves. Esto no va a ocurrir. Ni tú ni tus compañeros de trabajo podréis relajaros inmediatamente cuando terminen el proyecto urgente. Aparecerá otro trabajo de emergencia (cuenta con ello) y aprenderás que tener prisa es tu nueva normalidad. Lo mismo ocurre con tu agitada vida doméstica: no se calmará cuando los niños crezcan o abandonen el nido. Es una rueda que no deja de girar. Siempre hay algo que se tiene que solucionar de inmediato.

Hace algunos años, pedí un taxi en Manhattan para que me llevara al aeropuerto. El conductor condujo lentamente por el tráfico del centro de la ciudad, sin superar nunca los 30 km/h. Aceleró hasta alcanzar los 55 km/h una vez entramos en las carreteras de 85 km/h fuera de la ciudad. Cuando le pregunté si podía ir más rápido, se negó: «Así es como conduzco; si quieres, paro y te dejo bajar». Era como si hubiera aprendido a conducir en otra época, sin darse cuenta de que los coches se habían vuelto más rápidos, las carreteras eran mejores y los pasajeros tenían más prisa.

Nuestra incapacidad para adaptarnos al ritmo acelerado del cambio nos bloquea de la misma manera en que lo hace un fallo de la imaginación. No podemos interpretar lo que ocurre a nuestro alrededor. Si no podemos seguir el ritmo, nos fata aliento y nos quedamos atrás. Y, cuando nos quedamos atrás, vivimos en el pasado de los demás.

6. ESTAMOS NARCOTIZADOS POR UNA VIDA SUSTITUTA

Cuando reté a Mark Tercek a que empezara a vivir su propia vida, podría haberle preguntado fácilmente: ¿Por qué vives la vida de otro? En realidad, son dos caras de la misma moneda conocida como vida sustituta. Este es el desarrollo más alarmante que he observado en los últimos veinte años. Gracias a las redes sociales y a un abanico de distracciones tecnológicas, tenemos muchas oportunidades de vivir a través de la vida de otras personas en lugar de vivir la nuestra. Nos dejamos impresionar por las poses de los desconocidos en las redes sociales. A veces les devolvemos el favor y posamos para impresionarlos, ignorando la probabilidad de que no nos estén prestando atención con la misma avidez que nosotros les prestamos a ellos. En una de las encarnaciones más absurdas de la vida sustituta, hemos pasado de jugar nosotros mismos a los videojuegos (una simulación de la vida real) a pagar dinero para ver a los jugadores de élite competir entre sí en nuestros videojuegos favoritos. Hemos pasado de observar a ver cómo otros hacen lo que observamos.

Narcotizados por la tecnología, sacrificamos el propósito y la satisfacción a largo plazo por los bucles de *feedback* a corto plazo impulsados por la dopamina, que crean Facebook, Twitter e Instagram. Esto no es saludable. Al igual que con el ritmo del cambio, no veo un horizonte en el que este problema social se ralentice porque la mayoría de nosotros deje de usar de repente las irresistibles herramientas de las redes sociales. Solo nosotros podemos controlar la profundidad con la que permitimos que la vida sustituta infecte nuestra vida, un individuo a la vez.

El daño de esta tendencia a la vida sustituta es el de la distracción agudizada. En lugar de centrarnos en lo que sabemos que deberíamos hacer, estamos, según la frase inmortal de T. S. Eliot, «distraídos de la distracción por la distracción». No es solo culpa de las redes sociales. Todo nuestro mundo funciona como un motor de distracción. Un día cálido y soleado, un partido de béisbol en la televisión, las noticias de última hora en la radio, una llamada telefónica, una llamada a la puerta, una emergencia familiar, un antojo repentino de una rosquilla. Cualquier persona o cualquier cosa puede desviar nuestra atención de lo que deberíamos hacer y llevarnos a hacer lo que otros quieren que hagamos. Esa es una definición de no vivir tu propia vida.

7. NOS HEMOS QUEDADO SIN PISTA

Un amigo me contó la historia de un hombre llamado Joe que quería ser dramaturgo, pero descubrió a mediados de sus veinte años que su verdadera pasión era el vino. Así que Joe cambió de rumbo y se convirtió en escritor sobre vinos; le pagaban por probar el vino, conocerlo y escribir sobre él. Destinaba una parte de sus honorarios a comprar vino para él. Empezó a finales de los años 70, mucho antes de que los grandes vinos del mundo tuvieran precios más altos para los multimillonarios. Con esta ventaja, su modesto sueldo de periodista le permitió amasar una colección de quince mil botellas que era la envidia del mundo del vino. Era generoso, para nada tacaño, con sus vinos raros. Si invitabas a Joe y a su mujer a cenar a tu casa, se ofrecía a llevar el vino, y eras un tonto si decías que no. Los grandes bodegueros lo conocían y lo incluían en la corta lista de expertos que cada año eran los primeros en probar sus limitados suministros de nuevas añadas. Un día, cuando promediaba los sesenta años, Joe recibió la oferta anual de una de las superestrellas italianas, Angelo Gaja. Joe hizo el cálculo y se dio cuenta de que tendría que vivir hasta bien entrada la década de los noventa antes de que la oferta de Gaja de ese año estuviera lista para ser consumida. Así que hizo una conmovedora llamada al señor Gaja —y luego repitió las mismas llamadas a otros bodegueros— para pedir que lo retiraran de sus listas. Tenía suficientes vinos en su bodega para toda la vida. Como coleccionista de vinos, Joe no tenía más recorrido.

«Pista» es el tiempo que nos hemos impuesto para lograr nuestro destino. Algunos —atletas de élite, modelos de la industria de la moda, bailarines de ballet y cualquier otro «artista» que dependa del vigor físico o de la belleza, que se desvanece con el tiempo— podemos calcular nuestro recorrido con tanta precisión como Joe. Muchos políticos estadounidenses —por ejemplo, los presidentes y treinta y seis de los cincuenta gobernadores estatales— tienen límites de mandato que detallan al día cuánto tiempo tienen para cumplir con su agenda. Mucha gente —artistas, médicos, científicos, inversores, profesores, escritores, ejecutivos y otras personas que utilizan su cerebro para vivir— supone que la carrera se prolonga mientras se conservan las facultades y los deseos. Otros no tienen suficiente información para calcular el recorrido o apreciar cuándo ha terminado.

Hay dos ocasiones en las que la pista de aterrizaje se convierte en un obstáculo importante. Cuando somos jóvenes, tendemos a sobrestimar nuestro margen de maniobra. El dinero puede ser escaso, pero el tiempo parece infinito, lo que reduce nuestra sensación de urgencia. Aplazamos el inicio de nuestra vida real para probar opciones más atractivas o fantasiosas. Tenemos tiempo para tomarnos un supuesto año sabático. No hay nada malo en ello, excepto cuando la indecisión o la inercia hacen que nuestro año sabático se convierta en una década sabática o, peor aún, en una vida sabática.

El otro extremo —cuando somos viejos— es más ingrato: creemos tontamente que no hay tiempo suficiente para alcanzar nuestro próximo sueño. Hemos envejecido. Veo esto todo el tiempo cuando mis clientes CEO se acercan a la edad de jubilación. El éxito material no es una preocupación. Están dispuestos a seguir adelante y pasar la antorcha del liderazgo a la siguiente generación. Siguen queriendo tener un sentido y un propósito en sus vidas, pero, a través de una catastrófica interpretación errónea del significado de su pasado, presente y futuro (véase el capítulo 5), dejan que su edad cierre la oportunidad de un nuevo comienzo. Piensan que nadie contratará o invertirá en una persona de sesenta y cinco años cuando hay tantos candidatos más jóvenes disponibles.* Se quedan mirando un reloj que no funciona, convencidos de que el tiempo se ha detenido para ellos.

Los adultos son capaces de calcular mal su trayectoria personal a cualquier edad, desde los veinticinco hasta los setenta y más. Conozco gente de treinta años de edad que, después de tres años de

---

* No están del todo equivocados. La gente tiende a preferir lo *nuevo* a lo *que ha demostrado ser bueno.*

estudios de Derecho y media docena de años de ascenso en la escala de asociados de un bufete, se dan cuenta de que el ejercicio de la abogacía no es para ellos. Es algo habitual en los jóvenes abogados de las empresas del siglo xxi. Paralizados por la perspectiva de reiniciar su carrera en el punto cero, los jóvenes abogados enfrentan la situación de tres maneras: en primer lugar, tratan su temprana desvinculación como una catástrofe en lugar de la bendición que es en realidad (después de todo, están escapando de un trabajo que los aburre); en segundo lugar, no pueden imaginar un siguiente paso; y en tercer lugar, no advierten que tienen dos tercios de su vida adulta por delante. Eso es mucha pista, que a algunos les parece desalentadora. Yo sugiero que es una cuerda de salvavidas.

Influencia de los padres. Obligación. Bloqueo mental. Presencia de los compañeros. Falta de tiempo. La devoción inercial al *statu quo*. Estas son las eternas barreras que nos paralizan y nos dejan con anhelo de un nuevo camino, pero incapaces de dar el primer paso en él. Sin embargo, estas barreras son solo obstáculos temporales que se pueden apartar para que podamos seguir adelante. No son condiciones permanentes de descalificación o artículos de fe que no podamos reescribir o reemplazar.

Poseemos atributos compensatorios que nos permiten encontrar nuestro camino. No son un gran misterio. Son poderes latentes, como la motivación, la capacidad, la comprensión y la confianza, que residen en todos nosotros, a la espera de ser despertados bajo las condiciones adecuadas. Son los bloques de construcción de nuestro potencial. Y necesitamos que se nos recuerde de vez en cuando cómo desplegarlos en nuestro propio beneficio.

EJERCICIO

....

Interrumpimos ahora nuestra programación habitual...

Este es un ejercicio para ayudarte a entender tu programación. Imagina que tienes seis años. Tus padres han invitado a sus mejores amigos a cenar. Después de la cena, cuando los adultos creen que estás en la cama durmiendo, uno de los invitados pregunta cómo eres en realidad.

Asumiendo que obtendrá la verdad sin tapujos de tus padres:

- Enumera los adjetivos que utilizarían tus padres para describirte a los seis años.
- Enumera los adjetivos que utilizarías para describirte hoy.
- ¿Qué ha cambiado, si es que ha cambiado algo? ¿Cómo ha cambiado? ¿Por qué ha cambiado?

¿Qué aprendizaje te dejó este ejercicio, que te ayude a planificar el resto de tu vida?

3

LA LISTA DE LAS GANANCIAS

En 1976, cuando tenía veintisiete años, escribí mi tesis doctoral sobre la motivación, la capacidad, la comprensión y la confianza, como las cuatro cualidades cognitivas y emocionales que las personas necesitan para tener éxito.

- La *motivación* la definí como la fuerza que nos impulsa a levantarnos cada mañana y a perseguir un objetivo específico, y también a mantener ese impulso frente a los reveses y contratiempos.
- La *capacidad* es tener la aptitud y las habilidades necesarias para lograr un objetivo.
- La *comprensión* es saber qué hacer y cómo hacerlo, y también qué no hacer.
- La *confianza* es la creencia de que puedes lograr lo que te propones, tanto si lo has hecho antes como si lo intentas por primera vez.

Estos cuatro atributos siguen siendo factores esenciales para el éxito (y no son tan obvios como podría pensarse). Si eliminas cualquiera de estas virtudes de tu caja de herramientas, habrás aumentado drásticamente tus probabilidades de fracasar. También es importante recordar que se trata de atributos de tareas específicas. No son fuerzas que se apliquen universalmente a tu vida. Por ejemplo, no existe una persona motivada, porque ninguno de nosotros está motivado para hacer de todo. Estamos motivados de forma selectiva, impulsados a hacer una cosa, pero no otra. Lo mismo ocurre con la capacidad, la comprensión y la confianza. Cada una de ellas es específica para una tarea, porque ninguno de nosotros es capaz de hacerlo todo, o de saberlo todo, o de tener confianza en todas las situaciones. Este era mi argumento en 1976, cuando tenía veintisiete años. Pero cuarenta años en el mundo de los negocios como *coach* de ejecutivos me han enseñado que estos cuatro atributos no proporcionan una imagen completa. Mi tesis no era errónea; era incompleta.

El tiempo me ha enseñado que no se puede colorear el éxito solamente con los llamativos tonos del deseo, el talento, el intelecto y la autoestima. Necesitas apoyo, así como un mercado receptivo para cada una de tus tareas u objetivos específicos.

Hay muchas ventajas personales que mejoran las posibilidades de éxito, como la creatividad, la disciplina, la resiliencia, la empatía, el humor, la gratitud, la educación, la oportunidad, la simpatía, etc. Pero cuando los clientes, tanto jóvenes como mayores, acuden a mí para que les dé consejo sobre las principales decisiones profesionales —si se quedan o se van, si el nuevo trabajo es adecuado para ellos, qué hacer a continuación— las siguientes son las seis consideraciones imprescindibles que les pregunto. Sin una buena respuesta para cada una de ellas, no hay paso a continuación. Son tan básicas como las lecturas del pulso y la presión arterial que toma tu médico para comenzar tu examen físico anual.

1. MOTIVACIÓN

La motivación es la razón por la que intentas tener éxito en una tarea elegida. Es por qué haces algo. En agosto de 1979, Ted Kennedy desafió al presidente Jimmy Carter en su intento de reelección. Aunque los políticos rara vez se enfrentan a presidentes del mismo partido en las primarias, Kennedy era entonces el gran favorito para derrotar al impopular Carter. Anunció su candidatura en una entrevista de televisión con Roger Mudd de la CBS, que comenzó con la obvia pregunta: ¿Por qué quiere ser presidente? Kennedy, infamemente, falló en la respuesta, que fue serpenteante e incoherente, no dio a la gente una razón para votar por él y, esencialmente, hizo que su campaña terminara antes de empezar.

Al igual que millones de estadounidenses que vieron la entrevista, pensé: No basta con que ser presidente satisfaga alguna ambición personal de llegar a lo más alto del escalafón político. Al decirme por qué quiere ser presidente, también debe revelar las cosas específicas que quiere hacer en el puesto, ya sea construir carreteras, o alimentar a niños hambrientos, o bajar las tasas de interés (ese año rondaban el 18 %). De su respuesta no pude saber *por qué* Kennedy quería el trabajo ni *cómo* lo haría si llegaba a la Casa Blanca.

La motivación puede ser el combustible de alto octanaje que impulsa la consecución de nuestros objetivos, pero no puede separarse de la realización real de las tareas específicas necesarias para alcanzar cada uno de nuestros objetivos. Eso es lo que hace que *motivación* sea una de las palabras más incomprendidas —y, por tanto, mal utilizadas— del léxico de la consecución de objetivos. Varias veces a la semana escucho a personas que se describen a sí mismas, o a alguien a quien admiran, como «motivadas para tener éxito o motivadas para ser un buen jefe» (o profesor o padre o pareja o algún otro rol definido de manera amplia). Utilizado en ese contexto, motivado no tiene ningún significado, porque no conozco a nadie que esté «motivado para *no tener éxito* o motivado para ser un *mal jefe*». Se confunde motivación con deseo. También podrían decir «quiero tener éxito o quiero ser un buen jefe». ¿Quién no lo desea?

Estar motivado no es simplemente un estado emocional energizado inducido por tener un objetivo. Es ese estado emocional energizado junto con un impulso para hacer cada una de las tareas necesarias que llevan a alcanzar ese objetivo. Es incorrecto decir que estás motivado para ganar dinero o perder peso o llegar a dominar el chino mandarín, aunque sientas que esas afirmaciones son ciertas, a menos que hagas constantemente las cosas grandes y pequeñas que se requieren para lograr esos objetivos.

La verdadera prueba de nuestra motivación se basa en la evidencia. Si queremos correr un maratón en menos de tres horas, ¿estamos motivados para hacer cada una de las tareas necesarias que requiere un logro físico tan arduo: levantarnos temprano por la mañana seis veces a la semana para acumular nuestros objetivos de kilometraje; reconfigurar nuestra dieta para que esté al servicio del máximo rendimiento; dedicar las horas al gimnasio para aumentar nuestra fuerza y flexibilidad y así disminuir la posibilidad de lesiones, y convocar el sentido común para tomarnos un día libre cuando nuestro cuerpo nos diga que necesitamos descansar y recuperarnos?

Si es menos, nos estamos engañando sobre estar motivados. Como *coach* que ayuda a las personas de éxito a cambiar para mejor, no es mi trabajo juzgar las motivaciones declaradas por las personas. Mi trabajo es establecer su determinación. Nuestras vidas pueden estar llenas de motivaciones ambiguas. Recompensas como el dinero, la fama, los ascensos, los premios y el prestigio tienen el poder de hacer que nos esforcemos más o de dejarnos con la pregunta: ¿Es eso todo lo que hay? Las obligaciones con nuestros seres queridos nos hacen sentirnos orgullosos de haber respondido a la llamada del deber o amargados por lo que hemos tenido que sacrificar. El exceso de confianza y las ilusiones nos empujan a superar las expectativas (siempre una agradable sorpresa) o nos dejan perplejos por nuestra insensatez (¡en qué estaba pensando!). ¿Quién soy yo para decir qué dioses son falsos y cuáles son legítimos?

Entender mal nuestra motivación y sobrestimar nuestra voluntad para cumplirla pueden ser los dos errores característicos a la hora de crear tu propia vida. Pero debes anticiparte a otros errores evitables mientras encuentras tu verdadera motivación.

La motivación es una estrategia, no una táctica. El *motivo* es la razón por la que actuamos de una manera determinada. La *motivación* es la razón por la que seguimos actuando de esa manera. Es la diferencia entre salir a correr impulsivamente en una tarde soleada para liberar algo de energía y correr seis días a la semana mes tras mes porque quieres ponerte en forma, perder peso o entrenar para una carrera. Al identificar tu motivación, asegúrate de calificarla en función de su sostenibilidad a largo plazo, y sé realista en cuanto a tu capacidad de mantenerla frente al riesgo, la inseguridad, el rechazo y la dificultad. Dos preguntas: ¿Cómo has respondido a la adversidad en el pasado? ¿Por qué será diferente esta vez?

Se puede tener más de una motivación. Joyce Carol Oates, la prodigiosa mujer de letras estadounidense, en su ensayo *Esto es lo que creo*, identificó no una sino cinco razones por las que escribe: (1) la *conmemoración* (conmemorar una región del mundo en la que he vivido); (2) *dar testimonio*, porque la mayoría de la gente no puede hacerlo por sí misma; (3) la *autoexpresión* como un refugio contra los compromisos de la edad adulta; (4) la *propaganda* (o *moralización*) para «evocar simpatía» hacia sus personajes, y (5) el amor por el *objeto estético* que es un libro físico. Cuando falta una motivación, otra la mantiene escribiendo. Las personas de éxito pueden mantener dos o más pensamientos opuestos en su mente al mismo tiempo. Lo mismo ocurre con su motivación.

La inercia no es motivación. Conozco a jubilados de Florida que juegan al golf prácticamente a diario. ¿Es su amor por el juego o un ferviente deseo de bajar su hándicap lo que los motiva a pasar tantas horas golpeando una pequeña bola blanca alrededor de un parque muy grande? ¿O es la inercia: no tienen una idea mejor de cómo pasar el día? Si te das cuenta de que estás viviendo el mismo día todos los días, podrías hacerte la misma pregunta: ¿Estoy viviendo mi vida actual porque es la forma en que elijo encontrar la satisfacción, o porque no puedo imaginar una alternativa? Una respuesta honesta es esencial, pero posiblemente demasiado dolorosa de soportar.

Entonces, ¿cómo podemos centrarnos en una motivación específica? La experiencia me ha enseñado que hay al menos una motivación básica universal que garantiza que nuestro deseo de vivir una vida que valga la pena se aclare, y es esta: *Quiero vivir una vida que aumente la satisfacción y minimice el arrepentimiento.*

2. CAPACIDAD

Tu capacidad es el nivel de habilidad que necesitas para tener éxito en la tarea que has elegido. Lo ideal es que sepas en qué eres bueno y en qué eres malo, y que aceptes tareas que están más allá de tus capacidades solo porque quieres esforzarte. De lo contrario, te mantienes dentro de tu área de habilidades superiores. Si tienes una habilidad superior, algo que te distingue, esta debería ir acompañada de motivación. Mantener la motivación para hacer algo en lo que destacas no debería ser un problema. Y, sin embargo, lo es.

Mi amiga Sanyin Siang, cofundadora y directora del Coach K Center on Leadership & Ethics de la Universidad de Duke, cree que todos tenemos al menos una habilidad que damos por sentada y nos quedamos perplejos cuando descubrimos que está fuera del alcance de los demás. Ella lo llama la «responsabilidad de la pericia». El lanzamiento perfecto. Una coordinación ojo-mano natural. Una velocidad de pies increíble. Repetir la letra de Kendrick Lamar palabra por palabra después de escucharla una vez. Estos talentos son un lastre, dice Sanyin, porque nos resultan muy fáciles. Como resultado, no se sienten totalmente merecidos y, por lo tanto, descartamos las muchas maneras en que nos hacen especiales. Es como tener un superpoder y no usarlo nunca.

Esta es una consideración preocupante. Si no podemos abrazar la capacidad que nos resulta fácil, ¿cuál es la alternativa? ¿Crear una carrera en áreas en las que nuestras habilidades no son óptimas, en la que estamos en medio del grupo y no resultamos tan especiales? Yo no lo recomendaría.

Pero estamos definiendo la capacidad de forma demasiado estricta, como si existiera una diferencia entre tener un talento sobrenatural y poseer las habilidades mínimas para hacer el trabajo. Los elementos emocionales y psicológicos —temperamento, tenacidad, persuasión, ecuanimidad— desempeñan un papel igualmente crucial en la determinación de la capacidad. Por ejemplo, saber tratar con el rechazo es una habilidad esencial para los vendedores y los actores, independientemente del tono de su discurso de venta o de lo conmovedoras que sean sus líneas. Los oncólogos se pasan décadas en un laboratorio probando y esperando que un protocolo de tratamiento del cáncer resulte eficaz, sin ninguna garantía de que sus esfuerzos vayan a suponer un avance. Su heroico desafío al fracaso una y otra vez, y no sus conocimientos de bioquímica, es lo que define su capacidad para encontrar una cura. Si quieres ganarte la vida escribiendo novelas, la disposición a estar solo en tu escritorio día tras día es tan necesaria como tu facilidad para encontrar la trama, los personajes y los diálogos. Sentirse cómodo con la soledad te lleva a tu escritorio cada mañana.

Mi madre fue profesora de primaria desde los años 50 hasta los 70 en la zona rural de Kentucky. Cuando completaba los boletines de notas de sus alumnos, les ponía una letra en tres categorías: Rendimiento, Esfuerzo y Conducta. También había una casilla lateral para la asistencia. Parece que los educadores de entonces sabían que la capacidad de un alumno era algo más que saber las respuestas correctas en un examen. El esfuerzo, el buen comportamiento y la asistencia a clase también contaban. No ha cambiado mucho para nosotros en la edad adulta. Nuestra capacidad no es un talento aislado; es un conjunto de habilidades y rasgos de personalidad que deben coincidir con la vida que queremos llevar.

3. COMPRENSIÓN

La comprensión es el conocimiento de qué hay que hacer y cómo hacerlo. En mi tesis doctoral, centrada en el comportamiento en grupos, consideré la comprensión en términos de percepción de roles, viéndola a través del prisma del orden y la jerarquía. ¿Comprende la gente su papel en la jerarquía? Por ejemplo, como ingeniero tienes la misma capacidad que todos los demás ingenieros de tu departamento, más o menos. Al igual que ellos, eres un engranaje de una gran máquina. En esta situación, que es como se estudiaba el comportamiento organizativo hace cincuenta años, comprender significa saber qué trabajo concreto de la máquina se espera que hagas, y no desviarte de tu papel. No hay malentendidos entre tú y tus superiores sobre tus responsabilidades. Te mantienes en tu carril. El carril puede ser más complejo y concurrido para, por ejemplo, un médico de urgencias o un agente de policía, que deben desempeñar muchas funciones durante un turno de trabajo. Pero el médico de urgencias que tiene éxito entiende que su trabajo consiste en aliviar el dolor y reparar los daños. El agente de policía que tiene éxito entiende que se trata de mantener a la gente a salvo. También se mantienen en sus carriles.

Cuando empecé a trabajar individualmente con ejecutivos para mejorar sus habilidades interpersonales, mi opinión cambió. Los roles seguían siendo importantes, pero también lo eran los llamados atributos más blandos, como la oportunidad, la gratitud, la amabilidad, la escucha y, lo más valioso de todo, la confianza en la Regla de Oro. Estos son los valores que nos guían en cualquier situación, incluida la búsqueda de una vida que valga la pena. En mi caso, fue necesario un pequeño pero doloroso momento de aprendizaje para darme cuenta de esto.

Me invitaron a hablar en una cena para los principales directivos de una empresa de seguros, y me equivoqué completamente con mi público. Me mostré demasiado jocoso para un grupo cuya empresa había sufrido recientemente un grave retroceso.

Después, el CEO me dijo que yo le había ofendido a él y a su equipo. La velada fue una decepción para él (y fue una tortura escuchar su crítica). El error fue todo mío, por supuesto, y fue un error de comprensión. Había malinterpretado mi papel, asumiendo que estaba allí en parte como profesor y en parte como animador, cuando en realidad era el invitado de la compañía. Ese era mi papel, y básicamente había entrado en su casa con barro en los zapatos.

Para salvar la situación se necesitaban valores flexibles; en este caso, centrarme en la decepción del CEO y no en mi vergüenza, y observar el momento presente con claridad. Tenía que interpretar al CEO que tenía delante mejor de lo que había interpretado a la sala esa misma noche. Consideré la posibilidad de ofrecerme a hablar gratis la próxima vez, pero, dada mi actuación, el CEO no estaba de humor para una próxima vez. Consideré no hacer nada y esperar que el tiempo curara la herida. Pero en ese instante recordé el tópico de que los clientes perdonan cualquier problema si ven que te preocupas lo suficiente como para corregirlo rápidamente. Fue entonces cuando la Regla de Oro entró en acción. ¿Qué esperaría yo si los roles estuvieran cambiados y yo fuera el CEO disgustado? Comprendí lo que había que hacer. Aunque los honorarios por la charla eran considerables —tanto como lo que ganan algunas personas en un año—, le dije al CEO: «Esta la pago yo». Cuando el cheque llegó unos días después, se lo devolví con una nota de disculpa. Comprendí que ambos necesitábamos un cierre adecuado, yo más que él.

Parte de la comprensión consiste en conocer la diferencia entre lo bueno y lo que no lo es, y aceptar que en cualquier situación podemos ser lo uno o lo otro.

4. CONFIANZA

La confianza es tu creencia de que puedes tener éxito. La confianza se adquiere a través de una alquimia imprecisa de entrenamiento, repetición, mejora constante y una serie de resultados exitosos, cada uno de los cuales alimenta al otro. La mayoría de las veces nos sentimos seguros cuando nos enfrentamos a un reto que ya hemos superado con éxito; por ejemplo, hablar en público. Una fuente de confianza menos apreciada es tener una habilidad especial de la que otras personas carecen. Una vez le pregunté a un amigo maratonista —que no era de élite, pero que se dedicaba a su entrenamiento y era alguien a quien otros corredores aficionados prestaban atención en una carrera— cuántos kilómetros a la semana tenía que registrar para cumplir sus objetivos. «No se trata del kilometraje. Se trata de desarrollar la velocidad para tener confianza en que puedes superar a cualquiera cuando sea importante. La velocidad infunde confianza. La confianza crea más velocidad».

Yo sabía que la confianza era esencial en deportes de habilidad como el golf o el béisbol. La historia del deporte está llena de atletas que pierden la confianza y, de la noche a la mañana, no pueden hacer las cosas bien. Pero nunca había pensado que fuera importante en las carreras de larga distancia, que me parecen un ejercicio de resistencia de fuerza bruta más que de habilidad atlética. Sin embargo, entiendo el punto de vista de mi amigo. Cuando tienes velocidad y crees que puedes recurrir a ella a voluntad, estás creando un bucle de *feedback* positivo que crea más velocidad y, por tanto, aún más confianza.

Esa es la belleza de la confianza. Es el producto de todas tus otras virtudes y elecciones positivas, que luego te devuelve el favor haciéndote aún más fuerte en esas áreas. Por regla general, si tienes motivación, capacidad y comprensión, la falta de confianza es lamentable, casi inexcusable. Te has ganado el derecho a tener confianza.

5. APOYO

El apoyo es la ayuda externa que necesitas para tener éxito. Viene a tu rescate, como la caballería, a través de tres fuentes:

El apoyo puede venir de una *organización* en forma de dinero, equipo, incluso espacio de oficina, cualquier cosa que se considere un recurso valioso. Este tipo de apoyo no es fácil de conseguir en organizaciones con recursos limitados. Tienes que ganarte tu parte del pastel.

El apoyo puede provenir de una *persona* en forma de dirección, *coaching*, instrucción, empoderamiento o fomento de la confianza. Estos apoyos pueden ser tu profesor, tu mentor, tu jefe o, simplemente, alguien con autoridad que te aprecie. Esto último, en mi opinión, es la mayor suerte que puedes tener en tu carrera (pero tienes que apreciar tu suerte). Una vez le pregunté al socio más joven de un gran bufete de abogados cómo había llegado a ser el jefe de práctica laboral del bufete antes de cumplir los treinta y cinco años. Me dijo: «Dejé mi anterior bufete por culpa de un jefe tóxico que era activamente antagónico conmigo. El socio del que dependía aquí era todo lo contrario. Me dijo desde el primer día que tenía un plan de cinco años para retirarse y hacerme su sucesor. Si hacía lo que él me decía, el trabajo era mío. Su apoyo marcó la diferencia».

El apoyo también puede ser un *grupo* definido. Lo curioso de un grupo de apoyo no es que necesitemos uno para alcanzar nuestros objetivos, sino lo reacios que somos a admitirlo. Esta negación tiene sentido si consideramos las contribuciones de la motivación, la capacidad, la comprensión y la confianza en nuestro éxito. Las desarrollamos en silencio y en privado como actores individuales, ignorando el impacto del mundo exterior. También tiene sentido en el contexto de vivir una vida merecida. Merecer algo —ya sea un aumento de sueldo, el respeto o toda nuestra vida— implica autosuficiencia, como si nuestros logros llegaran sin la ayuda de nadie y por ese motivo fueran más gloriosos y honorables.

Ese es un pensamiento delirante. Todos necesitamos ayuda. Aceptar ese hecho es un acto de sabiduría, no un signo de debilidad. Actuar en consecuencia es una habilidad esencial. Esto es especialmente cierto si se trabaja como autónomo o *freelance*. En las organizaciones

—corporativas, gubernamentales o sin ánimo de lucro— los grupos de apoyo están integrados en la infraestructura. Los CEOs tienen un consejo de administración, los gerentes tienen sus reuniones semanales y el personal de apoyo, abandonado a su suerte, forma instintivamente sus propias células pequeñas para apoyarse mutuamente. El *feedback,* las ideas y los ánimos siempre están ahí si los quieres. Cuando los recién salidos de la vida empresarial se van por su cuenta y dicen que echan de menos la camaradería en una gran organización, en realidad están admitiendo que echan de menos el apoyo.

He aquí un secreto no tan turbio de la gente superexitosa: las personas más inteligentes y con más logros que conozco son las que más construyen su propio grupo de apoyo y las que más dependen de su grupo para obtener ayuda (y no les da vergüenza admitirlo). Lo sé porque soy *coach* de algunos de ellos; estar en su grupo de apoyo es parte de mi trabajo. Veo con qué frecuencia van más allá de las paredes de su organización en busca de consejo y consuelo. Veo cómo utilizan los consejos y cómo se relacionan directamente con su éxito. Para ellos, un grupo de apoyo es como tener un engranaje superior para que las cosas sucedan con más facilidad y rapidez. Si a ellos les funciona, ¿por qué no dejar que te funcione a ti?

Tu grupo de apoyo puede incluir a cualquiera, incluso a uno o dos familiares. Media docena de personas es un número manejable; más de eso y el apoyo se vuelve repetitivo o confuso. Incluso puedes tener varios grupos de apoyo para diferentes ocasiones, según lo compleja y variada que sea tu vida. El elenco de personajes puede cambiar con el tiempo, ya que tú cambias y el mundo también. Mi única advertencia: no seas nunca la persona más admirada o con más éxito de tu grupo (estás buscando ayuda, no un club de fans), ni la menos. Un punto intermedio es lo correcto.

6. MERCADO

Hay algo que he visto tantas veces dentro de las familias, que es prácticamente un lugar común. Hermana y hermano crecen en el mismo hogar, asisten al mismo sistema escolar y luego tienen objetivos profesionales completamente diferentes. La hermana quiere ser una profesional con un título avanzado, digamos una ingeniera. El hermano, no menos centrado o ambicioso, prefiere un camino más soñador y menos marcado, evita la vía universitaria tradicional para dedicarse a ser, por ejemplo, un fabricante de cuchillos artesanales. La aspirante a ingeniera completa su formación y entra en un ecosistema industrial bien establecido, aunque muy competitivo, para sus habilidades. Avanza en su carrera porque existe un sólido mercado de fabricantes, empresas de alta tecnología y empresas de diseño para sus servicios. Siempre hay demanda de ingenieros. No es lo mismo para el fabricante de cuchillos. Si el hermano no es oportuno, puede empezar su carrera en un momento en el que el mercado para sus habilidades está saturado o se ve perturbado por alguna innovación. El mercado que debería haberlo recibido con los brazos abiertos es más desordenado y vulnerable a los cambios en las preferencias de los consumidores de lo que él imaginaba. Incluso puede estar desapareciendo ante sus ojos.

Dos personas del mismo hogar que conocían exactamente la vida que querían crear para sí mismos. Dos resultados diferentes, cada uno de ellos dependiente del mercado para sus habilidades.

Es romántico pensar que podemos perseguir nuestros sueños más fervientes sin tener en cuenta que debemos ganarnos la vida. El hecho es que no solo la gran mayoría de nosotros necesita ganarse la vida —aunque solo sea para pagar las facturas y mantener a nuestras familias—, sino que, por crianza o inclinación, la mayoría de nosotros no puede evitar vincular el sentido de realización y autoestima a la compensación material. A menos que hayamos heredado una fortuna, solo después de haber acumulado lo suficiente en una carrera podemos permitirnos el lujo de una nueva carrera en la que el dinero no importe. Cualquiera que dependa de un sueldo lo sabe.

Sin embargo, cada día miles de personas crean un negocio, o vuelven a estudiar, o se mudan a otra parte del país, o renuncian a su cómodo trabajo para emprender algo por su cuenta —todo ello con la esperanza de mejorar sus perspectivas de una vida plena— sin plantearse la dura pregunta: ¿Existe un mercado para mi producto o servicio si pongo en marcha el negocio, o si obtengo un título superior, o si me mudo a una nueva ciudad, o si dejo de trabajar en una gran empresa? Hace años, uno de mis mejores amigos cometió este error. Ganaba un sueldo de siete cifras por ser un experto en estrategia en una poderosa empresa de consultoría, pero pensó que le iría mejor si se lanzaba por su cuenta. Varios miembros de su grupo de apoyo le advertimos del riesgo obvio que suponía dejar una gran empresa, a saber, que la credibilidad y la prestigiosa lista de clientes que le proporcionaba su puesto se reducirían inmediatamente cuando pasara a dirigir su propio negocio. No nos creyó. Lamentablemente, el mercado lo rechazó. Los clientes con los que contaba para que se lanzaran a buscarlo optaron por quedarse en la gran empresa. Nunca se recuperó.

Si no hay mercado para lo que ofreces (y no eres el raro visionario que crea una nueva industria de la nada), toda tu habilidad, confianza y apoyo no superarán ese obstáculo. Como dijo Yogi Berra: «Si los simpatizantes del equipo no quieren ir al estadio, nadie puede detenerlos».

Estos son los cuatro factores internos y los dos externos que tienes que tener en cuenta y verificar para medir tus posibilidades de éxito en cualquier tarea u objetivo desafiante. Un chef experto te dirá que la primera consideración crucial en la cocina es el concepto de *mise en place*: tener todos los ingredientes de un plato en la cocina, preparados y listos para usar. A continuación, se empieza a cocinar.

Como la mayoría de las listas de comprobación, la *mise en place* es la herramienta de organización más contundente, pero también es una actitud en la que sostiene la motivación, la capacidad, la comprensión y, sobre todo, la confianza del chef. Con todo en su sitio, el chef queda liberado para crear y hacer lo que mejor sabe hacer: convertir ingredientes ordinarios en algo extraordinario. Considera la lista de comprobación para ganar dinero como tu *mise en place* antes de afrontar cualquier reto que te interese. Ponte a prueba con sinceridad: ¿Estoy motivado para hacerlo? ¿Soy capaz? ¿Sé cómo aprovechar mi capacidad para hacer el trabajo? ¿Mis logros anteriores me hacen confiar en que puedo hacerlo? ¿Tengo apoyo? ¿Hay un mercado que apreciará el esfuerzo?

Cada uno de estos seis factores debe estar alineado, y cada uno de ellos debe potenciar a los demás. No son a la carta. No se puede ser fuerte en cinco de ellos y débil en el otro. Cada uno de ellos es lo suficientemente amplio como para incluir las cualidades que te son propias, lo que los convierte en el conjunto ideal de preguntas fundamentales a la hora de enfrentarse a un gran cambio. Marcar cada casilla nos indica si estamos alineados o no. Aquí, por ejemplo, está el resumen de mi conversación sobre la lista de comprobación con una amiga llamada Marie, que había puesto en marcha un negocio de salsa para pasta tres años antes. Era una profesional de la alimentación jubilada que hacía una salsa casera tan buena que sus amigos le decían: «Deberías venderla». Así que lo hizo. Dime si tiene alineación:

Motivación: «Me divierte hacer un producto especial que los clientes aprecian. Lo hago por esa validación, no por el dinero. Al menos, por ahora no».

Capacidad: «Mi primer trabajo al salir de la universidad fue elaborar recetas para empresas de alimentación. Sé cómo escribir una receta y desarrollar algo auténticamente nuevo».

Comprensión: «*Nadie nace sabiendo hacer una empresa emergente. Se aprende sobre la marcha. Yo sigo la regla de los tontos: Si me engañas una vez, es culpa tuya. Si me engañas dos veces, la culpa es mía*».

Confianza: «*He creado tres productos distintos —los llamamos SKU— para la marca. No es descabellado esperar que aparezca una cuarta idea, y una quinta. Sucederá*».

Apoyo: «*Nos presentamos a un concurso de impulso el año pasado y fuimos una de las cinco pequeñas empresas elegidas para ser tuteladas durante seis meses por expertos del sector alimentario, sobre todo con el fin de atraer inversores, algo que aún no nos interesa. Cuando no sé algo, llamo a mis mentores*».

Mercado: «*La gente siempre necesitará salsa lista para ponerla en la pasta y la pizza, para rellenar sus pimientos, para hacer chile. Nuestro nicho es la gama alta. No necesitamos que todo el mundo compre, solo la franja adecuada del mercado, y esa gente nos está encontrando*».

Entonces le pregunté a Marie si se sentía alineada. «La alineación es algo que sentí enseguida, porque estaba disfrutando. Sin embargo, a los dos años, cuando empezamos a obtener beneficios, empecé a preguntarme para qué servía todo este trabajo si todavía no cobraba un sueldo. ¿Cuál era el objetivo? Uno de los mentores me dijo que las empresas de nueva creación aspiran a un crecimiento constante de los beneficios o a ser compradas. Decidí que nuestro objetivo era conseguir que alguien nos comprara, tras lo cual podríamos seguir con más recursos o dejarlo. Eso me dio claridad y propósito. Me sentí alineada de nuevo».

Marie tenía todas las respuestas correctas. ¿Puedes tú decir lo mismo de la vida que estás viviendo ahora?

EJERCICIO

....

Encuentra tu área contigua

Una fotógrafa de éxito puede reconvertirse a mitad de su vida en cinematógrafa o directora, pero probablemente no pueda reconvertirse en neurocirujana. La cinematografía y la dirección son áreas contiguas, en cuanto a capacidad y comprensión, a la fotografía (trabajo con cámaras, personas e ideas); la neurocirugía no lo es. Eso es lo que hace que la contigüidad sea una consideración interesante cuando repasamos la lista de control para crear una vida que valga la pena.

Si la motivación, la capacidad, la comprensión, la confianza, el apoyo y el mercado, todo ello alineado, son factores imprescindibles, la contigüidad es un factor que no está de más considerar.

Cuando nos sentimos frustrados con nuestra vida o nuestra carrera y anhelamos algo más gratificante, puede ser emocionalmente reconfortante imaginar una vida que se aleja 180 grados de nuestra problemática actual. Pero las probabilidades de éxito favorecen a las personas que no se alejan demasiado de sus conocimientos, su experiencia y sus relaciones. Eso no significa que estemos limitados a un cambio pequeño gradual en nuestras vidas. El cambio puede ser enorme. Pero requiere una conexión, aunque sea indirecta, con nuestro historial de logros.

Jim Yong Kim es el cerebro más brillante que conozco. Doctor en Medicina y Antropología por Harvard, experto en salud mundial y enfermedades infecciosas, cofundador de Partners in Health, jefe de departamento de la Facultad de Medicina de Harvard, director de la división de VIH y sida de la Organización Mundial de la Salud, beneficiario de una beca MacArthur, siempre incluido en las listas anuales de líderes influyentes. Esto explica por qué, en 2009, cuando el Dr. Jim cumplió cincuenta años, el Dartmouth College quiso que fuera su próximo presidente. El Dr. Jim y yo discutimos los pros y los contras. En Dartmouth trataría con el profesorado, los donantes y un alumnado notoriamente díscolo, lo que suponía un gran cambio respecto a una vida dedicada a resolver crisis de salud pública. Por otro lado, había tenido éxito en todo lo que había intentado. No estaría tan lejos de casa. Sería una buena base para su familia con dos niños pequeños. Y estaba familiarizado con la vida académica en la Ivy League. Lo insté a que lo aceptara. Sería un reto interesante.

Lo que olvidé considerar fue la contigüidad. ¿Había algo en el trabajo que aprovechara su experiencia científica y lo motivara como lo habían hecho sus anteriores funciones? Podía hacer el trabajo, pero, aunque amaba a Dartmouth y a sus estudiantes, no estaba utilizando todos sus talentos.

A los tres años de su presidencia, el Banco Mundial le pidió que se hiciera cargo de su gigantesca organización en Washington. Volvimos a discutir los pros y los contras. A primera vista, dirigir el Banco Mundial sonaba como un salto aún mayor hacia la no-contigüidad que una presidencia universitaria. Jim sabía muy poco sobre finanzas internacionales. Pero el Banco Mundial no es una institución financiera como JP Morgan Chase. Es una asociación mundial que distribuye dinero a las naciones en desarrollo para erradicar la pobreza. Global. Asociación. Pobreza. Estas palabras definían la vida de Jim. En la mente de Jim, la pobreza y las crisis de salud pública no eran simplemente adyacentes. Eran una misma cosa. Si aceptaba el puesto, podría reorientar la misión del Banco Mundial para reducir la pobreza haciendo la guerra a las enfermedades específicas que atacan a las personas más vulnerables. Esta vez no tuve que convencerlo para que diera el paso. Sabía que estaba en su terreno.

Se calcula que, gracias a sus siete años en el Banco Mundial, los programas en los que ha participado han salvado veinte millones de vidas. Yo estaría dispuesto a hacer algún sacrificio para tener eso en mi currículum.

La mayoría de las veces sabemos cuándo nuestras habilidades son adyacentes a la oportunidad que se nos presenta. La contigüidad es un concepto esquivo solo cuando nuestra próxima oportunidad suena como una especie de locura, una desviación desconocida de lo que solíamos ser y en lo que nos gustaría convertirnos. Pero si la contigüidad existe, y la encontramos, la supuesta locura pronto adquiere mucho sentido. Para descubrir tu adyacencia a la vida que estás creando, debes encontrar un activo en ti mismo que sea esencial para el éxito en tu nueva vida. Por ejemplo, hubo un tiempo, hace cincuenta años, en el que sonaba como una barbaridad que un atleta profesional o un entrenador se trasladara a la cabina de transmisión de deportes tras su jubilación. Ya no es así, desde que los ejecutivos de la televisión se dieron cuenta de que los atletas conocían realmente su deporte y tenían credibilidad al hablar con otros atletas ante la cámara. La contigüidad era el conocimiento de los jugadores sobre su deporte, su dominio del contenido, y no su forma de transmitir, que podía aprenderse con el trabajo.

HAZ ESTO: Confecciona una lista de las veinte personas de tu carrera con las que te comunicas con más frecuencia durante, por ejemplo, un periodo de tres meses. ¿Hay alguna habilidad o cualidad personal destacada que compartas con las personas de la lista a las que más admiras? Si es así, ¿es el tipo de habilidad que puede llevarte lejos en un campo totalmente diferente? Es decir, ¿coincide lo que quieres ser con lo que ya eres? Ser director creativo en una agencia de publicidad puede no parecer a primera vista el entrenamiento perfecto para convertirse en guionista, pero tiene mucho sentido cuando se aprecia la contigüidad de los dos roles: ambos requieren un don para contar historias. Lo mismo ocurre con las ventas. Si se tiene la capacidad de vender, se puede acceder a cualquier carrera que requiera persuasión y hacer que la gente se desprenda de su dinero. Una vez que aprecias la cualidad que te distingue de los demás, empiezas a ver todas las oportunidades en las que esa habilidad puede ser útil. La contigüidad amplía enormemente tus opciones.

4

EL MÉTODO DE LA NO ELECCIÓN

Siempre que es posible, evito hacer elecciones. Mira en el armario de mi casa y encontrarás un estante con más de cincuenta polos verdes. En otro estante hay veintisiete pares idénticos de pantalones caqui. En el suelo hay media docena de pares de mocasines de cuero marrón, en estado variable según el tiempo que los haya usado.*

Un polo verde, unos pantalones caqui y unos mocasines —piensa en un ingeniero aeronáutico de 1976— es mi uniforme de trabajo. Adopté conscientemente este look después de que Larissa MacFarquhar, de *The New Yorker*, señalara que era lo único que me vio llevar durante el tiempo que me estuvo perfilando para la revista. Los clientes que leyeron el artículo no tardaron en expresar su decepción si no me presentaba con un polo verde y pantalones caqui. Así que les di el gusto. Con el tiempo me di cuenta de que mi uniforme era un acto de liberación. Cada vez que hacía la maleta para un viaje de negocios, que podían ser tres o cuatro veces por semana, no tenía que agonizar sobre qué ponerme. No importaba la reunión o la audiencia, siempre eran polos verdes y caquis: una decisión más con la

---

* Hace algunos años tuve como invitados a tres ejecutivos de Bell South. Les enseñé mi casa, incluido mi armario. Cuando vieron la hilera de caquis idénticos, oí que un ejecutivo les decía a los demás: «Menos mal, pensaba que solamente tenía un par de pantalones».

que no tenía que lidiar. En mi pequeño mundo de ejecutivos de alto nivel y RR. HH. profesionales, poco a poco se convirtió en mi firma, no muy diferente de (perdón la arrogancia de la comparación) Tiger Woods cuando lleva una camisa roja y pantalones oscuros el domingo en la ronda final de un torneo de golf. Pero, a diferencia de Tiger, no era un ejercicio de marca para mí; era una pequeña ocasión en la que me concedía la libertad de no elegir.

Con el tiempo, evitar la elección, al menos para las pequeñas elecciones que no me importan, se ha convertido en una de mis mayores prioridades. Estoy dispuesto a dedicar tiempo a cualquier desconocido que se esfuerce por conocerme, pues me digo: «No me hará más tonto». Cuando necesito un nuevo ayudante, contrato al primer interesado bien cualificado. En un restaurante, le pregunto al camarero: ¿Qué elegiría usted? (Esto tiene la ventaja añadida de eliminar los remordimientos del comprador. No puedes arrepentirte de una decisión que no te ocupaste de tomar).

No es pereza ni indecisión. Es una práctica consciente de esquivar cualquier elección no esencial con el fin de guardar mis neuronas para las decisiones relevantes que surgen ocasionalmente en un día, como aceptar el compromiso de dieciocho meses de tomar un nuevo cliente de *coaching*. A algunas personas les encanta tomar decisiones —me vienen a la mente los CEOs de empresa, los directores de cine y los diseñadores de interiores—, disfrutan del poder de aprobar con un pulgar arriba o abajo una adquisición, o el largo del pelo de un actor, o el tono concreto de la pintura gris de las paredes. A mí no me gusta. Quizá a ti tampoco.

Sin embargo, numerosas investigaciones demuestran que el proceso de elección representa probablemente el mayor gasto de energía mental del día y conduce a un agotamiento que, en última instancia, puede dar lugar a malas decisiones. Desde la benigna elección de qué desayunar, hasta la decisión instantánea de contestar o ignorar un teléfono que suena, pasando por el largo y a menudo angustioso proceso de búsqueda, prueba y regateo con los gerentes de ventas para comprar tu próximo automóvil, todos ellos se suman a una existencia dominada por nuestras elecciones.*

Para vivir cualquier vida, hay que tomar decisiones. Para lograr una vida que valga la pena, hay que hacer elecciones con un sentido ampliado de la escala, la disciplina y el sacrificio.

En la década de 1960, en mi escuela secundaria de Valley Station, después de cada tarea de lectura importante nuestro profesor de inglés de décimo grado nos hacía escribir un ensayo sobre el tema que quisiéramos. El ensayo tenía que estar relacionado de alguna manera con el libro, la obra de teatro o el cuento que acabábamos de leer. Los llamaba de estilo libre. En undécimo curso, nuestro nuevo profesor de inglés estableció un ejercicio similar, salvo que él elegía los temas. Le pregunté por qué no nos daba estilos libres. Me dijo: «Estoy haciendo un favor a la mayoría de tus compañeros. Los alumnos llevan años quejándose de que no tienen ideas. La libertad de elegir su propio tema es lo último que quieren».

No había pensado en ese profesor en décadas hasta que otro profesor, Alan Mulally, me enseñó las reuniones de Revisión del Plan de Negocio que instituyó en 2006 en la Ford Motor Company cuando se convirtió en CEO. La RPN, como se conocía, era una reunión semanal rigurosamente estructurada que se celebraba todos los jueves por la mañana en la sala de conferencias Thunderbird de la sede de Ford en Dearborn, Michigan, para los dieciséis principales directivos de la empresa. La asistencia era obligatoria, si no en persona, por teleconferencia. No se permitían sustitutos. Alan empezaba la

---

* Si te pidiera que llevaras un registro de todas las decisiones que tomaste en un día (comenzando, por supuesto, con la decisión de aceptar o rechazar esta solicitud, y luego tu elección de papel, libreta, cuaderno o dispositivo digital para llevar el registro, y después el color de la tinta del bolígrafo, si de hecho elegiste un bolígrafo en lugar de un lápiz en lugar de un teléfono inteligente, ¿ves a dónde quiero llegar? ¿Cuántas decisiones calculas que haces en un día? Pista: soy un extremista que evita las decisiones y dejé de contar para mi registro un día cuando llegué a trescientas antes de las 4 de la tarde.

reunión de la misma manera cada semana. «Soy Alan Mulally. Soy el CEO de Ford Motor Company. Nuestra misión es...». Y luego repasaba el plan de negocios a cinco años de la empresa matriz, las proyecciones y el rendimiento, con gráficos que indicaban cada punto de datos bajo su control con el color verde (dentro del plan), amarillo (mejorando, pero aún no dentro del plan) y rojo (fuera del plan). Terminaba en cinco minutos. A continuación, cada director debía seguir el formato de Alan paso por paso: nombre, rango, plan y las puntuaciones codificadas por colores que calificaban el progreso de su cartera de proyectos, todo ello en cinco minutos. Alan también exigía un comportamiento educado en la reunión: nada de juicios, nada de críticas, nada de interrupciones, nada de comentarios cínicos. «Diviértanse, pero nunca a costa de los demás», decía. La RPN era un espacio psicológicamente seguro.

Al principio, a los ejecutivos de Ford les costó creer que la reunión fuera realmente una zona sin cinismos ni juicios de valor. Esta es una de las razones por las que los ejecutivos se resistieron a asignar el color rojo a cualquiera de sus proyectos: temían las burlas de sus colegas.

Alan acabó con el sarcasmo la primera semana simplemente llamando la atención sobre el tema. Todos los ejecutivos entendieron el mensaje. La disposición a marcar con rojo —es decir, a admitir un punto débil en su división— llevó más tiempo. Nadie quería poner a prueba la promesa de transparencia sin represalias de Alan. Un mes después de que Alan asumiera el cargo, cuando el jefe de Norteamérica comunicó el primer rojo en una línea de producción canadiense cerrada, Alan le dio un aplauso por su honestidad y visibilidad, una respuesta que no pasó desapercibida en la sala. En ese momento, Alan supo que había llegado al liderazgo de su equipo. Pero no a todos ellos.

Hay que tener en cuenta que, salvo las dos horas semanales de la reunión de los jueves, Alan dejaba a su equipo solo durante gran parte de las otras 166 horas. Estaba allí para servirles, no para microgestionarlos, creyendo que la transparencia y la decencia que exigía en la RPN acabarían por penetrar en el resto de Ford. Este proceso comenzó a restablecer la cultura. Sin embargo, dos de sus altos ejecutivos le dijeron que no podían vivir con su filosofía, y admitieron de hecho que ser amables les parecía falso e inauténtico. Les dijo que lamentaba que se sintieran así, pero que era su elección, no la suya. Conocían las reglas, sin excepciones. No los estaba despidiendo. Se estaban despidiendo a sí mismos.

Los lectores de mi libro *Disparadores* advertirán que no es la primera vez que dedico párrafos a los métodos de Alan Mulally. Creo que su RPN es una herramienta de gestión brillante, la estrategia más eficaz que he encontrado para crear una alineación entre los planes declarados de las personas y la forma en que ejecutan el plan. Es un golpe maestro de habilidad contable que más directivos deberían emular. Pero, en los últimos años, he llegado a apreciar las restricciones de la RPN por sus lecciones psicológicamente incisivas, no tanto sobre nuestras elecciones como sobre lo que sigue, es decir, cómo asumimos la responsabilidad de esas elecciones. Esto es especialmente adecuado en el contexto de la creación de una vida que valga la pena.

Las normas de Alan sobre cómo comportarse en la RPN fueron un regalo para los ejecutivos; no, como temían al principio, un intento draconiano de controlarlos. Alan regaló a su nuevo equipo lo que yo llamo el método de la No Elección. Podían comportarse de forma positiva o encontrar trabajo en otra parte, lo que suena como si les ofreciera una opción binaria, salvo que no lo era, porque los ejecutivos podían haber abandonado Ford por su cuenta en busca de otros trabajos antes de que Alan convocara la primera RPN. Alan no era el que coaccionaba su salida. Solo les daba una opción —comportarse y comunicarse de forma positiva en la RPN— que, en realidad. no era ninguna opción. Era un programa nuevo. Tenían que comprometerse con él o salir del escenario.

Esta era la parte de "no elección" del método de la No Elección. Alan fomentó la parte del método haciendo de la RPN un evento semanal.

Es importante entender el significado del plan en el contexto de la Ford Motor Company de Alan Mulally. No había ningún misterio sobre el propósito de la Revisión del Plan de Negocio. Estaba en el nombre oficial de la reunión: revisar el plan de negocio. En Ford, el plan lo era todo, y había muchos planes: el plan general de la empresa matriz y dieciséis planes dentro del plan, uno para cada uno de los dieciséis jefes de división. Todo el mundo ayudaba a formular estos planes. Nadie se confundía. Cada plan se repetía palabra por palabra, como un mantra, al comienzo de cada presentación de cinco minutos. Y esto sucedía cada semana. Todos los asistentes a la reunión conocían la misión, sus objetivos individuales, lo que había que hacer para alcanzarlos y cuándo podría declararse la victoria.

Considera la dinámica que esto creó en la RPN. Al dar a los ejecutivos una sola serie de opciones —presentarse en la RPN, conocer su plan, informar de sus progresos, practicar la transparencia total, ser amables—, Alan estaba asegurando su compromiso y animándolos a mostrarlo abiertamente. Estaba creando una responsabilidad tanto para el grupo como para ellos mismos. Cada semana, todos los ejecutivos tenían que escuchar a sus colegas anunciar su progreso durante los siete días anteriores y, luego, compararlo con el suyo. Para los ejecutivos competitivos, acostumbrados a la validación interna y externa, la RPN era un entorno abrumador y altamente motivador en el que podían sentir vergüenza autoinfligida o una satisfacción bien merecida. No era una elección difícil.

Obligarlos a informar de sus cifras cada semana añadía urgencia al proceso. Los altos cargos no podían dejar las cosas para más tarde ni distraerse con nada más. Tenían que ceñirse al plan.

Alan esperaba que cada jueves mostraran progresos, que hubieran convertido algunos de sus rojos en amarillos, algunos de sus amarillos en verdes. Pero, si no lo hacían, no se les echaba encima. De hecho, aplaudía su honestidad. Unos pocos rojos no los convertían en malas personas. Podían hacerlo mejor el jueves siguiente. Si seguían reportando rojos, tal vez era porque no podían hacerlo solos, así que les conseguía ayuda. Pero al final lo superaron. Los ejecutivos lo sabían. Al igual que con la asistencia obligatoria a la RPN, no tenían otra opción que mejorar.

Esa abrumadora sensación de urgencia semanal, ausente en otras partes de nuestras vidas, daba a estos ejecutivos responsabilidad sobre su futuro. Sabían qué se esperaba de ellos y que solo ellos eran responsables de su rendimiento. Cuando informaban de los resultados verdes que antes eran amarillos y rojos, su éxito se sentía plenamente ganado. Ese es el don de la RPN de Alan. Dio a sus ejecutivos la posibilidad de desarrollar su potencial. Cuando solo tienes una opción, la única respuesta aceptable es hacer que esa opción funcione.

Si el enfoque de Alan puede dar la vuelta a un mastodonte industrial en decadencia, cargado de competencia desde todas las esquinas y de deudas y pasivos agobiantes, puede reimaginarse y aplicarse para convertir una vida poco satisfactoria en una vida ganada. Volveremos a hablar de ello en la segunda parte. Pero, por ahora, vamos a tratar el tema de la elección.

Siempre he pensado que las personas más afortunadas del mundo, al menos en lo que respecta a su carrera, son las que pueden decir honestamente: «Me pagan por hacer aquello que con gusto haría gratis». Músico, jugador de videojuegos, guardabosques, diseñador de moda, crítico gastronómico, jugador de póquer profesional, bailarín, comprador personal, miembro del clero. Todos ellos destacan en lo que les gusta y aman lo que hacen, y el mundo está dispuesto a pagar por ello. Tanto si la paga es asombrosa como si es insignificante, rara vez se arrepienten del camino que han elegido, porque era el único que podían ver para sí mismos. En otras palabras, no tenían elección.

No muy lejos de estos pocos afortunados están las personas expertas que, cuando se les pregunta cómo han llegado a su actual posición en la vida, responden: «Era lo único que se me daba bien». He oído decir esta frase a magos de la publicidad, jardineros, diseñadores de software y periodistas. No son tan afortunados como para hacer su trabajo gratis, pero la facilidad con la que eligieron su trayectoria profesional es idéntica a la que sintieron el jugador de videojuegos o el clérigo. Creían que no tenían otra opción.

La creación de una vida que valga la pena comienza con una elección: examinar todas las ideas que albergas para tu futuro (suponiendo que las tengas) y elegir comprometerte con una idea por encima de todas las demás. Es fácil de decir, pero no tan fácil de hacer. Tal vez seas un tipo creativo e inquieto, con un exceso de ideas que no te permite identificar la única idea en la que quieres trabajar. Tal vez tengas el problema contrario: te faltan ideas y, en su lugar, optas automáticamente por la inercia.

En una situación tan difícil, ¿por dónde empezar? ¿Cómo te decides por el futuro, los sacrificios que tendrás que hacer, con quién lo compartirás y dónde? ¿Cómo puedes estar seguro de que tu eventual elección te ofrece la mejor oportunidad de alcanzar la plenitud en lugar de sufrir el arrepentimiento?

El primer paso convencional es hacerse una pregunta del estilo ¿Qué quiero hacer ahora? o ¿Qué me haría más feliz? A lo que yo digo: ¡No tan rápido! Estás poniendo el carro delante de los bueyes. En primer lugar, debes seguir unos cuantos pasos preliminares y cada uno de ellos debería ayudarte a reducir tus innumerables opciones a un único punto en el que realmente no tengas elección.

Crear una vida que valga la pena es ante todo una cuestión de escala: realmente grande en las cosas importantes que te mantienen alineado, y pequeño en las cosas que no influyen en el resultado. Este es el secreto de vivir una vida que valga la pena: se vive en los extremos. Maximizas lo que necesitas hacer y minimizas lo que consideras innecesario.

No aprecié esto hasta los cuarenta años. Dada la satisfacción que he recibido y los relativamente pocos arrepentimientos que he sufrido mientras escribo esto a mis setenta y tres años, creo que he aprovechado la vida. Lo atribuyo a un examen de conciencia que hice hace tres décadas, en 1989, cuando me di cuenta de que mi trayectoria profesional, aleatoria pero bastante lineal, no se dirigía a la plácida vida de trabajar para llegar al fin de semana que había imaginado. Lyda y yo teníamos dos hijos pequeños y una considerable hipoteca. Por primera vez en mi vida, me planteaba trabajar en solitario —como formador de empresas— sin el respaldo de una organización o de colaboradores. Si tenía éxito, viajaría mucho y pasaría más tiempo lejos de mi familia, lo que me preocupaba. Este era el territorio arriesgado e inexplorado que provocaba mi reflexión.

Así que realicé un análisis de costes y beneficios de lo que suponía y exigía una vida así. ¿Tenía los recursos psicológicos y emocionales para mantenerme y ser feliz? ¿Y estaba dispuesto a maximizar esos recursos de forma constante durante un largo periodo de tiempo, luchando contra otras prioridades y distracciones? En otras palabras, ¿estaba dispuesto a pagar el precio de tener éxito en este nuevo camino?

Esto no era una prueba de mi motivación, mi capacidad, mi comprensión o mi confianza. Podía hacer el trabajo. Era una evaluación de cuánto iba a sacrificar. Estaba estableciendo mis prioridades y afrontando las compensaciones que estaba dispuesto a aceptar. ¿Podría encontrar el equilibrio en lo que algunas personas podrían considerar una vida increíblemente desequilibrada?

He enumerado, por orden alfabético, los seis factores que, en mi opinión, rigen nuestra sensación de plenitud en la vida:

- Compromiso
- Felicidad
- Logros
- Propósito
- Significado
- Relaciones

Me apresuré a analizar los factores intangibles del propósito, el compromiso, el logro, el significado y la felicidad. Eran eslabones de una cadena conocida: el *propósito* significaba que tenía una razón para lo que estaba haciendo, lo que aseguraba un *compromiso* total, algo que mejoraba mis probabilidades de *logro* de mi objetivo, y añadía así un *significado* a mi vida, así como una sensación de *felicidad*. No dudé de que mi nuevo trabajo me proporcionaría todo esto. Si maximizas uno de ellos, los demás vendrán por añadidura.

Lo que quedaba eran las *relaciones*, es decir, mi familia. Lo que me preocupaba era el efecto que los viajes constantes tendrían en mi relación con Lyda y nuestros hijos.

Al considerar estas cuestiones, me di cuenta de que no me enfrentaba a la típica elección binaria de todo o nada que nos confunde a tantos, como si fuera libre de elegir entre viajar o quedarme en casa. Los hechos eran: (a) esta era mi mejor idea para vivir mi propia vida en ese momento, algo que se alineaba con mi formación, mis intereses y mi deseo de ayudar a la gente de una manera significativa; (b) era gratificante que la gente quisiera escuchar lo que tenía que decir y que pudiera ganarme la vida con ello y, lo más importante, (c) los viajes constantes eran una parte no negociable del trabajo, no diferente lo que le sucede a un camionero de larga distancia o un auxiliar de vuelo.

En otras palabras, no estaba dividido entre dos opciones. Solo tenía una opción, que, como he dicho, en realidad no era ninguna opción. La única cuestión a la que me enfrentaba era la de la escala. ¿Cuáles eran las dimensiones de mis obligaciones de viaje? ¿Cuántos días de viaje se consideraban lo máximo y cuáles serían las consecuencias de minimizar mi presencia en casa? No me enfrentaba a una difícil elección entre un *coach* corporativo y una alternativa desconocida. Ese barco había zarpado. Simplemente estaba negociando los términos y las dimensiones de un intercambio.

Si una vida que valga la pena es una vida productiva, una vida de sacrificios y compensaciones, ese fue el momento en que me tomé en serio lo de merecerme la vida. No tenía otra opción.

EJERCICIO

....

Invertir el guion

El primer obstáculo para aprovechar la vida es decidir qué debe ser esa vida. Si no tienes tus propias ideas al respecto, dependes de la suerte o de la ayuda y la perspicacia de otros. Pero, ¿cómo puedes saber si una idea que te cambiará la vida te ha caído del cielo? ¿Cómo evitar que la inercia, la comodidad con el *statu quo*, el fracaso de la imaginación o cualquier otro impedimento oscurezcan la oportunidad de tu vida que se te ha presentado? ¿Cómo se puede acabar con una epifanía en el punto de inflexión y no con una oportunidad perdida? Depende de ti responder a esa gran pregunta.

HAZ ESTO: Aunque no puedo ordenarte que seas más creativo o que reconozcas la suerte que tienes delante de ti, puedo ofrecerte un ejercicio de dos pasos para ayudarte a conseguirlo por ti mismo:

1. Haz por ti lo que has hecho por los demás. ¿Recuerdas las veces que has dado a otra persona un consejo que ha cambiado su vida? Tal vez organizaste una cita a ciegas para dos personas que acabaron casándose felizmente. Tal vez avisaste a una amiga de que había un puesto de trabajo perfecto para ella. Tal vez una amiga agradecida te haya recordado un comentario que le hiciste años atrás y que ella considera un punto de inflexión en su vida. Tal vez despediste a un empleado, convencido de que le estabas haciendo un favor, y más tarde el empleado te dio las gracias, admitiendo que tenías razón, que ser despedido fue lo mejor que le había pasado. Tal vez reconociste algo especial (en lugar de algo deficiente) en otra persona y le dijiste que era capaz de mucho más.

En cada caso reconociste algo en los demás algo que ellos no podían ver por sí mismos. Eso debería poner fin a la cuestión de si eres capaz de imaginar un nuevo camino. Lo has hecho por otros. Hazlo por ti.

2. Empieza con una pregunta básica. ¿Qué quiero hacer el resto de mi vida? ¿Qué puedo hacer que tenga sentido? ¿Qué me haría feliz? No son preguntas básicas; son preguntas profundas y polifacéticas que deben hacerse a lo largo de la vida (pero no esperan una respuesta fácil o rápida). Las preguntas básicas se refieren a un solo factor, porque para casi todas las decisiones importantes de nuestra vida no necesitamos cuatro o cinco razones de peso. Una sola razón es suficiente. Por ejemplo, nos casamos con otra persona porque la amamos, y esa sola explicación es suficiente para superar cualquier otra razón, a favor o en contra.*

¿Lo quieres? es una pregunta básica. También lo son: ¿Quién es tu cliente? ¿Funcionará esto? ¿Podemos permitirnos esto? ¿En qué nos equivocamos? ¿Hablas en serio? ¿De qué huyes? También lo es ¿Hacia dónde te diriges? Cualquier pregunta formulada con sencillez que exija un examen profundo y conmovedor de los hechos y de tus capacidades e intenciones —es decir, que provoque la dura verdad— es una pregunta básica.

La pregunta más habitual que planteo cuando asesoro a la gente sobre su próximo gran cambio de vida es de lo más básica: ¿Dónde quieres vivir? Es tan básica que la gente rara vez se la plantea. Pero como todos tenemos en nuestra mente una imagen del lugar ideal para nosotros, contestamos sin dudar. Entonces empieza la verdadera reflexión sobre nuestro futuro: ¿Qué nos imaginamos haciendo todo el día en ese lugar ideal? ¿Podemos encontrar allí un trabajo

---

* Lo afirmo por experiencia: Después de treinta y cinco años en San Diego, Lyda y yo nos mudamos a Nashville por una sola razón: Nuestros nietos viven allí. El hecho de que Nashville haya resultado ser un lugar estupendo para vivir es una ventaja; una mejor calidad de vida o cualquier otra razón nunca fueron motivos que influyeran en nuestra decisión.

significativo? ¿Cómo se sentirían los que amamos con respecto a esta mudanza? Si tenemos hijos o nietos, ¿podríamos tolerar vivir lejos de ellos? La elección concreta del lugar también dice mucho sobre nuestro estilo de vida ideal. Las personas que responden Hawái o los Alpes suizos no están imaginando el mismo tipo de vida que las que responden Nueva York o Berlín. No se puede ver un espectáculo de Broadway en los Alpes suizos, y no se puede subir una montaña en Berlín. Esto que inspira la siguiente pregunta básica: ¿Qué voy a hacer allí cada día? Ese es el valor de una pregunta básica: Nos obliga a dar respuestas muy básicas, que a su vez inspiran más preguntas que necesitan respuesta. Así es como descubrimos cómo nos sentimos realmente con nuestra vida actual y cómo queremos que sea. A veces descubrimos que estamos contentos con el *statu quo*. Otras, nos damos cuenta de que no estamos satisfechos en absoluto. Es entonces cuando empieza la creatividad.

5

ASPIRACIÓN: PRIVILEGIAR NUESTRO FUTURO

SOBRE NUESTRO PRESENTE

Hasta ahora, hemos hablado de la vida que valga la pena en el contexto de la búsqueda de una carrera satisfactoria, destacando lo difícil que es para muchos de nosotros elegir y comprometernos con lo que será el trabajo de nuestra vida. «Tememos antes de hacer nuestra elección en la vida», escribió Isak Dinesen, «y después de haberla hecho volvemos a temer haber elegido mal».

Para muchas personas, sin embargo, comprometerse con una trayectoria profesional no constituye un dilema angustiante, porque para ellas vivir una vida que valga la pena no está en función de lo que hacen para ganarse la vida. Los valores y habilidades a los que aspiran tienen poco que ver con la validación profesional o la acumulación material.

Conozco personas cuya misión vital explícita es servir. Cuanto más pueden ayudar a los demás, más propósito y sentido encuentran en sus vidas. Al servir a los demás, están acumulando literalmente propósito y significado, una forma de riqueza más atractiva para ellos que los trofeos convencionales de dinero, estatus, poder y fama.

Conozco a otros que se dedican más a perfeccionarse a sí mismos que a dar a los demás (lo cual no tiene nada de malo). El perfeccionamiento constante de sí mismos es el propósito que los define. Cada tarea —ya sea bajar la presión arterial o elevar la inteligencia emocional— se juzga en función de una norma interna de excelencia a la que se acercan pero que nunca alcanzan. Sin embargo, cuanto más se acercan a la meta, más sienten que han ganado.

También conozco personas cuya máxima aspiración es la iluminación espiritual o moral: crear un sentimiento de satisfacción sobre su relación con el mundo, independientemente de las ganancias materiales o, lo que es más probable, precisamente por su ausencia. Cuantas menos posesiones materiales tengan, mayor será la iluminación que hayan conseguido.

Conozco a muchas personas, sobre todo de mediana edad y mayores, que pueden medir su satisfacción al observar la escena en una gran reunión familiar en compañía de sus hijos, nietos y bisnietos, y sienten alegría y validación por la cantidad de ciudadanos productivos que han traído al mundo. Tienen una vida que vale la pena tratando de ser patriarcas y matriarcas responsables, un trabajo que conlleva la permanencia en el cargo durante toda la vida, pero que hay que ganarse cada día y a cualquier edad.

Estas son solo algunas de las virtudes y valores flexibles («blandos» porque no se pueden medir) que esperamos perfeccionar en nosotros mismos a lo largo del tiempo mientras nos esforzamos por alcanzar la plenitud. Destacan una distinción que solo suena obvia después de escucharla por primera vez: decidir *lo que haces cada día* no es lo mismo que *lo que quieres ser en este momento*, ni es lo mismo que *lo que quieres llegar a ser*.

No aprecié esta distinción hasta que empecé a escribir este libro y a reflexionar sobre si he vivido una vida que haya valido la pena. Si es así, ¿se debe más a lo que hacía todo el día, a lo que quería ser o a lo que quería llegar a ser? ¿O fue una medida de cómo integré finalmente estas tres dimensiones en mi vida para poder disfrutar de una cálida sensación de satisfacción y decirme a mí mismo: "Misión cumplida"? ¿Podrían dos personas con idénticos antecedentes e idénticos comienzos en sus carreras llevar vidas que valiesen la pena a pesar de luchar por valores y virtudes diferentes? ¿Lo que queremos *llegar a ser* es más determinante para alcanzar la plenitud que lo que *hacemos* o lo que *somos* en un momento dado? Me di cuenta de que podía encontrar la respuesta a esta última pregunta en una de mis amistades más duraderas.

Soy hijo único, pero si tuviera un hermano gemelo de otra madre, Frank Wagner sería esa persona. Frank y yo empezamos juntos en la escuela de posgrado en 1975, tuvimos los mismos profesores en las mismas clases, nos graduamos juntos con doctorados en el mismo campo de la psicología, tuvimos los mismos mentores en los primeros años de nuestras carreras, y acabamos desempeñando papeles idénticos como *coaches* ejecutivos, establecidos ambos en el sur de California, siempre a menos de dos horas en coche el uno del otro. Los dos llevamos casados más de cuarenta años, cada uno con dos hijos. Tenemos la misma edad. Y tenemos las mismas filosofías sobre cómo ayudar a la gente a cambiar su comportamiento. Cuando no estoy disponible para trabajar con posibles clientes, les recomiendo que trabajen con Frank. Hay muy poca diferencia entre cómo nos preparamos para una carrera, organizamos nuestra vida familiar y lo que queríamos hacer profesionalmente.

Pero ahí acaban las similitudes.

En muchos sentidos, decidir en qué queremos convertirnos es como adoptar una ideología o un credo para nuestra vida, una única premisa en la que nos basamos para interpretar nuestro pasado y determinar nuestro presente y futuro. La premisa que guiaba a Frank —su ideología, si se quiere— era el equilibrio. Aspiraba a vivir una vida equilibrada en la que todas las facetas que conforman un carácter completo tuvieran el mismo espacio y dedicación. Se tomaba en serio su vida profesional, pero nunca a expensas de otras facetas personales: su papel de marido y padre comprometido, su estado físico, sus aficiones a la jardinería y el surf. Era como si cada aspecto de su vida —sus responsabilidades, su salud, sus pasiones extraprofesionales— se repartiera en igual medida para lograr un equilibrio perfecto. Se podría decir que era un extremista en cuanto a no ir a los extremos. El ejemplo más radical de su enfoque equilibrado es su peso corporal. Su peso ideal es de 73 kilos, y durante medio siglo nunca ha fluctuado más de 1 kilo por encima o por debajo de esa cifra. Si la báscula marca 72 kilos, come más durante un par de días para volver a 73. Si marca 74, come menos.

En comparación con la decidida integración de todas las partes de su vida por parte de Frank, yo era (y sigo siendo) un desastre de indisciplina y caos. Me encantaba mi trabajo. Los días de trabajo eran divertidos. Los días libres me aburrían. No necesitaba la válvula de escape de las vacaciones, los pasatiempos y las rondas de golf de fin de semana. Pensé que, si el trabajo me hacía feliz, me presentaría en casa como un esposo y un padre feliz, lo que no podía ser malo. El único año en que reduje intencionadamente mi tiempo fuera de casa de doscientos días al año a sesenta y cinco —porque nuestros hijos estaban entrando en la adolescencia, supuestamente los años más difíciles para los padres, y me halagaba a mí mismo pensando que mi mayor presencia en casa sería necesaria— mi hija de trece años, Kelly, me dijo al final del año: «Papá, te has pasado al otro lado. Estás demasiado tiempo con nosotros. No tiene nada de malo viajar. Estamos bien así».

Frank y yo éramos dos amigos que habíamos empezado nuestras carreras con idénticos currículos y oportunidades, pero con diferentes planes para encontrar la plenitud. Mientras que Frank quería una vida equilibrada, yo me sentía cómodo con el desequilibrio extremo. Ninguno de los dos juzga al otro por sus elecciones. Creábamos y vivíamos nuestras propias vidas. Hoy, a poco de cumplir los setenta años, ninguno de los dos siente la carga del arrepentimiento. Estamos convencidos de que hemos tenido una vida que ha valido la pena. En la carrera de toda la vida hacia la satisfacción (créanme, es una carrera: va rápido), ambos hemos ganado medallas de oro. ¿Cómo ha sucedido esto?

La respuesta se encuentra en un trío de variables independientes —acción, ambición y aspiración— que rigen cualquier progreso que hagamos hacia la vida que buscamos para nosotros mismos.

- **La *acción*, en mi definición operativa, es lo que estamos haciendo ahora.** Se refiere a todas las cosas concretas que hacemos durante el día, desde responder a una pregunta, pagar una factura, hacer una llamada telefónica o la relativa inacción de ver la televisión durante horas un domingo por la tarde. Tanto si nuestra acción es activa como pasiva, refleja una elección consciente. El horizonte temporal de la acción es inmediato, en el momento, y por tanto fácil de expresar: *Ha sucedido ahora; acabamos de hacerlo.* A veces nuestra acción se realiza al servicio de nuestra ambición o aspiración. Frank destacaba en esto. Su acción inmediata en cualquier comida, por ejemplo, estaba determinada por la divergencia de su peso hacia arriba o hacia abajo de 73 kilos. Comía menos o más en consecuencia. Y era igualmente disciplinado en otras áreas de su vida. Yo, en cambio, era más desordenado en mi acción, a menos que estuviera relacionada con el trabajo. Solo entonces era igual a Frank en cuanto a disciplina. La verdad es que la acción, para la mayoría de nosotros, es una actividad sin rumbo, sujeta a caprichos momentáneos o, peor aún, a nuestros objetivos declarados (por ejemplo, nos tomamos unas vacaciones del trabajo supuestamente para recargar nuestras baterías, pero nos llevamos el trabajo con nosotros).

- La *ambición* es lo que queremos conseguir. Es la búsqueda de un objetivo definido. Tiene una duración determinada y termina en el momento en que alcanzamos el objetivo. Es medible. Nuestra ambición no es singular; podemos tener multitud de objetivos simultáneos: profesionales, de ocio, físicos, espirituales, financieros. Puede ser el mayor denominador común entre las personas de éxito.

- La *aspiración* es lo que queremos llegar a ser. Es la búsqueda de un objetivo mayor que cualquier meta definida y limitada en el tiempo. Aspiramos a servir a los demás, a ser mejores padres o a encarnar de forma más coherente una manera de vivir o de tratar a los demás. Frank, con su expresa devoción por llevar una vida equilibrada, sobresalió en esto desde su temprana edad adulta. Yo aprendí con lentitud y nunca identifiqué un sentido más amplio para mi vida hasta mi sexta década. A diferencia de la ambición, la aspiración no tiene una línea de meta claramente marcada. Es un proceso continuo con un horizonte temporal infinito. Desafía la medición. Es una expresión de nuestro propósito superior. Nuestra aspiración puede cambiar con el tiempo, pero no desaparece, la expresemos o no. Dejamos de aspirar cuando dejamos de respirar.

Es tentador tratar la ambición y la aspiración como sinónimos. Pero para mí no son lo mismo. La ambición es la búsqueda de un objetivo específico con una línea de meta; somos X, queremos lograr Y. Cuando alcanzamos Y, nuestra ambición específica termina, hasta que se nos ocurra nuestro siguiente objetivo ambicioso. La aspiración, en cambio, es un acto continuo de autocreación y autovalidación. No se trata de que X se convierta en Y, sino de que X se convierte en Y, luego en Y más, y posiblemente en Y al cuadrado.

La ambición y la aspiración no son un duopolio que gobierne nuestra capacidad de vivir una vida que valga la pena. No pueden funcionar correctamente sin la tercera variable, la acción. Las llamo variables independientes porque podemos aislarlas para comprender sus propiedades únicas. Puedo llevar un registro de todos mis episodios de acción en un día o una semana y estudiarlos para ver qué hago con mi tiempo, sumando las horas que soy productivo o distraído o perezoso o me dedico a hacer recados, pero nada de esto tiene sentido a menos que pueda adjuntar los datos a un propósito conformado por mi ambición y aspiración. Cualquier mejora personal positiva y duradera que obtengamos en la vida se deriva de la acción que trabaja en conjunto con la ambición y la aspiración. Cuando estas tres variables independientes se vuelven interdependientes y se sirven mutuamente, somos imparables. La satisfacción está en nuestro futuro, el arrepentimiento está descartado. Por desgracia, esto no ocurre tan a menudo como nos gustaría. Y es más fácil de entender que de ejecutar.

Me ocuparé de la acción y la ambición con más detalle en el capítulo 7, donde desempeñan un papel destacado en la determinación de los riesgos que asumimos y de los que huimos. Pero en este capítulo me centraré en la aspiración, para establecer en qué medida difiere radicalmente de la ambición y por qué muchos de nosotros podemos expresar nuestras ambiciones pero no nuestras aspiraciones, y viceversa.

La razón por la que nos cuesta tanto crear nuestra propia vida, o incluso por la que nos resistimos a hacer cualquier tipo de cambio, independientemente de los detalles, es que no sabemos de antemano cuál es nuestra nueva vida imaginada o si nos va a gustar. Esto se debe a que no hay una parada brusca en una fase de la vida que inmediatamente ponga en marcha la siguiente. No cambiamos radicalmente de un viejo nosotros a un nuevo nosotros en el transcurso de un día. Es un proceso largo y gradual que nos permite vislumbrar nuestro futuro. Este es el proceso que la filósofa de la Universidad de Chicago, Agnes Callard, denomina «aspiración» (su libro sobre el tema se titula acertadamente *Aspiración: la voluntad del llegar a ser*).

Consideremos la decisión de tener hijos como una gran elección de vida, diferente a todas las demás porque no solo crea una nueva vida para nosotros como padres, sino que literalmente crea la nueva vida de nuestro hijo. Antes de ser padres, somos libres de disfrutar de nuestra ausencia de hijos, tal vez trabajando catorce horas al día, o haciendo escalada los fines de semana, o tomando clases de cocina por la noche. Sabemos que tener un hijo reducirá nuestro estilo de vida y es posible que nos moleste la pérdida de nuestro tiempo libre. Pero no lo sabemos con certeza, ni podemos anticipar la satisfacción que encontraremos al acunar a nuestro bebé durante horas hasta que se duerma o todas las demás tareas relacionadas con el bebé que temíamos en nuestra vida prepaternal. La aspiración es el puente entre la falta de hijos y la paternidad. Los nueve meses de embarazo —dominados por la euforia, la ansiedad, la preparación, las pruebas prenatales y el autocuidado— forman parte del proceso de aspiración mientras probamos las emociones y los valores que esperamos adquirir algún día. Es como las prácticas de verano, cuando nos probamos para un nuevo trabajo, pero con un enorme compromiso de por vida al final. La profesora Callard dice que no debemos pensar en ser padres como un acontecimiento único y discreto cuando decidimos tener un hijo. Es un proceso: «La persona anterior aspira a convertirse en una nueva persona». Hay algo heroico en nuestra aspiración, cree, porque tenemos una «comprensión anticipada e indirecta» del bien al que aspiramos. Aspiramos sin ninguna garantía de que vayamos a conseguir lo que hemos venido a buscar o de que estemos contentos con ello cuando lo consigamos.

La aspiración, dice la profesora Callard, es «el proceso racional por el que trabajamos para interesarnos por algo nuevo». Nos da la posibilidad de adquirir valores, habilidades y conocimientos. Pero esa adquisición no es instantánea, sino que se produce con el tiempo y exige paciencia. Nos permite sumergirnos en el agua para ver si nos gusta antes de lanzarnos a nadar, en gran medida bajo nuestras propias condiciones, sin prisas ni presiones. En ese sentido, el proceso de aspiración es como la investigación y el reportaje de un periodista en el camino hacia la escritura de una historia. El periodista no conoce la historia completa al principio, ni sabe cómo finaliza hasta que termina de investigar y entrevistar, ni conoce el significado de la historia hasta que reúne todo el material y la escribe. La redacción de la historia implica la eliminación, la revisión, las correcciones a mitad de camino, las paradas y reinicios frustrantes y, a veces, el abandono total de la empresa. El periodista no sabía nada de esto cuando empezó. A medida que se acumulan las palabras y las páginas, se acerca a cumplir su intención inicial. Este acto de aspiración —un acto que une a la persona anterior con intención con la nueva persona que está realizando esa intención— es la forma en que experimenta la satisfacción en lugar del arrepentimiento.

Hay otra diferencia entre ambición y aspiración que merece nuestro escrutinio. La ambición, cuando la alcanzamos, nos proporciona una sensación de felicidad que no podemos retener y proteger. Conseguimos el ascenso, ganamos el campeonato del club o terminamos la maratón en menos de tres horas. Celebramos el logro. Durante un breve periodo, somos felices (o, más bien, no tan felices como pensábamos). Luego, el sentimiento se disipa y, canalizando nuestra insatisfacción interior, nos preguntamos: ¿Es eso todo lo que hay?

Un amigo me contó esta historia sobre su época escolar: A los nueve años, fue enviado por su madre soltera y trabajadora a una escuela para niños huérfanos o, en su caso, con un padre superviviente, «semihuérfanos». Vivía todo el año en las instalaciones de la escuela con otros mil quinientos niños, con todos los gastos cubiertos.

Fue la primera vez que tuvo buenos profesores que se preocuparon por su educación. Se tomó en serio sus estudios. En una pared del fondo del salón de actos, el fundador de la escuela había instalado un cuadro de honor con placas rectangulares en dos columnas con los nombres del graduado con mejores calificaciones y el que da la bienvenida a los nuevos de cada promoción desde 1934.

«La única ambición que tenía en el instituto era conseguir que mi nombre apareciera en ese muro como primero o segundo de mi clase. Mi objetivo era dejar una marca permanente en la escuela. Una semana antes de la graduación, después de los exámenes finales, el director nos llamó a un compañero y a mí a su despacho y lo felicitó a él como graduado con las mejores calificaciones y a mí como el que daría la bienvenida. Y eso fue todo. Ni medalla, ni certificado enmarcado, ni foto para el periódico local, ni discurso en la ceremonia de graduación. Ni siquiera una ceremonia junto al muro cuando se colocaron nuestras placas. Nuestros nombres serían consagrados en el muro en algún momento después de la graduación. Para entonces, yo vivía a cientos de kilómetros de distancia con mi madre, trabajando en un empleo de verano y esperando entrar en la universidad. Había dedicado mi adolescencia a una ambición y disfruté del triunfo precisamente durante los diez minutos que estuve en el despacho del director. Lo curioso es que nunca he visto mi placa en la pared», dijo mi amigo.

Te garantizo que has sentido una emoción similar docenas de veces desde la infancia. Tienes un objetivo, lo alcanzas o lo pierdes, experimentas una emoción fugaz en un espectro que va de la euforia a la indiferencia o la vergüenza, y luego sigues adelante. Es como si hicieras autostop y tu ambición fuera el vehículo que te recoge y te lleva a tu destino inmediato. Al llegar, te bajas del vehículo, miras a tu alrededor y decides si te quedas en el lugar o buscas que otro vehículo te lleve al siguiente destino. Este es el ritmo de una vida ambiciosa, aunque —y esto es importante— no necesariamente una vida feliz o satisfactoria.

La aspiración, porque se trata de aprender «a interesarse por algo nuevo», te dirige a algo más duradero que la ambición, más digno de desarrollar y proteger. La profesora Callard pone el ejemplo de aspirar a conocer mejor la música clásica. Así que vamos a intentarlo.

Decides que adquirir el gusto por la música clásica es un proyecto que merece la pena. Tus razones pueden ser nobles (se considera una forma de arte elevado y tienes curiosidad por saber si sus mejores representantes —Bach, Mozart, Beethoven, Verdi— son todo lo que se supone que son). Tus razones pueden ser prácticas (quieres establecer otra marca en el estatus de estar bien educado). O pueden ser egoístas (quieres seguir el ritmo de tus amigos más eruditos). O tal vez hayas escuchado una pieza clásica famosa en una película —el «Canon» de Pachelbel o el «Adagio para cuerdas» de Barber— y anheles más. La cuestión es que tienes curiosidad y estás dispuesto a hacer el esfuerzo sin tener idea de cómo va a resultar. No puedes predecir si te fascinará o te aburrirá, o si este nuevo valor que has decidido adquirir te parecerá realmente valioso. Así que lees libros, escuchas grabaciones, vas a conciertos, conoces a una nueva comunidad de amigos que comparten tu interés y, a lo largo de varios años, construyes una envidiable base de conocimientos que era inimaginable para ti unos años antes. Este es el don de la aspiración: incluso cuando pases a otro proyecto de autoformación —por ejemplo, convertirte en un experto en ebanistería—, siempre tendrás esa base de conocimiento adquirida sobre la música clásica, como si fuera una habilidad o un valor moral que se ha convertido en parte de tu identidad. Esa base no se desvanece como la felicidad momentánea de alcanzar un objetivo ambicioso. Es algo que se puede aprovechar para el resto de la vida.

Comprender la aspiración es un factor de diferencia enorme —pero no muy apreciado— en nuestra capacidad para crear nuestra propia vida. He oído muchas veces a personas, sobre todo a jóvenes, que se resisten a dar un paso arriesgado en su carrera porque necesitan tener la certeza de que el resultado será positivo, de que el riesgo se verá compensado. No ven que una elección que viene con un resultado garantizado no es, por definición, un riesgo. Tampoco aprecian que aspirar a algo —por ejemplo, convertirse en abogado— es un proceso que revela gradualmente su propio valor y, si tenemos suerte, continúa aumentando su valor por el resto de nuestras vidas.

Cuando aspiramos a ser abogados, vamos a la Facultad de Derecho y, a lo largo de unos años de clases y de estudio hasta altas horas de la noche, experimentamos desvíos, sorpresas y dificultades que nos llevan a un resultado que no podíamos imaginar el primer día de clase. O nos comprometemos plenamente con el Derecho o llegamos a la conclusión de que no es nuestra vida. Solo si aspiramos a algo —disfrutando, soportando o despreciando el proceso— sabremos qué resultado preferimos. Debemos participar en la experiencia de la aspiración para comprender la satisfacción que nos proporcionará o no en el futuro. No podemos simplemente imaginarlo.

Es una dinámica exquisitamente sencilla, en cualquier caso. En el mejor de los casos: al aspirar a ser abogado, aprendemos a amar la ley. Al amar la ley, nos dedicamos más a ella, y nos convertimos así en abogados cada vez mejores. En el peor de los casos: encontramos otra cosa a la que dedicar nuestra vida.

Esto es también lo que hace que la aspiración sea uno de los mecanismos más eficaces para evitar el arrepentimiento en nuestras vidas. Evitar el arrepentimiento no es el objetivo de la aspiración; es una ventaja incorporada. En cada momento del proceso de aspiración, nos acercamos marginalmente a saber si nuestros esfuerzos serán satisfactorios o inútiles, lo que también sugiere que, en cualquier momento, especialmente si nos sentimos miserables, podemos dar marcha atrás, antes de que el arrepentimiento se apodere de nosotros.

Por ejemplo, digamos que te encuentras con un obstáculo a mitad de camino en tu campaña de aspiraciones para descubrir las delicias de la música clásica. No sientes la alegría y el elevado aprecio por la música que esperabas, o no estás dispuesto a seguir haciendo el esfuerzo para satisfacer tu intención original: escuchar, ir a conciertos, aprender a leer una partitura. Una aspiración desafiante se ha convertido en una tarea, y ya has aprendido lo suficiente. No hay nada que te impida poner fin a esta aspiración particular mucho antes de lamentar el tiempo y la energía perdidos. Tampoco hay que avergonzarse ni sentir fracaso en la retirada (los mejores generales de campo son maestros de la retirada, así como del ataque). A diferencia de tus ambiciones, que no son fáciles de ocultar a los demás, tus aspiraciones son asuntos privados, que implican la búsqueda de capacidades y valores ocultos. Solo tú sabes lo que pretendes. Solo tú juzgas el resultado. Solo tú percibes la lenta pero constante creación de un nuevo tú. Solo tú te ganas la sensación de plenitud que supone trabajar para preocuparse por algo nuevo. Y solo tú tienes el poder de cancelarlo.

Advierto la ironía de que, mientras exalto la aspiración como una función motivadora esencial que nos impulsa a perfeccionar nuestros instintos más nobles, también digo que tiene una valiosa función de freno, como un sistema de alerta temprana que nos indica que debemos detenernos y reconsiderar lo que estamos haciendo. No dejes que esta doble función te confunda. La aspiración es tu mejor amiga, tanto si te motiva como si te dice que dejes de perder el tiempo. Desde luego, es una mejora respecto a lograr una ambición largamente acariciada solo para acabar preguntándote: ¿Es eso todo lo que hay?

Mis clientes y *coaches* entienden inmediatamente cuando les explico el modelo acción/ambición/aspiración. Lo primero que captan es que las tres A (como yo las llamo cariñosamente) son tres variables independientes y que no están necesariamente conectadas. Tenemos que hacer que lo estén. Entienden que la acción, para mucha gente, es aleatoria y desenfocada, y que no sirve más que para satisfacer el impulso o la necesidad inmediata. La gente prepara la cena porque tiene hambre. La gente va a trabajar porque necesita un sueldo. La gente ve jugar a su equipo favorito en el bar del barrio porque eso es lo que hacen sus amigos. Se trata de acciones justificadas, no necesariamente deslucidas y faltas de alegría, pero ¿a qué objetivo o propósito superior están conectadas?

Luego presento esta tabla a los clientes y *coaches*.

Actividad	ACCIÓN	AMBICIÓN	ASPIRACIÓN
Horizonte temporal	Inmediato	De tiempo acotado	Infinito
Perfil	Lo que haces	Lo que quieres lograr	Lo que quieres llegar a ser
Definición (puedes escribir cuanto quieras)			

Recorro la sala pidiéndoles que completen los espacios en blanco. Tengo curiosidad por ver cuántos de ellos han integrado con éxito una acción específica en una ambición definida por la aspiración en sus vidas. A los ejecutivos y líderes de éxito les resulta fácil definir la acción y la ambición, pero a menudo se quedan en blanco en lo que respecta a la aspiración, como si nunca la hubieran considerado. No me sorprende.

La gran mayoría de los empresarios de éxito que conozco viven una vida dominada por la ambición. Como están muy motivados para alcanzar objetivos concretos, tienen la disciplina de subordinar su acción a su ambición. Ambas están sincronizadas.* Sin embargo, si no tienen cuidado —sobre todo en un entorno empresarial competitivo en el que el cumplimiento de objetivos es la forma de mantener el puntaje—, su disciplina puede convertirse fácilmente en una obsesión por los objetivos. Al igual que los políticos que hacen campaña sobre la base de la aspiración (sus ideales más elevados) pero que, como la política es complicada y comprometida, gobiernan sobre la base de la ambición (su necesidad de ganar las próximas elecciones), los ejecutivos corren el riesgo de olvidar sus valores y su razón original para llegar al objetivo, es decir, servir a su aspiración. De la misma manera que la arena de la política dura puede corromper a los políticos, el entorno en el que trabajan los ejecutivos puede corromperlos. Un ejemplo demasiado frecuente: debido a su obsesión por el objetivo, los ejecutivos descuidan a las personas para las que dicen que trabajan, es decir, las personas que aman. Se han perdido en su ambición, independientemente de que hayan definido su aspiración o expresado sus valores superiores. Es como si estuvieran disparando al blanco en una práctica de tiro.

Al completar la tabla, muchos de los *coaches,* que suelen ser un grupo bienintencionado e idealista, llenan los espacios en blanco de forma diferente. Tienen muy clara su aspiración —por ejemplo, estar presente, servir a los demás, hacer del mundo un lugar mejor— pero no tienen claro qué acciones y objetivos persiguen para servir a su aspiración. Son reacios a hacer las cosas duras e incómodas que requiere esta era online —sobre todo el «apretón de manos» con el mercado a través de las redes sociales, la escritura y la oratoria— para

---

* No conozco a muchos ejecutivos que no incluyan entre los primeros puestos de su lista de ambiciones el hecho de ser reconocidos como un líder superior. Una de las cosas que les enseño a hacer es suprimir algunos de sus juicios y comentarios más duros en el lugar de trabajo, porque los líderes superiores no crean un entorno tóxico. Se esfuerzan por ser universalmente amables y generosos, incluso entre colegas decepcionantes que pueden merecer un trato más duro. Si tienen algún fallo, olvidando que su comportamiento interpersonal diario debe servir a un objetivo profesional importante, es entonces cuando me llaman para recordarles su ambición y ayudarlos a reajustar su acción a ella.

ampliar su alcance y ayudar a más personas. Es cierto que se ganan la vida y hacen el bien, pero se quedan cortos en cuanto a la aspiración porque no la han vinculado adecuadamente con la acción y la ambición. En muchos casos, nunca han determinado cuáles deben ser su acción y su ambición.*

En este curso corto de apreciación de las aspiraciones, he dejado el mejor punto para el final, porque encaja muy bien con el punto que expuse en el capítulo 2. En ese capítulo, te insté a considerar el paradigma de cada respiración como una nueva forma, inspirada por Buda, de entender tu ser y tu lugar en el continuo de tu tiempo en la tierra. Tu yo es una serie innumerable de yoes que comprende el viejo yo, el yo actual y el yo futuro, que cambia de uno a otro con cada respiración que haces. Entre sus muchas virtudes, la aspiración es también el mecanismo que mejor apoya y aclara este paradigma (que aspiración provenga del latín *aspirare*, que significa "respirar", es una maravillosa relación).

¿Recuerdas a Curtis Martin, de veintiún años, que, a pesar de sus reservas, decidió jugar en la NFL como una inversión en su futuro? No jugó por amor al juego. No sabía si tendría éxito en la NFL, donde la duración media de la carrera de un jugador es de tres años. Se arriesgaba a sufrir conmociones, daños cerebrales, debilidad física permanente —que es como ir a la guerra, aunque nadie te agradezca el servicio, pero era un riesgo aceptable. Al aspirar a un yo posterior a la NFL, estaba creando una separación de todos sus yoes anteriores y, a través de la adquisición de nuevos valores y autoconocimiento

---

* En este momento, en agosto de 2021, así es como llenaría los espacios en blanco. Mi aspiración es «crear un beneficio máximo para tantas personas como pueda en el tiempo que me queda para hacerlo». Mi ambición con límite de tiempo es «publicar un libro titulado *Una vida que valga la pena* en 2022». Mi acción es «quedarme en mi escritorio y escribir todo el día». En este caso, tengo alineación. Lo que estoy haciendo en este momento es coherente con mi objetivo para el próximo año, que a su vez sirve a mi sueño más lejano de ayudar al mayor número de personas posible.

durante sus once años de carrera en el Salón de la Fama, se convirtió en una persona totalmente inesperada.

En el fondo, la aspiración es un acto que privilegia el futuro sobre el presente. Piensa en ello como una transferencia de poder de lo viejo a lo nuevo. Por muy reacio al riesgo que creas que eres, cuando aspiras a algo, estás eligiendo ser un poco un apostador. Utilizando la moneda de tu tiempo y energía, estás apostando a que tu futuro será una mejora de tu actual yo. No te sorprendas de la tenacidad y creatividad con la que intentas ganar esa apuesta. Así es como se consigue una vida que valga la pena.

EJERCICIO

....

La cuestión del héroe

Todos necesitamos héroes. Es una necesidad tan fuerte que toda narración que encontramos —ya sea un cuento, una película o un chiste— debe contener una figura clara de héroe para mantener nuestra atención. Cuando no podemos localizar al héroe (o al antihéroe), nuestro interés se desploma. Los héroes existen para recibir nuestra admiración y proporcionarnos inspiración. No se trata de una noción controvertida. Pero pedí a mi amiga, la diseñadora industrial de origen turco Ayse Birsel, que me ayudara a llevar nuestra fascinación por lo heroico un paso adelante, más allá de la admiración y la inspiración, hasta la aspiración.

Comenzó con una simple pregunta, después de que yo pasara horas incitando a los participantes en uno de los seminarios de Ayse («Diseña la vida que amas») a ser más audaces a la hora de decidir lo que querían hacer a continuación. En algún momento, uno de ellos dio la vuelta la cuestión: «Si crees que es tan fácil, ¿qué es lo siguiente para ti?», dijo. Me quedé en blanco.

Ayse, una maestra en la resolución de problemas, trató de ayudar: Empecemos con una pregunta sencilla:

—¿Quiénes son tus héroes?

Eso fue fácil.

—Alan Mulally, Frances Hesselbein, Jim Kim, Paul Hersey, Peter Drucker. Y, por supuesto, Buda, dije.

—¿Por qué? —preguntó ella.

—Bueno, yo soy budista. Y Drucker, que se convirtió en mentor al final de su vida, fue el mayor pensador de gestión del siglo xx.

—Vale, pero ¿qué tienen de «heroico», aparte de que te gustan sus ideas?

—Han regalado todo lo que saben a toda la gente que pudieron para que otros puedan transmitirlo. Aunque Buda haya muerto hace 2600 años y Peter haya muerto a los 95 años en 2005, sus ideas sobreviven, respondí.

—¿Por qué no ser más como tus héroes? —dijo.

Ese fue el momento en el que me di cuenta de que podía hacer algo más que admirar a mis maestros-héroes. Podía adoptar sus ideas. Podía aspirar, aunque fuera modestamente, a convertirme en lo que más me impresionaba de ellos. Así comenzó mi aspiración de compartir lo que sé, cuya ejecución no cuajó de inmediato en mi mente. Pero Ayse había plantado la semilla, y esta creció; y es así como —mucho después de haber llegado a la conclusión de que no tenía una sola «próxima gran cosa» en mi vida, que mis días de aspirante habían quedado atrás— formé accidentalmente mi pequeña comunidad de personas con ideas afines, conocida como 100 Coaches (que explicaré en el capítulo 10). Si yo puedo hacerlo, tú también puedes.

HAZ ESTO: Colocamos a nuestros héroes en pedestales demasiado altos como para alcanzarlos y rara vez los consideramos modelos a imitar. Los cuatro pasos de este ejercicio corrigen ese error:

- Escribe los nombres de tus héroes.
- Escribe descripciones de una sola palabra sobre los valores y las virtudes que te atraen en ellos.
- Tacha sus nombres.
- Escribe tu nombre en su lugar.

Espera entonces a que aparezca tu próxima gran aspiración.

Resuelve tus dicotomías

Este ejercicio también está inspirado en Ayse Birsel (y también implica tachar palabras, así que ten a mano tu bolígrafo). En 2015, cuando ella estaba lanzando sus seminarios «Diseña la vida que amas», me pidió que llevara a algunos amigos a una de sus primeras presentaciones en Nueva York, para llenar los asientos, ya que solo se habían inscrito seis personas. Llevé a setenta. Si Ayse estaba nerviosa o intimidada por la gran cantidad de gente, no pude detectarlo. Pero yo también sabía que hablar durante una hora o más ante un público de varias docenas de desconocidos requiere una mayor proyección de la personalidad que hablar con seis personas. Seis personas es una cena, seis docenas es un público. Así que decidí ayudar a elevar el nivel de energía de ella.

Ayse me había dicho una vez: «Si estuviera varada en una isla y solo pudiera tener una herramienta creativa, sería la resolución de dicotomías». Su parte favorita del diseño de productos era resolver las decisiones que el cliente dejaba a su discreción; por ejemplo, si el diseño debía ser clásico o moderno, pequeño o funcional, independiente o parte de una línea de productos, y otras opciones. Idealmente, en diseño, es una mezcla de ambos —un diseño clásico pero actualizado con materiales modernos, como la camioneta Ford F-150 con carrocería de aluminio en lugar del tradicional acero—, pero las dicotomías de nuestro comportamiento cotidiano parecen exigir una resolución en lugar de una integración forzada. ¿Optimista o pesimista? ¿Acompañado o solo? ¿Activo o inactivo? Escoge uno o el otro; no puedes ser ambos.

Recordando su afinidad por las dicotomías, llevé aparte a Ayse momentos antes de que comenzara el seminario.

—No sé si alguna vez has resuelto la dicotomía de extrovertida versus introvertida en tu vida, dije, pero hoy no es el día para elegir introvertida. Vamos a cantar. Empecé a cantar *There's No Business Like Show Business*.

Sorprendentemente, se sabía la letra y se unió a mí. Después, cuando terminó de reírse, le dije:

—Recuerda esta sensación. El público no está aquí para otra reunión de negocios. Es la hora del espectáculo.

La mitad de nosotros ve el mundo en blanco y negro; la otra mitad ve matices de gris. Al igual que Ayse, yo pertenezco al primer grupo (la frase anterior es la prueba). Si eres como yo, sabes que ver el mundo como una cadena interminable de dicotomías no simplifica automáticamente tu toma de decisiones. Simplemente has reducido tus muchas opciones a dos. Todavía tienes que elegir una. Esto es especialmente importante al principio del proceso de aspiración. A no ser que esperes dar un giro completo a tu personalidad, tus aspiraciones no deben entrar en conflicto con tus preferencias, virtudes y peculiaridades básicas. Tienes que identificar las dicotomías que reaparecen regularmente en tu vida, especialmente cuando son una fuente recurrente de problemas o fracasos (por ejemplo, la procrastinación frente a la puntualidad). Luego tienes que resolverlas, decidiendo qué mitad quieres poseer.

HAZ ESTO: Primero, confecciona una lista de todas las dicotomías interesantes que se te ocurran (te doy cuarenta para que empieces, puedes agregar las que quieras).

En segundo lugar, utiliza un bolígrafo para eliminar cada dicotomía que no se aplique realmente a ti.

Por último, estudia las dicotomías restantes y decide determinar qué mitad de cada pareja te refleja. ¿Eres un líder o un seguidor? ¿Eres el alma de la fiesta o quien se queda aparte? ¿Atento o distraído? Pide la opinión de tus compañeros o amigos si te sirve de ayuda.

Ahora, tacha la mitad de la pareja que no corresponda. Deberías terminar con una hoja de palabras tachadas que parece una redacción gubernamental de las memorias de un agente de la CIA.

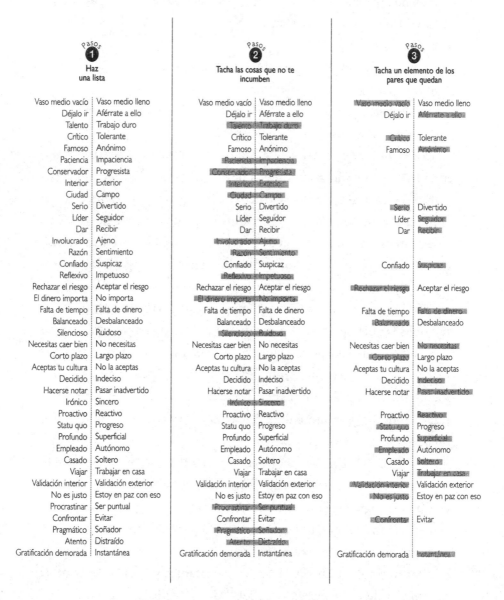

Pasos 1 — Haz una lista		Pasos 2 — Tacha las cosas que no te incumben		Pasos 3 — Tacha un elemento de los pares que quedan	
Vaso medio vacío	Vaso medio lleno	Vaso medio vacío	Vaso medio lleno	~~Vaso medio vacío~~	Vaso medio lleno
Déjalo ir	Aférrate a ello	Déjalo ir	Aférrate a ello	Déjalo ir	~~Aférrate a ello~~
Talento	Trabajo duro	~~Talento~~	~~Trabajo duro~~		
Crítico	Tolerante	Crítico	Tolerante	~~Crítico~~	Tolerante
Famoso	Anónimo	Famoso	Anónimo	Famoso	~~Anónimo~~
Paciencia	Impaciencia	~~Paciencia~~	~~Impaciencia~~		
Conservador	Progresista	~~Conservador~~	~~Progresista~~		
Interior	Exterior	~~Interior~~	~~Exterior~~		
Ciudad	Campo	~~Ciudad~~	~~Campo~~		
Serio	Divertido	Serio	Divertido	~~Serio~~	Divertido
Líder	Seguidor	Líder	Seguidor	Líder	~~Seguidor~~
Dar	Recibir	Dar	Recibir	Dar	~~Recibir~~
Involucrado	Ajeno	~~Involucrado~~	~~Ajeno~~		
Razón	Sentimiento	~~Razón~~	~~Sentimiento~~		
Confiado	Suspicaz	Confiado	Suspicaz	Confiado	~~Suspicaz~~
Reflexivo	Impetuoso	~~Reflexivo~~	~~Impetuoso~~		
Rechazar el riesgo	Aceptar el riesgo	Rechazar el riesgo	Aceptar el riesgo	~~Rechazar el riesgo~~	Aceptar el riesgo
El dinero importa	No importa	~~El dinero importa~~	~~No importa~~		
Falta de tiempo	Falta de dinero	Falta de tiempo	Falta de dinero	Falta de tiempo	~~Falta de dinero~~
Balanceado	Desbalanceado	Balanceado	Desbalanceado	~~Balanceado~~	Desbalanceado
Silencioso	Ruidoso	~~Silencioso~~	~~Ruidoso~~		
Necesitas caer bien	No necesitas	Necesitas caer bien	No necesitas	Necesitas caer bien	~~No necesitas~~
Corto plazo	Largo plazo	Corto plazo	Largo plazo	~~Corto plazo~~	Largo plazo
Aceptas tu cultura	No la aceptas	Aceptas tu cultura	No la aceptas	Aceptas tu cultura	No la aceptas
Decidido	Indeciso	Decidido	Indeciso	Decidido	~~Indeciso~~
Hacerse notar	Pasar inadvertido	Hacerse notar	Pasar inadvertido	Hacerse notar	~~Pasar inadvertido~~
Irónico	Sincero	~~Irónico~~	~~Sincero~~		
Proactivo	Reactivo	Proactivo	Reactivo	Proactivo	~~Reactivo~~
Statu quo	Progreso	Statu quo	Progreso	~~Statu quo~~	Progreso
Profundo	Superficial	Profundo	Superficial	Profundo	~~Superficial~~
Empleado	Autónomo	Empleado	Autónomo	~~Empleado~~	Autónomo
Casado	Soltero	Casado	Soltero	Casado	~~Soltero~~
Viajar	Trabajar en casa	Viajar	Trabajar en casa	Viajar	~~Trabajar en casa~~
Validación interior	Validación exterior	Validación interior	Validación exterior	~~Validación interior~~	Validación exterior
No es justo	Estoy en paz con eso	No es justo	Estoy en paz con eso	~~No es justo~~	Estoy en paz con eso
Procrastinar	Ser puntual	~~Procrastinar~~	~~Ser puntual~~		
Confrontar	Evitar	Confrontar	Evitar	~~Confrontar~~	Evitar
Pragmático	Soñador	~~Pragmático~~	~~Soñador~~		
Atento	Distraído	~~Atento~~	~~Distraído~~		
Gratificación demorada	Instantánea	Gratificación demorada	Instantánea	Gratificación demorada	~~Instantánea~~

Las palabras que quedan sin tachar revelan tus cualidades definitorias. No puedes discutir el cuadro que pintan esas palabras. Lo has pintado tú. Estas cualidades no solo influyen en aquello a lo que aspiras, sino en que te lo ganes o no. Bonus: comparte (si te atreves) tu hoja terminada con las personas que mejor te conocen. Te servirá para obtener un valioso *feedback*.

6

OPORTUNIDAD O RIESGO:

¿PARA QUÉ LOS PONDERAS?

¿Recuerdas a Richard, el joven taxista que conocimos en la primera página de la introducción y que cometió un error colosal del que se ha arrepentido toda su vida adulta? Cuando Richard me contó su triste historia de no presentarse a una primera cita concertada con una joven maravillosa que había conocido una semana antes mientras la llevaba del aeropuerto a casa de sus padres, pensé que su decisión era inexplicable. Pero, a medida que he ido pensando en ello y lo he discutido con Richard, creo que entiendo por qué se paralizó a tres cuadras de la puerta de su cita y se dio la vuelta para no volver a verla nunca más. El error de Richard no fue el resultado de un repentino ataque de miedo escénico o de cobardía; esos fueron los efectos, pero no la causa de su mala decisión. Su error fue no sopesar adecuadamente la oportunidad y el riesgo que le ofrecía la primera cita. Sobrevaloró el riesgo e infravaloró la oportunidad. Y así perdió la oportunidad.

En este desafortunado error de cálculo no está solo. Cada uno de nosotros lo comete todo el tiempo.

Volveremos al error de Richard en breve, pero primero vamos a profundizar un poco más en la relación entre la oportunidad y el riesgo, y por qué a menudo no conseguimos equilibrar ambos, lo que nos lleva a tomar malas decisiones.

La oportunidad y el riesgo son las dos variables clave que debes tener en cuenta en cualquier decisión de inversión, tanto si inviertes recursos materiales como tu tiempo, energía o lealtades. La oportunidad representa la magnitud y la probabilidad del beneficio derivado de tu elección. El riesgo es la magnitud y la probabilidad del coste que supone tu elección.

Cuando nuestras elecciones están fuertemente ponderadas a favor de cualquiera de los dos lados de la decisión oportunidad-riesgo* —y se puede calibrar ese equilibrio con precisión, si no perfectamente— es fácil tomar una decisión que nos permita dormir por la noche. Si creemos que nuestra elección producirá casi con seguridad un gran beneficio sin prácticamente ninguna posibilidad de pérdida, la tomaremos. Si creemos que nuestra elección nos proporcionará casi con toda seguridad una gran pérdida sin posibilidad de ganancia, la evitaremos.

A veces nos preocupa el riesgo. Así que buscamos información que nos ayude a equilibrar el riesgo con la oportunidad atractiva. Por ejemplo, quieres ir de vacaciones a un clima cálido y soleado que no esté a demasiados husos horarios de su casa en Boston. Eliges una isla del Caribe que se adapte a tus necesidades. El mayor riesgo es cuándo ir. No quieres tomarte las vacaciones cuando el

---

* Este tipo de decisión se suele denominar decisión de riesgo-recompensa. En mi opinión, se trata de un término engañoso, porque une indebidamente el riesgo y la recompensa. Si se hace una cosa, se obtiene la otra. Supone que, si asumimos el riesgo, la recompensa es inevitable. Eso no tiene sentido, por supuesto. ¿Dónde está el riesgo si la recompensa es inevitable? Prefiero oportunidad porque describe con más precisión lo que está en juego. El beneficio de asumir un riesgo no es la recompensa en sí, sino tener la oportunidad de ganarse la recompensa. Un riesgo no es una tontería simplemente porque no hayamos obtenido la recompensa prevista. Otros factores, que escapan a nuestro control, pueden afectar negativamente el resultado. Cuando asumimos un riesgo, lo único que estamos haciendo es elegir aprovechar una oportunidad. La recompensa puede llegar después o no.

tiempo es poco fiable. Así que buscas en Google los patrones climáticos de la isla de tu elección y te enteras de que de junio a agosto hace demasiado calor, que septiembre es la temporada de huracanes, que octubre y noviembre son demasiado húmedos y que diciembre y enero son los meses con menos horas de luz. Marzo y abril son los meses perfectos para descansar de los duros inviernos de Nueva Inglaterra: mucho sol y horas de luz, y mínima probabilidad de lluvia. Así es como se equilibra el riesgo y la oportunidad y se hace una elección que mejora la probabilidad de tener unas buenas vacaciones. No hay garantías, pero estás lo suficientemente cerca para estar tranquilo. Gracias, Google.

A veces la oportunidad supera al riesgo, y el único riesgo es no aceptar que un unicornio —la mítica oportunidad demasiado buena para ser cierta— ha entrado en tu vida. Supongamos que tienes la oportunidad de comprar cien widgets al precio de venta al descubierto de 1 dólar por widget. Como sigues el mercado de los widgets muy de cerca, solo tú conoces a alguien que necesita desesperadamente esos cien widgets y está dispuesto a pagar hasta 10 dólares por ellos. A diferencia de ti, este cliente no sabe que se pueden conseguir por 1 dólar el widget. La ignorancia del cliente, en este caso, es tu ventaja. Compras los widgets por 100 dólares, los vendes por 1.000 dólares y te quedas con la diferencia: un 900 % de rendimiento de tu inversión. Si no se da el improbable caso de que el mercado de widgets se desplome en el breve intervalo entre la adquisición y la entrega de los widgets, esta es la decisión más cercana a la oportunidad y sin riesgo que se puede tomar. Este tipo de cosas ocurren miles de veces al día en los mercados de bonos y en las bolsas de mercancías. Alguien cree que las vísceras de cerdo están infravaloradas, las compra a bajo precio y las vende con beneficio a otra persona que las necesita urgentemente (o cree que se las están vendiendo a bajo precio). Es el tipo de cálculo complejo, que implica millones de dólares, que se beneficia del respaldo de sofisticados programas informáticos y superordenadores de alta velocidad.

Notarás que, en cada una de estas elecciones en las que el dinero cambia de manos —y se incurre en un riesgo financiero—, existe un sistema y una infraestructura, en forma de tecnología potente, que proporciona rápidamente datos históricos para calcular el equilibrio entre la oportunidad y el riesgo, que mejora tu capacidad para tomar una decisión defendible y, podría añadir, reduce sus posibilidades de hacer una elección tonta. Muchas decisiones empresariales se toman con esa ventaja de los datos; es mejor que confiar demasiado en la emoción o la intuición.

No es así en la vida cotidiana. Hay pocos parámetros útiles que nos ayuden a equilibrar la oportunidad y el riesgo cuando elegimos, por ejemplo, con quién casarnos o dónde vivir, o el momento adecuado para cambiar de profesión. Estas son algunas de las decisiones más importantes que tomamos en la vida, sobrecargadas de consecuencias y de posibilidades de arrepentimiento, y no tenemos muchas herramientas instructivas para estar seguros de que elegimos sabiamente. En cambio, elegimos de forma precipitada e impulsiva. Nos dejamos influir por nuestro recuerdo de éxitos y errores pasados, o por las opiniones de los demás. O, lo peor de todo, dejamos que otra persona elija.

¿Y si existiera un método o una estructura conceptual que redujera la emoción y la irracionalidad que gobiernan nuestras elecciones de riesgo y nos ayudara a ser mejores al elegir?

Haciendo honor a la máxima de los abogados litigantes de no plantear nunca una pregunta de la que no se sabe la respuesta, tengo una respuesta.

Se encuentra en el mismo trío de variables independientes —las Tres A de Acción, Ambición y Aspiración— que presentamos en el capítulo 5. Para mí, la característica distintiva de cada variable es su horizonte temporal. ¿A qué distancia del momento presente apunta cada variable? ¿Son minutos, años o toda una vida?

La *aspiración* se refiere a todas las cosas que hacemos al servicio de un propósito en nuestra vida. Su horizonte temporal es infinito. No hay línea de meta para nuestra aspiración.

La *ambición* representa nuestra concentración en la consecución de objetivos definidos. Funciona en una dimensión temporal, determinada por el tiempo que se tarda en alcanzar un objetivo. La ambición puede correr o arrastrarse hacia una línea de meta, según la complejidad y la dificultad del objetivo. Podemos resolver la ambición en días, meses o años, y luego pasar al siguiente objetivo.

La *acción* representa nuestras actividades en un momento determinado. El horizonte temporal de la acción es inmediato, siempre en el ahora. No sirve para nada más que para nuestra necesidad inmediata. Nos levantamos con hambre, así que desayunamos. El teléfono suena, así que contestamos. El semáforo cambia de rojo a verde, así que pisamos el acelerador. La mayoría de las cosas que hacemos bajo el paraguas de la acción son reactivas, no están particularmente bien consideradas o incluso están bajo nuestro control. Nuestra acción suele estar atada a hilos de marioneta; y nosotros no tenemos necesariamente que manejarlos.

Creo que distinguir estas tres dimensiones temporales y ver lo bien que se sirven unas a otras (o no) puede influir notablemente en lo cerca que estamos de vivir una vida que valga la pena. Como he señalado, muchos de los CEOs con los que trabajo se enfrentan a la tentación de residir casi por completo en la dimensión de la ambición. Siempre están apuntando a los objetivos y utilizando (o sobornando) su acción para servir a su ambición. La aspiración en forma de búsqueda y servicio de un propósito superior en sus vidas apenas entra en escena, al menos no lo hace hasta que se acercan al final de su vida de CEO y se preguntan: ¿Para qué ha servido todo esto? Parece ser lo contrario para mis colegas y amigos más moralistas e idealistas. Dan demasiada importancia a la aspiración en detrimento de la ambición. Sueñan a lo grande y hacen lo pequeño.

Lo que quiero que veas, lector, es que nuestras vidas pueden ser más satisfactorias cuando alineamos estas tres variables para que la acción esté sincronizada con la ambición, y esta esté sincronizada con la Aspiración.

El punto adicional que quiero señalar ahora es el siguiente: la dinámica de alinear la acción con la ambición y con la aspiración también se aplica a nuestras decisiones de riesgo. Las Tres A ofrecen una estructura conceptual que nos ayuda a tomar mejores decisiones. Ante la elección de aceptar un riesgo grave o rechazarlo, debemos detenernos para preguntarnos a qué horizonte temporal sirve la elección arriesgada: ¿es nuestra aspiración a largo plazo o nuestra ambición a corto plazo? ¿O entra en la categoría de acción y sirve poco más que el estímulo a corto plazo que supone satisfacer una necesidad inmediata? Si lo sabemos, sabremos cuándo merece la pena correr un riesgo y cuándo no. Y, presumiblemente, tomaremos riesgos más inteligentes que conviertan nuestras oportunidades en recompensas plenamente realizadas.

Por ejemplo, cuando tenía veintisiete años y vivía en Los Ángeles, me encantaba ir a Manhattan Beach en traje de neopreno con mi tabla de surf. No era un surfista experimentado que montaba de pie sobre una gran tabla. Era un novato que montaba una tabla boogie sobre mi barriga. Pero el sol, las olas y la pequeña sensación de peligro cuando tomaba una ola, por pequeña que fuera, eran emocionantes y adictivos. Un día en particular, salí con mis amigos, Hank y Harry, y me sentí especialmente audaz. Tienes dos opciones en el agua: ola pequeña u ola grande. Con las olas pequeñas consigues más paseos, pero la emoción es pequeña comparada con las olas grandes que los surfistas veteranos esperaban más lejos de la orilla. A medida que avanzaba el día, las olas eran más grandes. Con cada ola pequeña que se montaba con éxito, Hank, Harry y yo nos animábamos cada vez más a intentar con una ola grande.

Yo podía sentir que mi confianza y mi nivel de adrenalina aumentaban bajo el estímulo mutuo. Me alejé tímidamente hacia el lugar donde los mejores surfistas esperaban la ola grande. En el horizonte, podía ver que se acercaba un gran oleaje. Avancé hacia la ola de dos metros, que desde mi posición boca abajo sobre la tabla boogie parecía una montaña a punto de engullirme. Como era de esperar, no calculé bien el tiempo y fui tragado por la ola, que me hizo dar con la cabeza con gran fuerza en el fondo marino poco profundo. Me rompí el cuello en dos vértebras, la C5 y la C6. Durante un tiempo no estuve seguro de si podría volver a caminar. Perdí el uso del brazo izquierdo durante nueve meses. Pero al final me recuperé. Ese verano, tres surfistas menos afortunados con lesiones similares no volvieron a caminar.

Durante las dos semanas que estuve tumbado de espaldas en el hospital, tuve mucho tiempo para saborear la emoción mixta de lamentar mi decisión y a la vez sentirme agradecido por no estar paralizado o muerto. Si hubiera apreciado la tríada acción-ambición-aspiración en aquel momento, podría haber tomado o no una decisión más prudente. Pero al menos habría sido una elección totalmente meditada con la que me habría sentido cómodo, independientemente del resultado. Habría sabido que mi aspiración en la vida no tenía nada que ver con el surf. Nunca iba a ser un gran surfista. No era una parte importante de lo que quería ser como persona. Habría sabido que mi ambición por el surf se limitaba estrictamente a desarrollar la suficiente destreza para disfrutar sin riesgo de lesionarme. También habría visto que mi elección real estaba guiada por la acción, todo al servicio de una emoción inmediata que no estaba en sintonía con lo que yo era o quería ser. Pero me gustaría pensar que, si hubiera tenido las Tres A en aquel momento como herramienta de decisión de riesgo, habría elegido de forma diferente, aunque no puedo asegurarlo (usar las Tres A disminuye nuestra irracionalidad, no la cura). Hoy sé que lo habría hecho.

Nuestros errores a la hora de calcular el riesgo y la oportunidad no tienen por qué ser dramáticas y relevantes, como mi cuello roto. Pueden ser pequeños e insidiosos, y proporcionar un beneficio inmediato a corto plazo, pero nada más. Consideremos el ejemplo de la gente de un casino que elige jugar a las máquinas tragaperras. Las máquinas tragaperras, a menudo llamadas la cocaína del juego, pueden representar el 75 % de los ingresos de un casino. Cuando estudiábamos la adicción en la escuela de posgrado, la adicción a las máquinas tragaperras era la que más me desconcertaba. Y me siguió intrigando durante muchos años. ¿Por qué la gente iba a invertir su dinero en un juego que favorecía abrumadoramente a la casa sobre los jugadores? Y todo el mundo lo sabía. Aunque las probabilidades varían entre las distintas máquinas, están impresas en cada una de ellas. Y son invariablemente la segunda o tercera peor forma de ganar mucho dinero en un casino.

Mi licenciatura era en Economía matemática, así que entendía las ecuaciones que los teóricos de la probabilidad utilizaban para explicar la locura de jugar a las tragaperras como un plan para ganar dinero. Siendo seres humanos racionales, los teóricos trataban las tragaperras como un juego financiero con un pobre retorno de la inversión. Yo pensaba lo mismo. Al ser un pensador más racional y centrado en el futuro, mi problema era asumir que el horizonte temporal de los jugadores hacia las recompensas era el mismo que el mío. En cuanto a la aspiración, no podía imaginar a nadie que encontrara el sentido de la vida pasando innumerables horas mirando luces parpadeantes en una pantalla de vídeo. En cuanto a la ambición, no podía imaginar a nadie que se propusiera convertirse en un jugador de máquinas tragaperras de talla mundial. Con el tiempo, me di cuenta de que la aspiración y la ambición no tenían nada que ver con jugar a las tragaperras. Las personas que se apostan como estatuas en las máquinas tragaperras durante horas no estaban allí para conseguir un beneficio a largo plazo. Eso estaba demasiado lejos en un futuro nebuloso como para interesarles. Su horizonte temporal estaba estrictamente en la dimensión de la acción, centrada en el siguiente tirón de la palanca, luego en el siguiente, y en el siguiente, hasta que se aburrían o se quedaban sin dinero (en promedio, un jugador que empiece con 100 dólares se quedará sin dinero en menos de cuarenta minutos).

Empecé a ver por qué tantos clientes de los casinos se convierten en adictos a las máquinas tragaperras —están atrapados en la dimensión de la acción— y cómo todos podemos caer en esta misma trampa en nuestros viajes por la vida. Es una cuestión de horizonte temporal. Con la aspiración, nos centramos en el beneficio final e intemporal de lo que hacemos. Con la ambición, nos centramos en el beneficio futuro y limitado en el tiempo de lo que estamos haciendo. Con la acción, nos centramos en el beneficio inmediato de lo que hacemos. Los jugadores de las tragaperras se decantaban por la acción y sus beneficios inmediatos.

Desde mi punto de vista, estaban tirando el dinero por el desagüe con la breve y pequeña emoción de esperar a ver si ganaban. Pero, dado el horizonte temporal inmediato de los jugadores de tragaperras, casi tenía sentido. Por el bajo costo de un dólar por tirada, aceptaban una baja probabilidad de obtener un gran premio, pero disfrutaban de una alta probabilidad de experimentar un estímulo inmediato. Los jugadores de las tragaperras estaban jugando a un juego que yo no había visto, en el que casi todo el beneficio era tan inmediato como la siguiente tirada. Y era un riesgo que asumían con gusto: la recompensa en emociones y entretenimiento a corto plazo compensaba sus pérdidas en efectivo. Desde el punto de vista de la inversión, puede que fuera la más inteligente que podían hacer.

Pero no apostaría por ello. No hay nada en jugar a las tragaperras que se alinee con la ambición y la aspiración en mi vida. Es todo riesgo y ninguna oportunidad.

Los riesgos que tomamos en la vida deberían ser las decisiones más informadas que tomamos, porque hay mucho en juego y las consecuencias pueden resultar en un cambio de vida. Utilizar las Tres A para revisar nuestras mejores y peores decisiones de riesgo, como debería haber hecho yo con mi accidente de surf, es tan fácil como tachar una lista de compra muy corta. Así es como las Tres A me habrían ayudado en ese día soleado con Hank y Harry en el agua:

- ¿El riesgo que estoy asumiendo representa una acción que se ajusta a mi necesidad inmediata? *Sí.*
- Si es así, ¿mi acción se alinea con mi ambición? *No.*
- ¿El riesgo coincide con mi aspiración? *No.*

Cuando los noes superan a los síes, es el momento de replantearse el riesgo que vas a correr. (En mi caso, habría llegado a la conclusión de que mi única necesidad inmediata para afrontar la gran ola era impresionar a mis amigos, Hank y Harry. Difícilmente habría sido la razón más persuasiva si hubiera estado pensando más allá del momento). Como mínimo, te sorprenderá la frecuencia con la que recurres a la emoción bruta y al impulso irreflexivo para correr un riesgo.

Lo más importante de esta lista de comprobación de las Tres A es obvio en retrospectiva: cuando nos centramos demasiado en la acción en detrimento de nuestra aspiración y ambición, tendemos a tomar decisiones muy poco acertadas en cuanto a oportunidad y riesgo. Este es el clásico conflicto: nuestra anticipación de un beneficio a corto plazo está enzarzada en un tira y afloja con nuestro bienestar a largo plazo, ¡y el corto plazo va ganando! Esto nos lleva a correr riesgos insensatos (quizá este conflicto clásico también te haya costado caro).

Nuestro otro error clásico de evaluación de riesgos es la otra cara de la misma moneda. Aparece cuando nuestro miedo al coste a corto plazo (el riesgo) nos impide aprovechar la oportunidad de conseguir un objetivo a largo plazo.

Aquí es donde Richard se equivocó. Lo he discutido con él desde que compartió la historia por primera vez (el nombre de la joven era Cathy), y estamos de acuerdo en que la momentánea emoción cruda que gobernó su lamentable elección fue un potente cóctel de miedos, y cada uno de ellos era una variación del miedo a ser juzgado y a ser pillado en falta:

- Miedo a parecer estúpido (él conducía un taxi; ella tenía un trayectoria en la *Ivy League*);
- Miedo a ser descubierto (ella vivía en una casa grande en un barrio rico, estaba fuera de su alcance);
- Miedo al rechazo (los padres de ella lo desaprobarían);
- Miedo al fracaso (la primera cita sería la última).

Richard estaba sobrevalorando drásticamente el riesgo de tener una cita con Cathy y, cegado por sus miedos, infravaloraba gravemente la oportunidad que se le presentaba. Si hubiera podido mirar más allá de sus temores del momento y centrarse en el futuro, es decir, si hubiera podido sopesar la acción que estaba a punto de emprender con su razonable ambición de consolidar la relación con Cathy que habían iniciado durante el viaje en taxi, por no hablar de su aspiración de encontrar una pareja para toda la vida, tal vez no seguiría lamentando su elección cinco décadas después.

En los momentos en que se encontraba a tres manzanas de la casa de Cathy, antes de dar la vuelta y alejarse, podría haber sopesado la acción frente a la ambición y la aspiración, y luego haber reflexionado sobre su interés a largo plazo: "¿Qué es lo peor que puede pasar?" podría haberse preguntado. "No les gusto a sus padres. Digo algo estúpido. Tenemos una mala cita y no vuelvo a verla". *C'est la vie*. Y seguir con su vida. Ciertamente, habría reducido su cuenta de arrepentimiento.

Cuando empieces a sentir miedo al perseguir cualquier oportunidad, pregúntate por qué. ¿A qué le temes exactamente? Si se trata de la posibilidad de sufrir un revés a corto plazo, como ser rechazado o parecer estúpido, cambia tu horizonte temporal. Intenta ver la experiencia como si fueras unos años mayor. ¿Te dejará el rechazo una cicatriz de por vida, o solo producirá la incomodidad momentánea de un raspón en la piel que se cura rápidamente? A continuación, considera la oportunidad desde el mismo punto de vista. ¿Cuál es el mejor escenario si aprovechas la oportunidad? ¿Qué aspecto tiene tu vida resultante? ¿Y cómo te sientes al respecto?

La lista de comprobación de las Tres A es una herramienta sencilla que mejora nuestra oportunidad de acertar con el riesgo. Pero no dejes que su sencillez te lleve a subestimar su importancia a la hora de resolver decisiones aparentemente insignificantes. Al fin y al cabo, cuando tomamos decisiones que afectan a nuestras ambiciones y aspiraciones, estamos tratando algunos de nuestros problemas más importantes. La verdad es que no somos muy buenos cuando se trata de separar las decisiones insignificantes de las significativas. En el momento de la decisión, sobrestimamos enormemente el impacto de algunas elecciones que acaban siendo insignificantes y subestimamos enormemente otras que acaban cambiando la vida. Yo decidí casualmente alejarme de la orilla para encontrar una ola más grande y casi destruyo mi vida. Richard decidió faltar a una cita cuando tenía veintiún años y todavía se siente perseguido por esa locura casi cincuenta años después. Del mismo modo que somos muy malos para predecir lo que nos hará felices, también somos malos para prever las consecuencias de lo que suponemos que son decisiones menores. Cuando la ambición y la aspiración están en la mezcla, no hay decisiones menores. Utilizar la lista de comprobación de las Tres A no nos hará perfectos en la toma de decisiones, pero eliminará parte de la sorpresa que sentimos cuando las decisiones aparentemente intrascendentes resultan ser muy relevantes.

7

CORTAR EL PAN EN REBANADAS

PARA ENCONTRAR TU GENIALIDAD

Quizás hayas notado una omisión flagrante en mi lista de dicotomías del capítulo 5. La omisión es intencionada. Me refiero a una de las decisiones perennes a las que nos enfrentamos en la edad adulta: ¿es mejor ser generalista o especialista?

No hay una respuesta correcta a esta pregunta. La gente puede lograr una vida que valga la pena en cualquiera de los dos caminos. El lugar que ocupes en el debate entre generalista y especialista es simplemente una preferencia personal, dictada a lo largo del tiempo por tu experiencia. Pero, en algún momento, hay que volver a resolver esta dicotomía y comprometerse con una alternativa u otra. La alternativa «una vida relajada en la que no eres ni bueno en muchas cosas ni muy bueno en una» no es agradable. Aunque nunca juzgaría tu elección, no soy un observador imparcial. De hecho, te advierto de antemano que voy a resolver esta dicotomía a favor de ser un especialista, porque es el camino que he seguido en mi carrera y ahora no veo otra alternativa. Como digo, en este tema soy parcial y no me disculpo. Estás avisado.

Lo esencial de mi carrera no permitía predecir que acabaría así. Me convertí en especialista sin proponérmelo al principio. Después de todo, tengo un doctorado en ciencias del comportamiento. ¿Qué hay más generalizado que la totalidad del comportamiento humano? Pero todo lo que he hecho desde la escuela de posgrado ha sido un ejercicio de cortar el pan de mis intereses profesionales en rebanadas cada vez más finas de especialización.

Por un lado, mi interés no se centraba en la amplia franja del comportamiento humano, sino en el comportamiento organizativo, es decir, un enfoque mucho más específico sobre cómo nos comportamos durante nuestras horas en el lugar de trabajo (las otras horas son asunto de otros).

A continuación, descubrí que no quería trabajar con personas desvinculadas y con problemas, frustradas por su falta de éxito. Quería trabajar con personas de éxito. Y no con todas las personas de éxito, sino con las que tienen mucho éxito, como los CEOs y otros líderes de alto nivel.

Para cortar más fino, también les dije a los posibles clientes que, si buscaban ayuda en cuestiones de gestión tradicionales como estrategia, ventas, operaciones, logística, compensación y accionistas, yo no era su hombre. Me centraba en una sola cosa: el comportamiento personal. Si él o ella estaba haciendo algo que era contraproducente entre sus colegas en el trabajo, yo podía ayudarle a cambiar para mejor.

Este proceso no se produjo de la noche a la mañana. Fueron necesarios años de pruebas y tropiezos, de absorber los comentarios de los clientes, de eliminar los puntos débiles de mi cartera y de conservar lo que funcionaba. Al final de mi cuarta década, ya había cortado el pan lo suficientemente fino. No solo era un especialista en comportamiento interpersonal en el lugar de trabajo, sino que había reducido a propósito mi universo de clientes potenciales a un número infinitesimal: solo CEOs y personas de rango similar. También podría haber limitado mi trabajo a ser un cirujano cardíaco que solo reparaba válvulas aórticas en hombres zurdos de New Hampshire. Pero cuanto más me ceñía a esta estrecha descripción de mi trabajo, mejor lo hacía, hasta que llegó un día en que pude decir legítimamente que mi único truco —ayudar a los ejecutivos de éxito a lograr un cambio de comportamiento duradero— era ahora mi «genialidad». No había mucha gente que hiciera esto hace treinta años. No solo había creado un trabajo único adaptado a mis limitados intereses y habilidades, sino que durante un tiempo prácticamente tuve el campo para mí solo. Había creado una vida que podía llamar literalmente mía.*

Cuando eso ocurre, el mundo se dirige a llamar a tu puerta. Y eso, estoy convencido, mejora significativamente tus probabilidades de vivir una vida en la que la satisfacción supera al arrepentimiento. Has creado un círculo virtuoso en el que haces lo que estás destinado a hacer, eres bueno en ello, la gente te reconoce por ello y te busca, y estás mejorando constantemente. Es una posición envidiable, la sensación de un logro ganado. Te has convertido en lo que me gusta llamar un «genio de un solo truco».

Utilizo el término genio de forma libre, para referirme a cualquier persona cuya dedicación a ser excelente en su estrecha área de especialización se manifiesta de forma inmediata ante amigos y extraños. Por ejemplo, estaba de visita en Nueva York y me rompí un diente antes de un desayuno de trabajo. Me dolió durante toda la reunión y necesité urgentemente un dentista. Mi anfitrión, al ver mi angustia, insistió en que viera a su dentista en el Rockefeller Center ese mismo día, y me concertó una cita mientras estábamos en la mesa. «Se ocupará de ti», me aseguró el anfitrión. «Es un genio». Ya había escuchado recomendaciones hiperbólicas como esta. Todo el mundo cree que *su* médico, *su* niñera, *su* fontanero o *su* masajista es el mago de rango mundial que puede resolver su problema. En este caso, mi anfitrión tenía razón. Desde el momento en que entré en la consulta,

---

* Me gustaría decir que tenía esta estrategia profesional totalmente pensada, pero eso no es cierto. Necesité tiempo para darme cuenta de que (a) los problemas a los que se enfrentan los CEOs son más importantes que los del ejecutivo medio y, por tanto, son más atractivos, y (b) los honorarios son mejores en la cima.

donde la recepcionista me saludó por mi nombre antes de que dijera una palabra, hasta la higienista que me limpió los dientes, pasando por el equipo de última generación que utilizó el dentista para tratarme y su trato solícito al asegurarse de que no aumentaba mi dolor, supe que estaba en manos de un maestro sanador que se enorgullecía de su experiencia.

Si has crecido en una comunidad donde la calle principal tiene más de tres semáforos, conoces a gente como ese dentista. Son los artesanos, los abogados, los profesores, los médicos y los entrenadores locales que te impresionan inmediatamente por su gran competencia en su campo. A todos ellos los considero genios de un solo truco (o GUST, para abreviar). Son el tipo de personas que el físico y profesor Richard Feynman, ganador del Premio Nobel, tenía en mente cuando aconsejaba a sus alumnos:

Enamórate de alguna actividad y hazla. Casi todo es realmente interesante si se profundiza lo suficiente en ello. Trabaja cuanto quieras en las cosas que más te gustan. No pienses en lo que quieres ser, sino en lo que quieres hacer. Mantén un mínimo de atención a otras cosas para que la sociedad no te impida hacerlo.

No puedo decirte qué tipo de especialista o GUST debes ser. Los clientes y amigos que han alcanzado el estatus de GUST son un lote variado, pero con pocas excepciones, emplearon algunas de las siguientes cinco estrategias, o todas ellas, para encontrar a su genialidad:

1. ENCONTRAR NUESTRA GENIALIDAD LLEVA TIEMPO

Pocas personas saben cuál es su posición en el debate entre generalistas y especialistas al principio de su carrera. Como yo, son demasiado jóvenes. Todavía no tienen la experiencia de probar esto y aquello. Menos aún saben cuál es su genialidad. Es un proceso que tarda al menos una o dos décadas de edad adulta en resolverse. He oído hablar de este periodo de tiempo como la «brecha de exposición». Partiendo de una base de conocimientos y habilidades adquiridos, te expones constantemente a nuevos conjuntos de personas, experiencias e ideas. Añades las habilidades que te favorecen y restas las que no. Con el tiempo, te limitas a la actividad que más te atrae y te satisface. En mi caso fue así, pero un ejemplo más claro es el de Sandy Ogg. No solo se convirtió en un especialista al final de su carrera, sino que su genialidad particular fue identificar a otros especialistas, especialmente a los que añaden más valor a una organización.

Conocí a Sandy Ogg en la escuela de posgrado, cuando trabajábamos uno al lado del otro en la oficina del profesor Paul Hersey. Sandy se dedicó a los recursos humanos corporativos, campo en el que ascendió rápidamente hasta convertirse en jefe de RR. HH. de la mayor división de Motorola. En 2003, ocupó el mismo puesto en el gigante de los bienes de consumo Unilever. Para entonces, Sandy tenía más de cuarenta años y era un experto en todos los aspectos habituales de los recursos humanos: formación, desarrollo, beneficios, compensación, diversidad y demás. Pero el CEO de Unilever le dijo que delegara esas funciones en sus lugartenientes. Quería que Sandy formalizara un modo de identificar a los futuros líderes de Unilever. El reto hizo que Sandy se involucrara por completo. En poco tiempo desarrolló una metodología que medía lo que él llamaba «Talento respecto al Valor». Analizando los trescientos mil empleados de Unilever mediante una fórmula propia, concluyó que solo cincuenta y siete personas eran responsables del 90 % de su valor.

Mi definición de brillante es tener una idea que a nadie se le ha ocurrido antes y que, sin embargo, suena obvia en cuanto la escuchas. La idea de Sandy fue tan brillante y tuvo un impacto tan positivo en el precio de las acciones de Unilever que la poderosa empresa de capital privado Blackstone lo contrató para que realizara análisis similares sobre quién añadía más valor en las empresas de su cartera. Sandy aprendió que existe una baja correlación entre la remuneración de un alto directivo y el valor que aporta. Su visión descubrió un dato que a todo CEO le gustaría conocer sobre una organización: *quién está sobrepagado, quién está mal pagado.* Esto era especialmente esclarecedor en una empresa de capital de riesgo, donde las inversiones se realizan con dinero apalancado, lo que aumenta drásticamente la importancia de una valoración adecuada cuando se vende un activo. Cada dólar que recibes en la venta puede representar diez veces tu inversión original. Las ecuaciones de Sandy no solo identifican a las personas que merece la pena conservar y a los directivos que hay que dejar ir, sino que también llegó a la conclusión de que algunas personas eran tan valiosas que, teniendo en cuenta los enormes beneficios que se obtienen por el éxito en el capital riesgo, ninguna cantidad de compensación era demasiado elevada. Sandy también se dio cuenta de que estas personas eran siempre especialistas, y su valor se basaba en ese término: eran especiales. Págales lo que sea necesario para retenerlos, decía.

Cuando Sandy indaga dónde está el talento infravalorado en una empresa, siempre busca a los especialistas que la dirección ignora. Rara vez se trata de la clase dirigente de generalistas que aparecen en la reunión semanal de la alta dirección. Suele preguntar a personas de toda la organización acerca de sus compañeros, y se fija en uno o dos nombres que son elogiados repetidamente como superestrellas. En una misión, no paraba de oír hablar del jefe de compras de la empresa en términos elogiosos. Cuando presentó su informe inicial al CEO, le preguntó: "Dígame cuáles son los diez trabajos más importantes aquí".

El CEO empezó por él mismo y luego bajó por su pirámide de subordinados directos.

«¿Y el jefe de compras?», preguntó Sandy.

El CEO se quedó en blanco.

«¿Sabes quién es tu jefe de compras?»

El CEO no tenía ni idea.

Sandy le explicó que probablemente debería conocer a este tipo porque tenía un don para ahorrar dinero a la empresa. Sandy sabía la cantidad concreta. «Si lo pierdes, tendrás un agujero de seiscientos millones de dólares en tu cuenta».

Sandy puso de manifiesto la total desconexión que existe entre la función que añade un enorme valor a una empresa y la inversión en términos de formación, remuneración y preparación que la empresa realiza en la persona que ocupa esa función. En opinión de Sandy, esa persona es casi siempre un especialista, a veces ignorado e infravalorado, pero no por mucho tiempo.

Sandy es mi ideal de «genio de un solo truco». Partiendo de los amplios conocimientos de un profesional de los recursos humanos, se centró en determinar un dato concreto de interés para la alta dirección. ¿Quién está sobrepagado, quién está mal pagado? Luego lo redujo a una pregunta que los CEOs ni siquiera sabían que debían formular: ¿quién en la organización nunca puede estar sobrepagado? La deliciosa ironía es que cuando Sandy identifica a los creadores de valor en una empresa, está identificando a alguien como él: un especialista que realiza un trabajo tan valioso que no puede ser tratado como una mercancía ni sustituido. Es *el* experto en el concepto de genio de un solo truco.

Recuérdalo la próxima vez que te preguntes por qué tardas tanto en encontrar un trabajo o una carrera que te atraiga y te satisfaga por completo. Necesitas años, no meses, de experiencia para desarrollar la base de conocimientos, los hábitos de trabajo y las relaciones que te permitirán cortar el pan en una sola rebanada de experiencia que sea la tuya propia. Y, para sacar aún más provecho a la metáfora, hay que dejar que la hogaza se hornee completamente antes de poder cortarla.

2. EL TALENTO ADECUADO NO BRILLA EN EL PAPEL EQUIVOCADO

Cuando Sandy Ogg trató por primera vez de vincular el talento con el valor en Unilever, descubrió que estaba pasando por alto un ingrediente importante, a saber, el papel que se les pedía a las personas que asumieran. Si las personas con talento desempeñan el papel equivocado, su talento se desperdicia y fracasa. Ningún talento puede superar un puesto inadecuado.

La idea de Sandy no era que Unilever tenía cincuenta y siete personas entre trescientos mil empleados que contribuían al 90 % del valor de la empresa. En realidad, había cincuenta y siete *roles* que hacían esa enorme contribución, y su trabajo consistía en sincronizar cada una de esos roles con la persona adecuada. Cuando eso ocurría, sentía un clic, como si estuviera trabando su cinturón de seguridad. No hacer clic era no crear valor.

Lo mismo ocurre en la vida individual. Cada uno de nosotros asume varios roles en la vida: pareja, colega, padre, amigo, hermano, hijo, hija. Sabemos intuitivamente que el comportamiento que mostramos en un rol no es necesariamente productivo en otro rol, lo cual es una de las razones por las que no hablamos con nuestro cónyuge como lo hacemos con un subordinado directo. Pero estar en sintonía con nuestro rol requiere más de nosotros. ¿Aportamos valor en cada una de esas relaciones? ¿Nuestros esfuerzos por añadir valor en el rol están en consonancia con nuestras capacidades? Y, por último, ¿nos importa el rol? ¿Es algo que asumimos con gusto cuando nos levantamos cada mañana y no algo que aceptamos a regañadientes porque no tenemos otras opciones? Cuando las tres respuestas son afirmativas, tenemos muchas más posibilidades de encontrar nuestro GUST.

3. UN GENIO DE UN SOLO TRUCO
NO ES UN PONI DE UN SOLO TRUCO

No confundas «genio de un solo truco» con el peyorativo «poni de un solo truco». La expresión «poni de un solo truco» es crítica y descalificadora: se refiere a personas que abusan de un conjunto de habilidades limitadas —ya sea la misma respuesta predecible a cada situación o un movimiento hábil en la cancha de baloncesto— porque no tienen otra opción. Es todo lo que tienen.

Por el contrario, el GUST es una elección muy meditada, que representa aquello a lo que aspiramos en lugar de aquello con lo que nos conformamos. Rebuscamos en nuestra caja de herramientas, descartamos las habilidades que carecen de potencial para la excelencia y nos centramos en un talento que no nos importaría perfeccionar a lo largo de toda la vida.

El talento específico —tu único truco— no importa tanto como el intento sincero de perfeccionarlo. En ese sentido, cualquiera puede ser un genio de un solo truco. No hay que tener un talento sobrenatural como el de un prodigio de las matemáticas, la música o el tenis para ganarse el título de GUST. El mejor chef de sushi de la ciudad es un genio de un solo truco (el truco del chef es trabajar pescado crudo como único ingrediente; la genialidad es demostrar que el pescado crudo no limita al chef en absoluto). Lo mismo ocurre con el abogado especializado en quiebras, el estilista que siempre está contratado y el director del coro del instituto cuyos cantantes ganan siempre el campeonato estatal. Es muy probable que, dada la validación interna y externa que conlleva ser el mejor de la ciudad, cada uno de ellos haya encontrado la satisfacción en su GUST.

4. NUESTRA SINGULARIDAD PUEDE SER NUESTRO GENIALIDAD

Betsy Wills, fundadora de YouScience, una empresa de pruebas de aptitud de Nashville, sugiere que examinemos como posibles fuentes de nuestra «genialidad» no solo las inclinaciones y hábitos que nos deleitan, sino también los que nos frustran. Lo observó en la elección de carrera de su marido, Ridley Wills. En su adolescencia, Ridley desarrolló un ojo para el orden y el refinamiento estético. Su abuelo materno era arquitecto y su padre era un experto en conservación histórica, por lo que Ridley estaba versado en los oficios de la construcción. Podía distinguir la diferencia entre treinta tonos de azul. Sabía reconocer cuándo el trabajo de un carpintero no estaba nivelado. Si algo estaba mal en el diseño o la construcción de un edificio, no solo lo veía inmediatamente, sino que quería arreglarlo. Lo mismo ocurría con una habitación desordenada; tenía que limpiarla. Este era su don y su maldición: una forma de vivir enloquecedora y agotadora.

Las cosas no mejoraron durante los dos primeros años de universidad de Ridley, hasta que se dio cuenta de que estaba destinado a ser arquitecto. Se trasladó de Stanford a la Universidad de Virginia por su reconocida facultad de arquitectura y su hermoso campus neoclásico. Después de la universidad, montó su propio taller en Nashville, donde estableció rápidamente la principal empresa de diseño y construcción residencial de la ciudad. A mitad de su tercera década, participó en un proyecto de investigación en el que se comparaban perfiles psicológicos y carreras. Tras dos días de pruebas, los investigadores llegaron a la conclusión de que Ridley tenía un gran sentido para detectar tonalidades. Era similar al de un músico con una afinación perfecta para las notas musicales o al de un sumiller de vino con una nariz perfecta. En el caso de Ridley, aplicaba su discriminación del tono al diseño y percibía constantemente pequeñas distinciones en la calidad y la belleza de una casa. Los investigadores, que desconocían la profesión de Ridley, le dijeron que era el más adecuado para un trabajo que requiriera precisión, atención al detalle y un discernimiento estético muy refinado. Le sugirieron que se convirtiera en fotógrafo de bellas artes o en especialista en reformas de viviendas de alta gama.

«La mayoría de nosotros nos conformamos con entregar un trabajo que esté un noventa por ciento perfecto», me dijo Betsy. «Mi marido aspira al noventa y nueve por ciento. De alguna manera, eligió el único campo en el que podía liberar esa compulsión del noventa y nueve por ciento y ser feliz en lugar de desdichado».

No era la primera vez que yo oía que una fuente potencial de desdicha se convertía en el GUST de un individuo. Años antes, en una cena, había conocido a un hombre que podía decirme lo que estaban preparando en la cocina a dos habitaciones de distancia. Afirmaba tener un sentido del olfato tan agudo que podía detectar enfermedades mentales (evidentemente causadas por un defecto metabólico, sobre todo en los esquizofrénicos). Cuando un enfermo mental subía a un autobús en su ciudad natal, Ámsterdam, se bajaba inmediatamente para escapar del olor nocivo.

—Ese sería un talento muy valioso para un profesional de la salud mental —dije—. ¿Es eso lo que haces en Ámsterdam?

—No, eso sería un infierno para mí —dijo—. Soy perfumista. Mezclo perfumes a medida para gente adinerada que quiere un aroma con su propia firma.

—¿Se puede vivir de eso? —pregunté.

—La gente siempre querrá oler bien. Yo los hago felices.

Un talento especial puede elevarte o atormentarte. Puede ser tu aliado o tu némesis. Tú eliges.

5. LOS GENERALISTAS TAMBIÉN PUEDEN SER GUST

A primera vista, los CEOs parecen ser los grandes generalistas. Pero, si eliminamos las necesarias aunque generalizadas habilidades de liderazgo como la comunicación clara, la persuasión y la toma de decisiones, descubriremos que cada buen CEO tiene una habilidad muy específica o un valor fundamental que considera su GUST. El GUST de un CEO puede ser dirigir una reunión productiva; la de otro puede ser crear una alineación total en todos los niveles de la organización. La genialidad del truco de cada CEO es que esta habilidad aislada es la base de la credibilidad y el respeto del CEO; lo rige todo.

Esta cualidad de especialista no siempre es evidente en los grandes líderes, quizá enmascarada por su gran autoridad y su gran personalidad. Pero está ahí si se mira con suficiente atención. Por ejemplo, leí un perfil elogioso de mi gran amiga Frances Hesselbein en el bestseller de 2019 de David Epstein, *Amplitud: Por qué los generalistas triunfan en un mundo cada vez más especializado*, un libro cuya tesis (y subtítulo) parecería contradecir el argumento que estoy presentando aquí. Epstein ofrece un relato muy detallado de la grandeza de Frances —sus primeros años como voluntaria comprometida cómo a sus sesenta y setenta años revivió a las Girl Scouts, la Medalla Presidencial de la Libertad que le concedió Bill Clinton, y la afirmación de Peter Drucker de que era la mejor CEO de Estados Unidos—, supuestamente argumentando que la habilidad de liderazgo distintiva de Frances es su amplia trayectoria. Sin embargo, no consigue dar con la habilidad que realmente distingue a Frances. Ella ve todo a través del prisma de una pregunta: ¿cómo puedo servir a los demás? Es su «genialidad», a través de la cual fluyen todas sus formidables fuerzas de sabiduría, autoridad, integridad y compasión. Así es como Frances hace que los demás vean el mundo a su manera. Así es como lidera.

Por ejemplo, en 2014 invité a media docena de clientes a mi casa en San Diego para una intensa sesión de dos días en la que se ayudó a cada persona a descubrir qué quería hacer a continuación. También invité a Frances, que en ese momento tenía noventa y ocho años, sabiendo que su presencia elevaría automáticamente el nivel de sabiduría en la sala. El segundo día, nuestra atención se centró en una mujer, a la que llamaré Rose Anne, que aún no había cumplido los cincuenta años y que había vendido su negocio tres años antes por una buena suma y con su marido se había mudado de Minneapolis a un pequeño pueblo de Arizona para disfrutar de los frutos de su trabajo. La mudanza había sido desastrosa. Rose Anne no estaba hecha para contemplar las puestas de sol de Arizona. La inquieta emprendedora que había en ella invirtió en un restaurante local y en un gimnasio, negocios orientados al cliente que eran muy diferentes de cómo había hecho su fortuna original. En un año, mientras aplicaba sus obstinadas habilidades empresariales en la ciudad, consiguió enemistarse con todo el mundo que la conocía, hasta el punto de que su marido la amenazó con volver a Minneapolis si ella no cambiaba. Mientras contaba su historia de desdicha en mi casa, le hicimos sugerencias, ninguna de ellas muy útil, hasta que Frances habló. Le dijo a Rose Anne: «Me parece que has estado pensando mucho en servirte a ti misma. Tal vez deberías intentar ayudar a los demás». Todos sabíamos que tenía razón. Incluso Rose Anne, perdida en su desesperación, asintió con la cabeza y le dio las gracias a Frances. Todo lo que Frances necesitó fueron dos frases concisas, obvias para todos nosotros en el momento en que fueron pronunciadas, para darle a Rose Anne un camino que permitiera dar un giro a su vida. Esa es su GUST. Frances vive para servir a los demás y su ejemplo persuade a los extraños a seguir su ejemplo. Su autoridad proviene de este único atributo, y no al revés. En el fondo, es una especialista que se hace pasar por generalista. Cinco años más tarde, Rose Anne se presentó como candidata a la alcaldía y ganó.

Por cierto, no estoy en contra del libro de Epstein. *Amplitud* es fascinante, bien argumentado y rico en detalles. Si lo interpreto correctamente, Epstein aboga por la especialización a lo largo de la vida, la que se produce después de que hayamos probado muchas disciplinas y nos hayamos decantado por una que merezca nuestra atención. Creo que estamos diciendo lo mismo: si tenemos suerte, empezamos como generalistas y terminamos como especialistas.

La vida de un artesano —un artesano serio, comprometido a hacer una tarea que vale la pena tan bien como puede hacerse— es mi imagen de un genio de un solo truco en el trabajo. Sugiere una carrera que consideras una vocación más que un trabajo, que persigues más por la realización personal que por el sueldo. Esta es la ventaja de ser un GUST: cuando te sientes realizado, tu mundo se expande en lugar de estrecharse. Te das cuenta de que tu estrecha experiencia puede aplicarse a una gama cada vez más amplia de problemas y oportunidades. GUST no es un insulto que te condena a una vida reducida y unidimensional. Por el contrario, cuando desarrollas una habilidad altamente especializada y la practicas como un artesano dedicado, puedes llevar la voz cantante. Eres más único y, por tanto, estás más solicitado. Estás más comprometido y bendecido con un propósito mayor. Estás marcando todas las casillas de la realización y, a la vez, viviendo tu propia vida.

EJERCICIO

Cómo interpretar el discurso de «Puedes ser más»

Curtis Martin me describió uno de los momentos más significativos de su carrera en la NFL. Ocurrió en el campo de entrenamiento de los New England Patriots, en 1996, después de la temporada de novato de Curtis, cuando había liderado la Conferencia Americana con 1360 metros de carrera. El entrenador Bill Parcells, un legendario motivador, reunió a todos los corredores y receptores para una prueba de resistencia de carreras y ejercicios. Mientras los jugadores, agotados, empezaban a abandonar después de cincuenta minutos, Curtis estaba decidido a no abandonar antes de que Parcells anunciara el final. Una hora más tarde, era el único jugador que quedaba en el campo, terminando las carreras con las manos y las rodillas, pero negándose a darse por vencido hasta que Parcells dio por terminada la sesión. Después, en el vestuario, Parcells le dijo a Curtis: «Lo hice porque quería que aprendieras esto sobre ti mismo: *Puedes ser mucho más*».

La historia de Curtis me recordó que cada uno de nosotros ha escuchado alguna variación del discurso de "Puedes ser más" (PSM, para abreviar) durante toda nuestra vida. Seguro que tú también lo conoces. De una forma u otra, era un componente esencial del repertorio de animaciones de tus padres cada vez que estaban entusiasmados contigo (Estoy orgulloso de ti...) o decepcionados (Espero más de ti...).

Es un discurso que necesitas escuchar a intervalos regulares en tu vida. Desgraciadamente, también es un discurso que se suelta de forma tan casual en las conversaciones —en muchas formas— que puede pasar desapercibido. Rara vez hay una alarma que anuncie que un misil PSM se acerca a ti.

El discurso de PSM como asignación fue lo que Sandy Ogg estaba escuchando cuando el CEO de Unilever le pidió que identificara el valioso talento de la empresa. El discurso adoptó la forma de un arrebato frustrado cuando le grité a Mark Tercek: «Maldita sea, ¿cuándo vas a empezar a vivir tu propia vida?». Se formuló como una pregunta cuando Ayse Birsel me dijo: «¿Quiénes son tus héroes?». Por suerte, en los tres casos, el mensaje de PSM acabó llegando alto y claro. Cambió la vida de tres personas: la de Sandy, la de Mark y la mía.

Cada una de la media docena de momentos cruciales en mi vida —momentos que me acercaron a mi GUST— fueron instigados por un discurso no solicitado e inesperado de PSM: Paul Hersey me pidió que lo sustituyera en una conferencia, asegurándome que podría hacerlo; el director de American Express me dijo que estaría mejor trabajando por mi cuenta, sin un socio mayoritario; un agente literario de Nueva York me localizó para decirme: «Deberías escribir un libro». Estas son solo algunas de las veces que he recibido el mensaje de PSM. ¿Quién sabe cuántas veces me he perdido mensajes equivalentes por no prestar atención?

HAZ ESTO: Durante un periodo largo de tiempo —un mes como mínimo—, anota cada vez que alguien te diga algo que te haga pensar que ve un potencial latente que tú has pasado por alto. Puede tratarse de un elogio específico ("Qué buena observación hiciste en la reunión, nunca se me había ocurrido"). O una sugerencia abierta ("Deberías ser más asertivo"). O un reclamo ("Hazlo de nuevo. Esperaba algo mejor de ti"). No se trata de una prueba en la que puedas acertar o equivocarte sobre el significado del comentario. El objetivo es abrir los ojos y los oídos a la frecuencia con la que las personas te comunican que ven en ti algo prometedor o poco desarrollado que deberías explotar. No solo buscas elogios. Buscas ideas sobre cómo puedes ser mejor.

Los cumplidos, ya sean significativos o vacíos, deberían ser fáciles de detectar (somos excelentes en el seguimiento de los elogios dirigidos a nosotros). Puede que sea más difícil seguir las críticas específicas y los comentarios brutalmente honestos, aunque tengo la impresión de que son los más profundos y contienen los consejos más útiles.* Llevar un registro meticuloso aumenta la conciencia y el aprecio, siempre.

Para obtener un crédito extra, registra también los momentos en los que ofreces el mensaje de PSM, en lugar de recibirlo, cuando

---

* Un banquero me dijo una vez que el punto de inflexión en su joven carrera fue instigado por un discurso de «Puedes ser más» disfrazado de insulto. Le pedí que lo pusiera por escrito:

«Al principio de mi carrera, a finales de los años 70, me dirigí al CEO de un emblemático conglomerado estadounidense con una idea de refinanciación muy creativa que podría ahorrar mucho dinero a su empresa. Tardé casi dos años en conseguir que el CEO se uniera a la idea y en llevar a cabo la operación. Durante ese tiempo, le informaba de vez en cuando si había algo importante. Era un hombre ocupado al que no quería molestar. No diría que éramos amigos —él era un titán, yo era un mequetrefe—, pero a veces me llamaba de improviso y manteníamos esas extrañas conversaciones sobre política o deportes, rara vez sobre el acuerdo, después de lo cual me preguntaba: «¿Cómo era eso?». Teniendo en cuenta nuestros rangos tan diferentes, me costaba aceptar que pudiéramos ser amigos. Unos días después de cerrar el trato, organicé una reunión entre él y el presidente de mi banco para celebrarlo. Estábamos los tres solos en su oficina brindando con copas de champán. Los dos estaban muy contentos. La operación había deslumbrado a los miembros del consejo de administración de mi cliente y había generado una gran comisión para el banco. Entonces hicieron algo extraordinario. Empezaron a hablar de mí como si no estuviera allí. Bromearon sobre mi juventud (tenía 29 años) y sobre cómo les debía mi carrera. Entonces, el CEO le dijo a mi presidente su franca opinión sobre mí. Las palabras aún resuenan en mis oídos. Dijo que yo era «creativo y un gran negociador», pero que también era una «cama sin hacer». Sonreía al decirlo, pero no bromeaba. Quería que lo oyera. No dio más detalles. La conversación giró en torno a otras cosas, pero había dado el golpe que pretendía dejar y había dejado un moratón. Pensé en ese comentario de «cama sin hacer» durante días. ¿Qué le había desagradado? No se me ocurría ningún fallo en el papeleo y los trámites legales. Luego recordé todas las veces que me llamaba para charlar, y cómo me moría de ganas de colgarle el teléfono por miedo a estar desperdiciando su tiempo. No aprecié que encontrara gratificación en ayudarme a tener éxito. Las llamadas telefónicas no programadas eran su forma de fomentar la confianza y sellar nuestra amistad. Me indicaba que, en los negocios, hay algo más que la creatividad y los acuerdos. Si ignoraba el elemento humano —especialmente la parte recíproca, como la satisfacción de ayudar a alguien y dejar que experimente la satisfacción de ayudarte a ti—, entonces me estaba perdiendo lo que hacía que el trabajo fuera emocionalmente gratificante. Básicamente, me decía que podría haber hecho un trabajo mucho mejor para ayudar a un cliente. Nunca volví a cometer ese error».

ofreces voluntariamente tus comentarios para hacer que otra persona sea un poco mejor. Puede que lo hagas más de lo que crees. Esto es algo bueno. El mensaje PSM es una de las formas más puras de generosidad que tenemos en la vida. Es una buena medicina tanto para el que da como para el que recibe. Como dice la poetisa Maggie Smith: «Si iluminas a otra persona, la luz te alcanzará a ti también».

EJERCICIO

....

La mesa redonda de los genios de un solo truco

Este ejercicio es provocativo pero divertido.

HAZ ESTO: Reúne en tu salón a seis personas que se conozcan bien. Empezando por ti mismo, identifica la habilidad que crees que es tu talento especial, el genio oculto o evidente que te hace más eficaz. Cada una de las otras cinco personas debe responder. Nadie se libra. Si no están de acuerdo contigo, deben ofrecer una opinión alternativa. Repite el proceso con cada miembro del grupo.

Siéntete libre de debatir cualquier comentario. El cinismo y la mezquindad están prohibidos, así como la ira y la hostilidad hacia cualquier persona por ser honrada. En tu grupo se expondrán treinta y seis opiniones de acuerdo o desacuerdo, pero no se permite que nadie se comporte de manera desagradable.

Habrá halagos, dolor y sorpresa. Pero no se trata de un ejercicio de autocomplacencia o autoflagelación. Al igual que el PSM, se trata de tomar conciencia de uno mismo y de ayudarse mutuamente. La primera vez que lo intenté, afirmé con confianza que mi único talento era comprender las motivaciones de los demás antes que ellos. He creído esto sobre mí mismo desde mis veinte años, después de dirigir durante tres años grupos de encuentro intensos en la UCLA (un fenómeno de mediados de siglo en el que se animaba a los participantes a expresar sus sentimientos, a menudo en encuentros de confrontación). Ninguna de las personas estaba en desacuerdo con que yo tuviera ese talento, pero eso no me hacía único. Varias personas también consideraron que eran excelentes para detectar la motivación de los demás. La observación más certera, de una mujer a la que he dado *coaching* durante una docena de años, fue más prosaica. Mi don, dijo, era no aburrirme por la actividad repetitiva, como por ejemplo entregar mi mensaje más de cien veces al año con el mismo nivel de entusiasmo. «Mucha gente entiende la motivación. No muchos pueden mantener el mensaje», dijo. Hasta que ella lo dijo, nunca había considerado esa capacidad mía como algo especial. Mi única respuesta fue: Gracias.

PARTE II

MERECER TU VIDA

8

CÓMO GANAMOS: LOS CINCO PILARES DE LA DISCIPLINA

Al comenzar esta nueva sección, repasemos lo visto hasta ahora. En la introducción afirmamos que *vivimos una vida que valga la pena cuando las elecciones, los riesgos y el esfuerzo que hacemos en cada momento se alinean con un propósito global en nuestras vidas, independientemente del resultado final*. Cada capítulo se centró en una faceta de la mentalidad necesaria para lograr una vida merecida. Comenzamos con el paradigma de cada respiración sobre nuestro sentido del yo, basado en la enseñanza de Buda: «Cada respiración que hago es un nuevo yo». Luego repasamos las muchas fuerzas que nos obligan a vivir vidas distintas a la nuestra. A ellas, les opusimos una lista de habilidades esenciales para una vida que valga la pena (motivación, habilidad, comprensión, confianza, apoyo y mercado). A continuación, un capítulo sobre el valor de reducir las principales opciones de nuestra vida de muchas a una, seguido de un capítulo sobre la aspiración, donde señalamos que hay una diferencia crucial entre decidir lo que queremos ser y en quién queremos convertirnos. En el capítulo 6, examinamos cómo determinamos el nivel de riesgo que estamos dispuestos a aceptar en nuestra vida. Por último, en el capítulo 7, te insté a elegir a un especialista cuando llegara el momento de resolver la eterna dicotomía especialista versus generalista. En todas las páginas, el tema unificador persistente ha sido la elección: cómo refinar nuestras elecciones para que nos sirvan en lugar de sabotearnos.

En la segunda parte, nos centraremos en las acciones —más que en la mentalidad— necesarias para vivir una vida que valga la pena. Es un reto que demanda un nuevo marco para la forma de ejecutar tus decisiones y hacer las cosas.

El paradigma tradicional para lograr cualquier objetivo hace hincapié en la disciplina y la fuerza de voluntad. Si queremos tener éxito, debemos (a) seguir fielmente nuestro plan y (b) resistir cualquier distracción que nos haga salirnos del plan. La disciplina nos proporciona la fuerza para decir que sí cada día a la hora de hacer las cosas difíciles. La fuerza de voluntad proporciona la determinación de decir no a las cosas malas. Admiramos, a menudo hasta el punto de asombrarnos, a cualquiera que muestre estas dos virtudes para lograr algo difícil o extraordinario: el hermano que pierde treinta kilos y mantiene el peso alcanzado; la vecina que logra su sueño de toda la vida de dominar el italiano, o el adicto que deja el hábito.

Pero en nuestra propia vida, no somos tan admirables ni dignos del asombro de los demás. De todas las cualidades personales que sobrestimamos en nosotros mismos —nuestra inteligencia, nuestra discreción, nuestra habilidad para conducir, nuestra disposición a aceptar las críticas, nuestra puntualidad, nuestro ingenio, por nombrar algunas—, la disciplina y la fuerza de voluntad ocupan probablemente el primer lugar. Tenemos las dietas fallidas, las inscripciones al gimnasio sin usar y las aplicaciones para aprender idiomas que no hemos abierto, para demostrarlo.

Dejé de sobrestimar mi disciplina cuando tenía treinta años (admitir este fallo era un motivo de orgullo para mí). Sin embargo, no extendí esta idea a las personas a las que daba *coaching* por aquel entonces; una y otra vez seguía sobreestimando su disciplina. Necesitaba que un cliente me dejara perplejo con una pregunta obvia para abrirme los ojos. En 1990 estaba impartiendo una serie de seminarios sobre Valores y Liderazgo en Northrop Corporation, la empresa aeroespacial y de defensa ahora conocida como Northrop Grumman. Después de una de las sesiones del día, Kent Kresa, el sincero y recién asumido CEO de Northrop —quien justo había comenzado el espectacular cambio de la empresa, que pasó de estar al borde de la quiebra a ser la más admirada—, me preguntó: "¿Esto funciona de verdad?".

Mi primer impulso, totalmente autojustificativo, fue decir: "Por supuesto. Pero nadie me había hecho nunca esta pregunta".

«Creo que sí, pero no he hecho ninguna investigación para probar que funciona. Así que supongo que no lo sé. Ya lo averiguaré».

En mis clases de formación, instruyo a los líderes para que realicen un seguimiento regular con su equipo para obtener comentarios de sus compañeros sobre cómo están haciendo lo que han aprendido en el aula, dando por sentado que cumplirán mis instrucciones. Pedir opiniones sobre nuestra actividad es una forma probada de regular y mejorar nuestro rendimiento en esa actividad. Pero nunca había hecho un seguimiento para ver si realmente se tomaban en serio mis instrucciones.

No es un misterio por qué no había cuestionado la eficacia de mi programa de formación: Tenía miedo de la respuesta. Era mejor esconder la cabeza en la arena y suponer lo mejor. Tras la pregunta de Kresa, cambié de opinión. El equipo de Recursos Humanos de Northrop y yo encuestamos a los líderes que habían participado en las clases de formación cada mes para ver si hacían un seguimiento de lo aprendido con sus compañeros de trabajo. Tras varios meses, las cifras eran alentadoras. Cuanto más controlábamos a los participantes, más se esforzaban en buscar la opinión de sus compañeros sobre sus habilidades de gestión. Nuestro seguimiento sirvió para recordar a los participantes, que habían pasado un día en un aula con un cuaderno de estrategias, que se esperaba que asimilaran y practicaran. Junto con el mensaje implícito de que la dirección les prestaba atención, esto les impulsó a mejorar la búsqueda de información y, por tanto, a aplicar lo aprendido en clase.

Unos meses más tarde estaba preparado para responder a la pregunta de Kresa: Sí, la gente mejora, pero solo si hay un seguimiento.

«Joven, acabo de descubrir su carrera», me dijo.

Tenía razón (su pregunta fue otro episodio de «Puedes ser más» que me cambió la vida). A partir de ese momento, el seguimiento, en todas sus variantes, se convirtió en un componente esencial de mi forma de pensar y de hacer *coaching*. Hasta entonces, había confiado en la motivación y la disciplina individuales para que la gente siguiera mis instrucciones. Pensaba: «Lo enseño; depende de los alumnos aprenderlo y utilizarlo». Esto era una locura, por supuesto, que contradice siglos de evidencia de que los seres humanos son muy pobres en cualquier forma de autorregulación. La pregunta básica de Kent Kresa me había curado: *¿Funciona esto realmente?*

Aprendí que el seguimiento funciona para alterar nuestro comportamiento, pero que no era eficaz por sí solo. Tenía que combinarse con otras acciones para inculcar la motivación, la energía y la autorregulación que hemos llegado a considerar como disciplina y fuerza de voluntad.

Esta nueva plantilla de acciones ofrece una reinterpretación de la disciplina y la fuerza de voluntad en nuestra vida. Tendemos a pensar que estos dos atributos nobles, pero excesivamente generalizados, son las aptitudes esenciales para alcanzar el éxito. Yo sugiero que no lo son. Más bien, son la evidencia de nuestro éxito, cualidades que solo reconocemos después del hecho. En una simplificación excesiva, las etiquetamos como disciplina y fuerza de voluntad (o agallas, resiliencia, perseverancia, persistencia, coraje, decisión, tenacidad, fibra moral, determinación, etcétera). Conceptos tan únicos y precisos no deberían tener tantos sinónimos. Los componentes de la *disciplina* y la *fuerza de voluntad* son mucho más concretos y comprensibles:

- Cumplimiento
- Responsabilidad
- Seguimiento
- Medición

Estas cuatro acciones no son sustitutos de la disciplina y la fuerza de voluntad; son corredores suplentes que entran en el campo como parte de un nuevo plan de juego. Cada una de las cuatro acciones es situacional: el cumplimiento resuelve un problema diferente al de la responsabilidad, el seguimiento o la medición. Recurrimos a una u otra acción en diferentes momentos del proceso de ganar. Juntas se convierten en la plantilla para estructurar la consecución de cualquier objetivo. Es probable que ya las estés practicando, aunque de forma inconsistente. Si quieres vivir una vida merecida, funcionan. Sin ellas, no tienes ninguna posibilidad. He aquí la razón.

1. CUMPLIMIENTO

El cumplimiento refleja la adhesión a una política o norma externa. Lo más habitual es oírlo en el contexto del tratamiento médico. El médico te receta una medicación y tu única tarea es tomarla en el plazo previsto. No se te ordena hacer nada extraordinario. Solo tienes que seguir las instrucciones y mejorarás. Sin embargo, se calcula que el 50 % de los pacientes estadounidenses olvidan, abandonan o nunca toman la medicación. Así de difícil es el cumplimiento. Incluso cuando nuestra salud, posiblemente nuestra vida, pende de un hilo, no cumplimos con la toma de un remedio seguro.

Cuando tenía veinticuatro años, me destrocé el dedo corazón de la mano derecha al atrapar un pase fuerte en un partido de baloncesto. El tercio superior del dedo colgaba suelto del resto de la mano como una rama de árbol rota. Investigué sobre la lesión en la biblioteca y me enteré de que probablemente tenía «dedo de béisbol». El tratamiento era sencillo pero tedioso. Tuve que llevar una férula durante ocho semanas, incluso en la ducha, después de la cual tenía que lavar y secar mi dedo en una superficie plana para asegurarme de no volver a estirar el tendón y deshacer el proceso de curación. Cuando describí los resultados de mi investigación al médico de la clínica de la UCLA, me dijo: «Así es. Dedo de béisbol. Siga el procedimiento de entablillado y véame dentro de doce semanas. Entonces debería estar bien».

Mi cumplimiento fue total. Me lavé, me sequé y me volví a colocar la férula con la devoción de una madre que cambia el pañal a un recién nacido. A mi regreso, semanas después, el médico me examinó el dedo y declaró que estaba curado. Y añadió: «Estoy impresionado de que haya seguido adelante. Muy pocos pacientes hacen esto durante tantas semanas». Esta fue una de las declaraciones más decepcionantes que había escuchado de un médico. Me había diagnosticado el problema y me había ofrecido la terapia adecuada, pero no había hecho ningún esfuerzo por advertirme de que seguir los pasos sería difícil, ni de que esperaba que fracasara por completo. El cumplimiento dependía de mí, y él no había sido optimista. Era como si me hubiera enviado a un viaje en coche por una ruta que no tenía señales de detenerse, ni límites de velocidad, ni señales de advertencia que anunciaran una colina empinada o una curva peligrosa.

Me recordó que Hipócrates exhortó a los médicos: «Primero no hagas daño». Pero también les instaba a hacer que el paciente coopere. Mi médico no solo esperaba que yo no cooperara, sino que él no cumplía el edicto de Hipócrates. Lamentablemente, sigue siendo la norma y no la excepción. El incumplimiento de los pacientes sigue costando 100.000 millones de dólares al año a la medicina estadounidense. Levante la mano aquel cuyo médico haya chequeado alguna vez en la farmacia si has llevado su receta o si te ha llamado una o dos semanas después de su visita para asegurarse de que tomabas tu medicación.

El médico tenía razón, por supuesto. El cumplimiento es fácil de entender ("Si cumplo, me pongo mejor"), pero difícil de hacer ("Tengo que hacerlo todos los días. ¡Uf!"). Los seres humanos somos lamentablemente malos en el cumplimiento, ya sea cuando desdeñamos las recomendaciones de nuestros médicos, las listas de lecturas de verano de nuestros profesores o las tareas nocturnas, las peticiones de nuestros padres de que hagamos la cama o los plazos de nuestros editores. Ojalá el médico hubiera sentido un poco de responsabilidad para advertir a sus pacientes de esto.

He aquí una simple verdad: no puedes contar con que las personas que dan las órdenes te lleven de la mano para garantizar su cumplimiento. Estás solo. Tampoco puedes contar con que todas las situaciones te obliguen a cumplirlas. Cumplí la terapia con férula solo porque me dolía y porque no quería tener una mano lisiada para el resto de mi vida. Sin el dolor y la mano desfigurada, dudo que hubiera sido tan obediente.

El incidente del dedo de béisbol me enseñó esto: es más probable que cumplamos con un curso de acción recomendado cuando el no hacerlo resulta en un dolor o castigo extremo, ya sea físico, financiero o emocional. Tu salud no mejora. Tu lesión no se cura. Pierdes tu trabajo. Tu relación de pareja se hunde. Sufrirás un largo arrepentimiento por una oportunidad desperdiciada.

Cuando te enfrentas a una de esas situaciones extremas que te amenazan con el dolor o el castigo existencial —y reconoces la gravedad del momento—, el cumplimiento no debería ser un reto. No tienes otra opción. Para otras situaciones, puede que necesites una táctica diferente.

2. RESPONSABILIDAD

A diferencia del cumplimiento, que es nuestra respuesta productiva a las expectativas que nos imponen otras personas, la responsabilidad es nuestra respuesta a las expectativas que nos imponemos a nosotros mismos. Nuestro sentido de la responsabilidad se presenta en dos modelos: privado o público.

La lista de tareas es un ejemplo común de responsabilidad privada. Garabateamos nuestras tareas diarias en un bloc de notas o las escribimos en nuestro teléfono móvil, y luego las tachamos a medida que avanza el día. Cada tachadura es una pequeña victoria privada. Si solo hemos completado la mitad de nuestra lista, pasamos las tareas no realizadas al día siguiente. Si algunos de ellas siguen sin hacerse una semana después, la frustración o la vergüenza son solo nuestras. Nadie más tiene que saberlo.

Yo prefiero la divulgación pública. Cuando tus intenciones salen a la luz, lo que está en juego automáticamente es mayor (la gente te observa) y, con suerte, también lo es tu rendimiento. El fantasma de un revés público, unido a tu decepción privada, es un poderoso motivador. Esta es una de las razones por las que insisto en que mis clientes de *coaching* anuncien por completo sus planes de cambiar su propio comportamiento a las personas con las que trabajan: la divulgación hace visible el esfuerzo de cambio; la visibilidad eleva la responsabilidad.

3. SEGUIMIENTO

El cumplimiento y la responsabilidad son dos caras de la misma moneda. Ambas son cargas que soportamos solos como individuos: una impuesta por otros, la otra autoimpuesta. El seguimiento introduce la fuerza coercitiva del mundo exterior en la mezcla. De repente, otras personas nos controlan, se interesan por nuestras opiniones y valoran nuestros comentarios. Ya no somos los únicos dueños de nuestra vida. Hemos sido reclutados por un grupo con el fin de ser observados, probados y juzgados. Y ese reclutamiento nos altera. Nos guste o no, el seguimiento es un proceso valioso que aumenta nuestra autoconciencia. Nos obliga a evaluar nuestro progreso de forma honesta. Sin seguimiento, puede que nunca nos tomemos el tiempo de preguntar cómo vamos.

El seguimiento aparece de muchas formas. Puede ser que alguien de Recursos Humanos realice una encuesta en toda la empresa, que nuestro jefe nos pida un informe de progreso semanal o que un proveedor compruebe si estamos satisfechos con una compra. El tipo específico de seguimiento que recomendaré en los próximos capítulos, derivado de la Revisión del Plan de Negocio de Ford, es una reunión semanal de grupo creada por una media docena de participantes para supervisarse mutuamente. Cualquiera que sea la forma que adopte nuestro seguimiento, debemos acogerlo en lugar de molestarnos. Es un gesto de apoyo, no una intrusión en nuestra integridad y espacio personal.

4. MEDICIÓN

La medición es el indicador más fiel de nuestras prioridades, porque lo que medimos expulsa lo que no medimos. Si la seguridad financiera es tu máxima prioridad, compruebas tu patrimonio neto cada día. Si te tomas en serio lo de perder peso, te subes a una balanza cada mañana. Si tienes problemas de estómago, mides la composición de tu bioma intestinal. En 2020, si el COVID-19 era tu temor diario, es posible que hayas empezado a utilizar un diminuto dispositivo llamado oxímetro para medir tus niveles de SpO2 (también conocido como oxígeno en sangre), un dato del que probablemente no habías oído hablar el año anterior.

No soy un miembro del movimiento Quantified Self (Yo Cuantificado), una floreciente comunidad de científicos y magos de la tecnología que pretenden encontrar un significado secreto midiendo todo tipo de datos personales, desde los pasos diarios hasta los minutos semanales dedicados a socializar. Pero en el pasado, cuando me importaba, he registrado las horas que dormía, los días que pasaba fuera de casa, las veces que les decía a mis hijos que los quería, los momentos de gratitud vividos y los restaurantes con estrellas Michelin visitados. Cada número me ayudó a mejorar y, en muchos casos, dejé de hacer el seguimiento cuando llegué a ser suficientemente bueno. Durante muchos años hice un seguimiento obsesivo de las millas aéreas; dejé de contarlas y declaré la victoria en el momento en que alcancé los diez millones de millas y recibí mi tarjeta *Concierge Key* de American Airlines. Mientras escribo esto, llevo la cuenta de los pasos diarios, de las palabras amables a Lyda, de los minutos diarios de reflexión en silencio, del tiempo que paso con los nietos, de la cantidad de comida blanca (azúcar, pasta, patatas) que consumo y de los minutos diarios dedicados a actividades poco importantes (por ejemplo, ver la televisión).

No todas las mediciones que nos importan tienen que ser números duros y objetivos. Las cifras suaves y subjetivas pueden ser igual de significativas.

Pensemos en mi amigo Scott, que se sometió a una dieta estricta supervisada por un médico, para tratar una enfermedad. A los seis meses de la dieta, el médico (que había adoptado la dieta para sí mismo como medida preventiva para la misma enfermedad) le pidió que estimara el grado de cumplimiento. Scott dijo: Noventa y ocho coma cinco por ciento. El médico no dijo nada y pasó a la siguiente pregunta. La falta de respuesta irritó a Scott. Al día siguiente llamó al médico para decirle: Cuando dije noventa y ocho coma cinco por ciento, sentí que me estaba juzgando duramente.

—En absoluto —dijo el médico. Me impresionó. No estoy más allá del ochenta por ciento. Oír otra medida para comparar con la suya, por muy imprecisa que fuera, tuvo un significado inmediato para Scott. Le hizo sentirse mejor sobre su nivel de cumplimiento.

La medición que te pediremos en el próximo capítulo también es un número suave y subjetivo. Estimarás tu nivel de esfuerzo en una escala del 1 al 10. Tus 6 y 9 no serán más científicos que el 98,5 % de

Scott; al fin y al cabo, son estimaciones, pero en el contexto de la búsqueda de una vida merecida que valga la pena, tendrán un gran significado para ti, especialmente cuando puedas comparar tus números con los de otras personas.

Cuando empieces a poner en práctica las estrategias para vivir una vida sin remordimientos, estos cuatro componentes de la plantilla de ganancias se convertirán en algo natural para ti. El cumplimiento y la responsabilidad dejarán de ser pruebas diarias de tu débil compromiso, como si tuvieras que elegir entre hacer el trabajo o tomarte un día libre. Se convertirán en respuestas autónomas, como los latidos del corazón o la respiración. El seguimiento y la medición serán los bucles de *feedback* que darán sentido y propósito a tu día. Insistirás en los datos en lugar de taparte los ojos y los oídos. Así es como la disciplina y la fuerza de voluntad se instalan gradualmente en tu vida. No te son legadas al nacer. Te las ganas cada día.

Pero hay un componente más que une estas cuatro acciones. Y es uno grande, que ya te está mirando a la cara. Comprende a todas las personas de tu vida. Es el ámbito que consideras tu comunidad.

Es posible que te consideres un individualista hecho a sí mismo que asume la responsabilidad de las decisiones tomadas, que nunca se queja de que "no es justo" y que siempre rechaza el papel de víctima o de mártir. He conocido a personas admirables que encarnan todos estos rasgos menos uno: ninguno de ellos cree que se haya hecho a sí mismo. Saben que una vida ganada no puede lograrse de forma aislada. Solo prospera dentro de una comunidad.

No solo aprecian que sus elecciones y aspiraciones afectan a otras personas (es una de las primeras lecciones de Humanity 101: "Ningún hombre es una isla" y todo eso), pero nunca pierden de vista que en una comunidad no todo es un camino de ida. Todo es recíproco en una comunidad. Gran parte del bien que se hace a los demás sin esperar una retribución—confortarlos, hacer un seguimiento, ponerlos en contacto con alguien o simplemente estar presentes y escucharlos— vuelve a ti, lo busques o no, porque la reciprocidad es una característica que define a la comunidad.

Pero, en una comunidad, esta reciprocidad no es simplemente del tipo bidimensional entre dos individuos. En el tipo correcto de comunidad es tridimensional, como si todos tuvieran licencia para ayudar y dar *coaching* a cualquier otro en cualquier momento. No es la reciprocidad transaccional del tipo "te rasco la espalda si me rascas la mía" de las redes agresivas. Ocurre cuando alguien dice: "Necesito ayuda". Y otra persona, sin hacer un cálculo de "¿Qué hay para mí?", escucha la petición y responde: "Puedo ayudar". En las comunidades sanas, el "puedo ayudar" es la respuesta por defecto. Si se trazaran las líneas de comunicación y los actos de generosidad entre los miembros de una comunidad sana, su aspecto sería tan salvaje y variado como el de un cuadro de Jackson Pollock o un mapa de nuestro sistema nervioso.

No aprecié del todo este fenómeno hasta que me acerqué a los setenta años y me desperté una mañana para descubrir que, por accidente, había creado una comunidad propia —mi proyecto de 100 Coaches— y que era un multiplicador de fuerzas para ayudar a la gente a vivir una vida que valía la pena Cómo llegué a este nuevo lugar sigue siendo un milagro para mí, con una historia de origen digna de ser contada.

9

UNA HISTORIA DE ORIGEN

Ya sabes lo que tienes que hacer para conseguir una vida que valga la pena: *Decide cómo quieres que sea esa vida, y luego trabaja tan duro como sea necesario para hacer realidad tu decisión.*

Nadie más que tú puede pintar esa visión. Las personas influyentes en tu vida, con sus opiniones y consejos, pueden ofrecerte las herramientas intelectuales y emocionales que te ayuden a elegir un camino sabio. Pero al final la decisión, ya sea tomada al principio o después de años de falsos comienzos, es solo tuya.

En cuanto a la parte del trabajo duro, es un reto que se supera con la aplicación de la estructura. La estructura es la forma de domar los impulsos rebeldes que nos alejan de la consecución de nuestros objetivos. La estructura es la herramienta más eficaz que tenemos para reparar y renovar nuestras vidas y, al igual que la decisión de qué camino tomar en la vida, la estructura puede ser adoptada o inspirada fácilmente gracias a los demás.* Si no podemos proporcionarnos la

---

* La estructura es especialmente útil para las cosas pequeñas. Una vez, un amigo se burló de mí por llevar la cuenta de las veces que le decía algo amable a mi mujer cada día. «No hace falta que te recuerden que tienes que ser amable con tu mujer», me dijo. «Obviamente, lo hago», dije. «No me avergüenza que necesite un recordatorio para comportarme mejor. Sería vergonzoso si lo supiera y no hiciera nada al respecto». Ese es el poder que impone una estructura. La estructura nos recuerda que no debemos relajar nuestras normas, especialmente los gestos pequeños pero necesarios que damos por sentados. Mi amigo lleva ahora un registro diario de las veces que le pide a su mujer: «¿Cómo puedo ayudar?»

estructura apropiada a nosotros mismos, buscamos fuentes que puedan hacerlo, ya sea un entrenador personal para poner en práctica nuestro régimen de *fitness*, un jefe para establecer nuestra agenda de trabajo o un libro que ofrezca un plan para ordenar nuestra casa.

Mi tarjeta de visita podría decir legítimamente Consultor de Estructura bajo mi nombre. Eso es lo que hago. Desprendo la piel exterior de un problema de comportamiento para examinar la infraestructura, y luego la reencuadro para abordar el verdadero problema.

Confieso alegremente que no sufro el síndrome de «No inventado aquí». Soy un conocedor de las ideas de los demás y, cuando escucho una idea viable creada por otra persona, la interiorizo como propia. El valor que añado es tomar la idea y combinarla con otras en una estructura que funcione para mí y mis clientes. La Revisión del Plan de Vida, o RPV, que cubriremos en el capítulo 10, es una estructura de este tipo. Es el principal punto de acción del libro: un formato de revisión semanal para lograr un cambio significativo y llevar una vida merecida. Es el producto final de mi intento de añadir una estructura inteligible, en un solo lugar, a las siete epifanías que he adoptado en varios momentos de mi vida profesional, y que han dado forma a mi forma de pensar sobre cómo ayudar a la gente a cambiar para mejor. Es un acontecimiento reciente. No podría haberlo imaginado hace cinco o diez años. No estaba preparado.

Para entender el concepto de Revisión del Plan de Vida del siguiente capítulo, ayuda estar familiarizado con las epifanías que me han impresionado tan profundamente, cómo llegaron a combinarse y por qué la suma de sus partes es importante.

1. GRUPO DE REFERENCIA

Volvamos a algo que discutimos en el capítulo 2. A mediados de los años setenta, cuando Roosevelt Thomas, Jr. me presentó su idea de los grupos de referencia, yo tenía una apreciación limitada de su

significado, lo veía como un concepto que él ideó para educar a la
América corporativa sobre la necesidad de la diversidad en el lugar
de trabajo. Roosevelt creía que una organización era más rica y fuerte cuando incluía una amplia gama de diferencias. El concepto de
grupo de referencia fue la estructura que creó para ayudar a la gente
a entender que, si un individuo se identificaba con un grupo de referencia concreto, su deseo de aprobación por parte de este grupo
determinaba su comportamiento y rendimiento. La gente haría casi
cualquier cosa para ser aceptada por la tribu con la que se identificaba. Parte de su estructura para la América corporativa era una
distinción entre lo que él llamaba *preferencia* y *requisito*. Las preferencias de una persona —cómo se viste, la música que le gusta, las
opiniones políticas que tiene— no son relevantes si la misma persona cumple o supera los requisitos del trabajo. Si los líderes pudieran
aceptar esta distinción, es decir, que las preferencias de un subordinado directo no tienen por qué estar relacionadas con los requisitos
del trabajo, se permitirían muchas diferencias y excentricidades en
el lugar de trabajo. Los líderes se sentirían menos agredidos por las
superficialidades, menos obsesionados con la conformidad, y sus
subordinados directos se sentirían más bienvenidos. Se trata de una
visión brillante, destinada a iluminar el punto de vista de un líder
sobre los individuos de un equipo.

Yo vi el concepto desde el punto de vista de cómo ayudaba a los
ejecutivos convertirse en mejores líderes. No aprecié el poder de los grupos de referencia desde el otro lado, es decir, desde el punto de vista de
los miembros del grupo de referencia. Tampoco yo era muy experto
como para aplicar el concepto más allá del lugar de trabajo o, para el
caso, en mi propia vida. Durante décadas me he sentido frustrado por
personas, por lo demás inteligentes, cuyos valores sociales y conocimientos no tenían sentido para mí. ¿Cómo podían creer cosas que, al menos
para mí, eran tan ignorantes e ilógicas? Mi confusión persistió hasta bien
entrada la década de los sesenta. Entonces recordé el punto principal de
Roosevelt Thomas: si se conoce el grupo de referencia de las personas

—con quién o qué se sienten profundamente conectadas, a quiénes quieren impresionar, el respeto de quiénes anhelan—, se puede entender por qué hablan, piensan y se comportan como lo hacen. No tienes que estar de acuerdo con ellos, pero es menos probable que los descartes como si les hubieran lavado el cerebro o no estuvieran informados. Al mismo tiempo, te das cuenta de que tus opiniones pueden parecerles igualmente incomprensibles. Esto me hizo más tolerante y más empático. También me hizo pensar en la utilidad de los grupos de referencia. ¿Existe una estructura en la que pueda integrar la visión de Roosevelt para ayudar a la gente a cambiar su comportamiento?

Roosevelt Thomas era un gigante a cuyos hombros debería haberme subido mucho antes.

2. FEEDFORWARD

Feedforward es una palabra que empecé a utilizar tras una conversación con John Katzenbach cuando empecé a dar *coaching* a CEOs. Fue mi contrapunto a *feedback* («retroalimentación»), el término más común para el intercambio de opiniones en el lugar de trabajo. Mientras que el *feedback* comprende la opinión de la gente sobre tu comportamiento pasado, el *feedforward* representa las ideas de otras personas que deberías utilizar en el futuro. El *feedforward* fue el último elemento estructural en la campaña de doce a dieciocho meses de un cliente para cambiar un comportamiento acordado, después de que el cliente se comprometiera con el cambio, anunciara públicamente su intención de cambiar, se disculpara por el mal comportamiento anterior y pidiera a la gente que señalara cualquier reincidencia, agradeciendo siempre su ayuda. El paso de *feedforward* no fue complicado:

- Después de elegir el comportamiento que quieres cambiar, comunica tu intención en una conversación individual con alguien que conozcas.

- Pídele a esa persona —puede ser cualquiera, no necesariamente un compañero de trabajo— dos sugerencias que te ayuden a conseguir su objetivo.
- Escucha sin juzgar, y luego di «Gracias».
- No prometas que seguirás cada idea. Simplemente acéptala y promete hacer lo que puedas.
- Repite estos pasos con los demás interesados.

El *feedforward* tuvo un éxito inmediato entre los CEOs, poco acostumbrados a recibir consejos sinceros de sus subordinados. Llevó las discusiones sobre su comportamiento a la escala íntima de dos seres humanos hablando. Funcionó porque, aunque las personas de éxito no disfrutan necesariamente de las críticas, acogen con agrado las ideas para el futuro. Además, los CEOs no tenían que poner en práctica ninguna de las sugerencias. Solo tenían que escuchar y decir «gracias».

En algún momento, sugerí que los CEOs devolvieran el favor y pidieran a sus homólogos que identificaran algo que les gustaría cambiar, convirtiendo la conversación en un intercambio bidireccional. Los que daban los consejos no solían ser miembros del equipo directivo, sino que estaban más abajo en la organización. Sin embargo, el *feedforward* les permitía hablar de igual a igual con el jefe, como dos personas que se ayudan mutuamente. (Piensa en Barack Obama jugando al baloncesto con el personal de la Casa Blanca durante su presidencia. En la cancha, el rango no importa; todos —el presidente y sus compañeros y oponentes— son iguales).

El *feedforward* es un concepto muy fácil y bienvenido (porque es una idea o un consejo, no una crítica), incluso cuando se intercambia entre extraños. Fui uno de los oradores en un gran evento en Moscú, en un estadio con cincuenta mil personas, la mayoría de las cuales me escuchaban a través de una traducción. Pedí al público que se pusiera en pie. «Encuentra un compañero. Preséntate. Elige una cosa para mejorar. Pide que te den su opinión. Da las gracias. Pregunta a tu compañero qué le gustaría mejorar, y luego ofrécele tu opinión. Haz lo mismo con nuevos compañeros hasta que diga basta». El volumen y la temperatura de la sala se hicieron palpablemente más altos mientras yo permanecía en el escenario durante diez minutos y observaba a cincuenta mil personas que hablaban animadamente entre sí.

La estructura del *feedforward* creó algo que no se veía todos los días en los niveles superiores de una jerarquía corporativa: *reciprocidad con auténtica buena voluntad y sin juicios de valor.*

3. COACHING CENTRADO EN LAS PARTES INTERESADAS

La siguiente idea la tomé del conocido interrogatorio de Peter Drucker: «¿Quién es tu cliente y qué valora tu cliente?». Lo convertí en un *coaching* centrado en las partes interesadas. Entre las muchas ideas de Drucker, sostengo que su enfoque centrado en el cliente será el más duradero. Drucker creía que todo en la empresa comienza con el cliente. Cuando preguntaba «¿Quién es tu cliente?», nos estaba guiando para que adoptáramos su amplia definición de «cliente». Un cliente es mucho más que alguien que paga por un producto o servicio. Un cliente puede ser alguien a quien nunca conoces, como el consumidor final de tu producto o servicio, o la persona que toma la decisión de aprobar la compra, o un ciudadano que se dedica a refinar y reutilizar tu producto para sus propios fines, o una figura pública que puede influir en otros futuros clientes. Drucker señalaba que, dado que muchas situaciones de nuestra vida no son tan claramente transaccionales como el intercambio de «tú compras y yo vendo» entre vendedor y cliente —especialmente cuando no hay dinero que cambie de manos—, identificar al cliente en cada circunstancia puede ser un reto complejo. No es necesariamente quien tú crees que es.

Esta fue una idea que me impactó mucho. Con el tiempo, me di cuenta de que mis clientes también tenían que ampliar su definición de quién era su cliente; en primer lugar, por encima de todos los demás, eran todas las personas que trabajaban para mi cliente. Después de todo, los compañeros de trabajo del líder se beneficiaban personal y profesionalmente si este mejoraba su comportamiento. Así que cambié el término cliente de Drucker por el de «parte interesada», para recalcar a los clientes que sus empleados tenían una inversión personal, o un interés, en su mejora. Quería que mis clientes CEOs se consideraran líderes servidores, que siempre dieran prioridad a lo que sus empleados —es decir, sus partes interesadas— valoraban, antes de preocuparse por ellos mismos. La estructura que les proporcioné estaba centrada en las partes interesadas, no en los líderes. También era transaccional, ganaban todos. Los líderes se ganaban el respeto de sus empleados. Los empleados se ganaban la gratitud de los CEOs.*

Era una perspectiva nueva que tenía valor más allá del lugar de trabajo. Las personas que trabajan en empresas de cara al cliente no sobreviven si son groseras y desconsideradas con los clientes. Muestran su mejor comportamiento con el cliente, a menudo mejor que con sus compañeros de trabajo y su familia. Según mi experiencia, cuando los líderes se acostumbran a pensar centrados en los grupos de interés en el trabajo, esa consideración se filtra también en su vida personal. Son más amables con sus seres queridos, sus partes interesadas en el hogar. Cada uno de nosotros en su vida ha sido alguna vez un cliente. Cuando esto ocurre, es porque creas a tu alrededor un entorno más indulgente, servicial y amable. La gente acudirá en masa a un lugar así, y se quedará allí.

---

* El 19 de agosto de 2019, la Business Roundtable, en una declaración firmada por 181 CEOs, respaldó formalmente el concepto de beneficiar a todos los principales grupos de interés como el propósito de la corporación.

4. RPN

RPN son las siglas de Revisión del Plan de Negocio. Recordemos la forma en que el exCEO de Ford, Alan Mulally, estructuró una reunión semanal en una organización. Ya lo he comentado en el capítulo 3. Alan me explicó este brillante concepto de liderazgo cuando empezamos a trabajar juntos, pero no le presté toda la atención. Pensaba que era un esquema rígido para dirigir una reunión: hora y día fijos, asistencia obligatoria, cinco minutos para informar los progresos, colores de semáforo (rojo, amarillo, verde) para calificar las actualizaciones de estado, sin juicios, sin cinismo, y otras reglas; el tipo de estructura que fascinaría a un ingeniero superior como Alan. Se llevó el concepto a Ford y lo convirtió en la pieza central de su transformación de la fallida empresa automovilística. Si lo analizo con más detenimiento, veo que la RPN no era frío e incruento, sino que se basaba en un profundo conocimiento de las personas, como si Alan hubiera interiorizado las ideas de Drucker sobre el cliente y hubiera empleado la RPN semanal para tratar a su equipo ejecutivo no como sus subordinados directos, sino como partes interesadas en el éxito de los demás, con cada ejecutivo representando a grupos de partes interesadas adicionales (clientes, proveedores, miembros de la comunidad, etcétera). De este modo, cada uno de los miembros de la RPN era responsable tanto de sí mismo como del grupo, satisfaciendo su doble necesidad de validación interna y de pertenecer a algo más grande que ellos mismos.

Con la RPN, Alan, el ingeniero, había construido una inexpugnable fortaleza adaptable a cualquier empresa y objetivo. Ojalá pudiera descubrir cómo aplicarlo para ayudar a las personas de éxito a lograr un cambio positivo y duradero en su comportamiento.

5. EL FIN DE SEMANA DE «LO SIGUIENTE»

Alrededor de 2005 empecé a invitar a un puñado de clientes a mi casa para realizar sesiones de dos días de «¿Qué es lo siguiente?» para ayudarles a resolver la siguiente fase de sus vidas. Me mantuve en contacto con la mayoría de mis clientes mucho tiempo después de que terminara nuestro trabajo individual, hasta el día ineludible en que tuvieron que preparar a su sucesor y considerar su traslado. (Mi consejo era siempre el mismo: *mejor irse un año antes de lo que corresponde que quedarse un minuto de más.* En otras palabras, márchate ahora, en la cima. No esperes a que la junta directiva te pida irte. Los candidatos que están en la cola para sucederte no te guardarán rencor por ello). Incluso después de su marcha, seguí ayudándolos a decidir qué hacer a continuación. Ya sabía que los líderes de éxito tienen muchas opciones para el siguiente paso —consultoría, enseñanza, *private equity*, filantropía, consejos de administración, otro puesto de CEO, esquiar en Aspen—, pero un menú completo de opciones no facilita la elección. Cuando se puede hacer cualquier cosa, y ya no se necesita el sueldo, es fácil quedarse bloqueado, sin hacer nada. Un cliente se refirió a ello como «problemas del tercer acto». El descenso de la cumbre es siempre más peligroso que la subida.

La revelación más interesante tras unos cuantos episodios del fin de semana de «lo siguiente» fue lo aislados que se sentían muchos de los participantes y las ganas que tenían de hablar, sobre todo los antiguos CEOs. La cima del escalafón es un lugar solitario; pocos de ellos tenían compañeros con los que pudieran hablar con franqueza. Los fines de semana de «lo siguiente» les proporcionaron un lugar para hablar con personas que respetaban acerca de cualquier cosa, revelando que todos tenemos problemas similares y que, en el entorno adecuado —una sesión de grupo reducido que reúna a personas de distintos orígenes, pero en situaciones similares—, estamos dispuestos a abrirnos y compartirlos.

Estos fines de semana se convirtieron en el punto culminante de cada año.

6. PREGUNTAS DIARIAS

Somos buenos planificadores y malos realizadores. Las Preguntas Diarias son la herramienta que elegí hace una década y media para hacer frente a mi patrón constante de buenas intenciones seguidas de una ejecución poco fiable. Lo expliqué en detalle en *Triggers* (*Disparadores*), incluyendo una lista de las veintidós preguntas que ponen a prueba mi resolución diaria de hacer coincidir la ejecución con la intención, el hacer con la planificación. La clave: cada pregunta comienza con «¿He hecho todo lo posible para...?», seguido de un objetivo específico, como establecer objetivos claros, hacer ejercicio y no malgastar energía en lo que no se puede cambiar. Al final del día, puntúo cada pregunta desde un 1 hasta un 10, en función de lo bien que lo he intentado. El proceso mide el esfuerzo, no los resultados. No siempre podemos controlar el resultado, pero todos podemos controlar el esfuerzo. Como necesito ayuda para ceñirme al plan, hace unos años contraté a un *coach* para que me llamara cada noche para conocer mis resultados. Es la mejor rutina de cumplimiento que he encontrado para obtener el resultado deseado. Pero puede ser doloroso; es descorazonador poner regularmente unos y doses en los objetivos que dices que realmente te importan. Ello puede hacer que te rindas. Pero, si perseveras con ello, funciona. Para cualquier cosa.

Esto no lo he inventado yo. El mérito es de Ben Franklin, el padre fundador de la superación personal en Estados Unidos («Un centavo ahorrado es un centavo ganado»).

Además de incluir una lista de tareas diarias en su *Autobiografía* («Levantarse, lavarse y dirigirse a la *Poderosa Bondad*; planificar los asuntos del día y tomar la resolución del día; proseguir el estudio previo, y desayunar»), Franklin también describió un régimen de autocontrol a más largo plazo. Enumeró trece virtudes que buscaba para perfeccionar en él mismo.* En lugar de abordar las trece al mismo tiempo (el objetivo irreal por excelencia), Franklin eligió un valor a la vez y se concentró en él hasta dominarlo. Cada vez que vacilaba, lo anotaba en un libro y, al final del día, sumaba los fallos. Cuando el total llegaba a cero, declaraba la victoria y pasaba a la siguiente virtud. Aunque la rutina tiene más de 250 años, sigue siendo muy actual. (Me recuerda al ejercicio de tiro de la Regla de los 100 de Steph Curry, el jugador de la NBA: Curry practica tiros en suspensión desde cinco puntos de la cancha, sin pasar al siguiente hasta que emboca veinte tiros seguidos. Un fallo y vuelve a empezar de cero). Esta es la base inspiradora de las Preguntas Diarias.

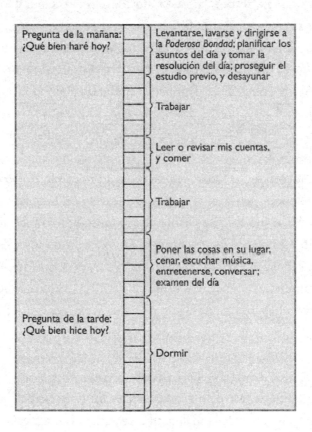

___

* Templanza, Silencio, Orden, Resolución, Frugalidad, Industria, Sinceridad, Justicia, Moderación, Limpieza, Castidad, Tranquilidad, Humildad.

7. 100 COACHES

Situarse en una comunidad es el elemento estructural más reciente que me he tomado en serio, y también el que me ha desvelado el rompecabezas de lo que vale la pena.

Cuando Ayse Birsel me pidió que nombrara a mis héroes, me hizo aspirar a algo que no podía prever. Decir en voz alta que Buda era mi héroe hizo que la bola se pusiera en marcha. Una de las cosas más interesantes de Buda es que vivió hace tres milenios y no dejó constancia escrita de sus enseñanzas y, sin embargo, se calcula que 560 millones de personas en el mundo practican el budismo. ¿Cómo ha sucedido esto? La respuesta: Buda dio todo lo que sabía y los receptores de su regalo corrieron la voz.

A mi manera, yo podría hacer lo mismo. La idea se me ocurrió durante mi paseo diario en mayo de 2016. En el momento en que volví a casa después de la caminata, tomé mi teléfono e impulsivamente hice un video selfie de treinta segundos en mi patio trasero ofreciendo enseñar todo lo que sé a quince solicitantes, con el único requisito de que cada uno de ellos prometiera hacer lo mismo en algún momento en el futuro. Lo llamé mi programa de 15 *coaches*. Publiqué el video selfie en Linkedin, esperando un pequeño goteo de respuestas. Un día después había recibido dos mil solicitudes, que finalmente llegaron a dieciocho mil. La mayoría de los solicitantes eran desconocidos. Pero también había nombres conocidos: entrenadores y estrellas académicas; ejecutivos de recursos humanos con los que había trabajado; empresarios y CEOs; y amigos. Amplié ligeramente mi ambición, seleccionando a veinticinco personas. Nos reunimos por primera vez a principios de 2017 en Boston, donde pude explicar el proceso de *coaching* y llegar a conocer mejor a cada uno de mis adoptados. Mi plan era hacer *coaching* con cada una de las veinticinco personas de la misma manera que llevaba a cabo mi *coaching* individual con líderes de éxito, con muchas llamadas de control y estando disponible. Era un gran compromiso de tiempo. En mis años de mayor actividad, podía atender a ocho clientes individualmente. Ahora estaba triplicando la carga de trabajo. Pero me parecía bien. En mi mente, se trataba de un proyecto heredado en el que consideraba a mis adoptados como veinticinco encargos individuales en lugar de un grupo colectivo. Si la empresa era una rueda, yo era el centro y ellos los rayos. La única cosa que tenían en común era *yo*. (Sorprendentemente, mi entusiasmo por cualquier cosa se dispara cuando soy el centro de atención).

No preveía que pudieran tener una idea mejor. La curva de aprendizaje de mi proceso de *coaching* es corta y mis adoptados resultaron ser unos estudiantes avezados. Al cabo de unos meses se dieron cuenta de que no me necesitaban. Más bien, se dirigieron unos a otros para intercambiar historias, ideas y apoyo. Mis futuros acólitos se estaban convirtiendo en su propio grupo de referencia. También estaban ansiosos por incorporar nuevos miembros, una idea que yo no había considerado pero que aprecié inmediatamente (las comunidades fuertes insisten en crecer, las débiles se niegan a hacerlo). En el plazo de un año, 25 *coaches* eran 100 *coaches*. No había ningún proceso de nominación o entrevista (no éramos un club de campo o una sociedad de honor). Si un miembro conocía a alguien que podía beneficiarse de estar en nuestro grupo esa persona estaba dentro, acogida como el adoptado particular de ese miembro. Esto hacía que el grupo fuera increíblemente diverso, algo siempre positivo.

Ya había hecho intentos irregulares de formar una comunidad profesional, pero 100 Coaches se estaba convirtiendo en algo especial. No sabía por qué hasta que empecé a oír que *coaches* de Londres, Nueva York, Boston y otras ciudades se reunían socialmente a lo largo del año. Cuando una integrante de Tel Aviv avisó al grupo que iba a visitar San Diego, los miembros locales me invitaron a una cena que habían organizado para ella. Fue una escena reveladora. En la sala no había autopromoción ni redes de contactos. Era más bien una reunión familiar sin tíos locos ni historias familiares estresantes, una reunión de personas en una zona libre de juicios para celebrar su suerte de haberse conocido.

Estas siete ideas tienen una cosa en común: no están pensadas para ser llevadas a cabo en solitario. Son más eficaces cuando participan dos o más personas. En otras palabras, los conceptos son más sólidos en un entorno que llamamos comunidad. Incluso el ritual de las Preguntas Diarias, que puede realizarse en solitario, funciona mejor con un compañero que compruebe cada noche tus resultados; aumenta tu responsabilidad y tu potencial para mantener el rumbo.

No me sorprende ni me entristece que haya tardado cuatro décadas en atar cabos. Tuve que ganarme cada idea a mi debido tiempo, cuando estaba preparado para escucharla. La RPN de Alan y sus ideas sobre la dinámica de grupo en una reunión semanal fueron sin duda un punto de inflexión. Un día me di cuenta de que, si podíamos tomar el implacable autocontrol de las Preguntas Diarias y combinarlo con los beneficios a largo plazo que proporcionaba la Revisión del Plan de Negocio de Alan, tendríamos una estructura que podría aplicarse a cualquier vida. Alan estuvo de acuerdo. Lo llamamos Revisión del Plan de Vida.

En enero de 2020, 160 miembros de nuestra creciente comunidad de 100 Coaches viajaron desde todo el mundo a una conferencia de tres días que organicé en San Diego. Mientras observaba a los miembros de 100 Coaches disfrutando ese fin de semana, me maravillé de la comunidad de gran corazón que había creado sin querer. No era más que un milagro.

Seis semanas más tarde, el mundo entró en un bloqueo pandémico y todo cambió. La pandemia de coronavirus constituía una grave amenaza para la salud, los medios de vida y la seguridad financiera de las personas, pero también era un ataque a nuestra comunidad de 100 Coaches. Los acontecimientos catastróficos ponen a prueba la salud de una comunidad. Los débiles se derrumban. Los fuertes intensifican su juego y se hacen aún más fuertes. ¿Cuáles éramos nosotros?

❶ Grupo de referencia
Las afinidades
tribales dan forma a
nuestras elecciones

❷ Feedforward
La otra cara del
feedback: ideas para
el futuro, no crítica
del pasado

**❸ Coaching centrado en
las partes interesadas**
¿Quiénes son tus
«clientes» y qué los
hace valiosos?

❹ Revisión del Plan de Negocio
Reunión semanal para informar
sobre el avance del «plan» sin
juicios ni cinismo

BPR

**❺ El fin de semana de lo
que sigue**
Sesiones de dos días
con un grupo
pequeño acerca de la
siguiente fase de la
vida

❻ Preguntas diarias
Monitoreo diario de
las tentativas para
ajustar la ejecución

❼ 100 Coaches
Creación de una
comunidad de personas
que se ayudan unas a
otras para mejorar, sin
ninguna otra agenda

Entre las presentaciones al grupo en San Diego antes del cierre estaba mi introducción, con la ayuda de Alan Mulally, del concepto de Revisión del Plan de Vida. Combinaba los elementos que yo valoraba para ayudar a las personas a lograr un cambio significativo, entre ellos el poder vinculante de la comunidad. La Revisión del Plan de Vida es un concepto que ayudó a fortalecer nuestro grupo en un año como ningún otro. Si solo te llevas una idea de estas páginas, que sea esta.

10

LA RPV

El objetivo de la Revisión del Plan de Vida, o RPV, es cerrar la brecha entre lo que planeas hacer en tu vida y lo que realmente haces.

Su método está contenido en las tres palabras que su nombre indica: Revisión, Plan, Vida. Parte de la base de que ya has decidido cómo quieres que sea tu *vida* y cómo será tu futuro si todo va de acuerdo con el *plan*. Pero, a diferencia de muchos otros sistemas de mejora personal orientados a objetivos, no se basa en exhortaciones para que seas más heroico en cuanto a motivación, hábitos, ingenio y valentía. La RPV es un ejercicio de autosupervisión: se te pide que realices una *revisión* semanal de tu esfuerzo por ganarte la vida que dices desear. Mide lo mucho que te esfuerzas, asumiendo tus fallos en lugar de tus fortalezas, respetando la probabilidad de que no llegues a la perfección la mayoría de las semanas. El grado de falibilidad, deficiencia e inercia que estés dispuesto a aceptar en tu vida y lo que hagas al respecto depende exclusivamente de ti. La RPV solo te pide que prestes atención a tu nivel de esfuerzo. No hay ganancia sin esfuerzo heroico. Y luego, como un entrenador que exige una serie más de abdominales, tiene una petición más: debes compartir tus resultados con otras personas —en una comunidad—, no solo para recitar números, sino para comparar notas y ayudaros mutuamente.

La RPV es una estructura simple de cuatro pasos que pierde gran parte de su poder sin una comunidad:

Paso 1. En la RPV, cada uno de los miembros de la reunión semanal se turnan para informar de sus respuestas a un conjunto fijo de seis preguntas que han sido documentadas para mejorar la vida. ¿He hecho todo lo posible para...

1. ... poner objetivos claros?
2. ... progresar en la consecución de mis objetivos?
3. ... encontrar el sentido?
4. ... ser feliz?
5. ... mantener y construir relaciones positivas?
6. ... estar totalmente comprometido?

Para responder a cada pregunta, debes indicar un número en una escala del 1 al 10 (el 10 es el mejor) que mide tu nivel de esfuerzo, no tus resultados. Separar el esfuerzo de los resultados es fundamental porque te obliga a reconocer que no siempre puedes controlar tus resultados (las cosas suceden), pero no tienes excusa para no intentarlo.

Paso 2. En los días que transcurren entre las reuniones semanales de RPV, se hace un seguimiento diario de estas preguntas para crear el hábito de la autoevaluación. Es un ritual tan necesario como desayunar o lavarse los dientes. Yo me autocalifico al final de cada día y comunico mis puntuaciones en una llamada a las diez de la noche con mi *coach*. Pero no soy doctrinario en cuanto al momento de responder a las preguntas. Algunas personas esperan hasta la mañana siguiente: prefieren consultar con la almohada sus respuestas y utilizar las puntuaciones altas o bajas del día anterior para motivarse en la nueva jornada. La clave es acumular los datos para poder ver patrones instructivos: ¿dónde hay una mala tendencia y dónde se tiene el control?

Siéntete libre de añadir tus propias preguntas a mi lista, o eliminar una pregunta o dos que no se aplican. No hay nada sagrado en estas seis preguntas, aunque cumplen gran parte de la prestación diaria recomendada de ingredientes nutricionales necesarios para conseguir una vida que valga la pena. La fijación de objetivos, la consecución de metas, el sentido, la felicidad, las relaciones y el compromiso son términos bastante amplios, pero lo suficientemente espaciosos como para dar cabida a todos los detalles, por extraordinarios o excéntricos que sean, de cada una de nuestras vidas. Podría haber incluido otras preguntas, como:

- ¿He hecho todo lo posible para expresar mi gratitud?
- ¿He hecho todo lo posible por perdonar a mi anterior yo?
- ¿He hecho todo lo posible para añadir valor a la vida de alguien?

Estas preguntas solían estar en mi lista. Pero llevo dos décadas haciendo este proceso. Es un proceso dinámico, lo que significa que debes mejorar y crear nuevos objetivos. Sería desalentador que no progresara haciendo esta revisión diaria y adaptando las preguntas a medida que cambiaba para mejorar. En el camino, me di cuenta de que no necesitaba seguir estas tres preguntas. Soy bastante bueno dando las gracias a los demás. Soy de primera clase al perdonarme a mí mismo. Y, cuando no me pagan por añadir valor a la vida de alguien, lo hago gratis. Las seis preguntas que quedan son existencialmente desafiantes y de gran alcance, y dudo que llegue a ser tan bueno en ellas como para dejar de intentarlo.

Paso 3. Revisa tu plan para comprobar su relevancia y necesidad personal una vez a la semana. Cuando mides el esfuerzo, estás controlando la calidad de tus intentos. Pero, de vez en cuando, también debes revisar el propósito de tu esfuerzo. ¿Estás haciendo un esfuerzo significativo para lograr un objetivo que ahora no tiene sentido?

El intento es un valor relativo, no es fijo ni objetivo ni preciso. Es una opinión de la única persona cualificada para tenerla: tú. Y cambia con el tiempo en el transcurso de la persecución de un objetivo. Por ejemplo, si un entrenador personal te pidiera que hicieras veinte flexiones en tu primera sesión de entrenamiento, ni siquiera con un 10 de esfuerzo conseguirías hacer las veinte flexiones. Seis meses más tarde, quien está en buena forma hará las mismas veinte flexiones con un esfuerzo de 2, relativamente fácil. Cuanto más tiempo hagas algo, menos esfuerzo necesitarás para hacerlo bien. Pero, al igual que la rana en el agua que se calienta lentamente, es posible que no te des cuenta de que el paso del tiempo reduce el nivel de tu esfuerzo. La tentación es conformarse con un menor esfuerzo para mantenerse en el sitio (es decir, seguir haciendo veinte flexiones); el reto es aumentar tu esfuerzo para alcanzar tu objetivo (es decir, aumentar tu carga de trabajo a treinta flexiones, luego a cuarenta, y así sucesivamente).

Revisar tu esfuerzo es una forma de reconsiderar el valor de tus objetivos. Si quieres mantener el objetivo, quizá sea el momento de recalibrar tu esfuerzo al alza. Si ya no estás dispuesto a hacer el esfuerzo requerido, tal vez sea el momento de establecer un nuevo objetivo.

Paso 4. No lo hagas solo. Este consejo se resuelve intrínsecamente por la característica clave de una reunión de RPV: es una actividad de grupo. Te sitúa en una comunidad de almas afines. El sentido común debería indicarte que revisar tu plan en la selecta compañía de otras personas es muy superior a hacerlo solo. ¿Por qué ibas a intentar cumplir un ambicioso plan de vida y negarte a compartir la experiencia con otra persona, sobre todo si no tienes que hacerlo? ¿Qué valor añadido aporta el esfuerzo realizado en solitario? Sería como hacer una tarta de cumpleaños para comerla solo o dar un discurso ante una sala vacía.

Pensemos en el golf. Aunque es una de las pocas actividades deportivas que pueden practicarse en solitario —también me vienen a la mente el esquí, la natación, el ciclismo y el atletismo—, es la que ofrece argumentos más convincentes para jugar con los demás. También es un modelo individualizado de los beneficios de la RPV.

Un golfista entusiasta jugará una ronda en solitario cuando los compañeros de juego no estén disponibles, esté presionado por el tiempo, o quiera trabajar en partes de su juego. Pero si se encuentra con otro jugador en solitario en el campo, los dos formarán inmediatamente una pareja. Es uno de los muchos ejemplos entrañables de la etiqueta del golf: los jugadores solitarios nunca se quedan solos si no lo prefieren.

Si pudiera elegir, el mismo golfista entusiasta siempre preferirá jugar en un *foursome* (dos equipos de parejas, en el que cada equipo usa una pelota), ya sea que el grupo esté formado por amigos, familiares o desconocidos. El golf es el más social de los deportes. Se recorre el campo juntos, charlando entre golpes sobre los negocios, las vacaciones o los acontecimientos del día. A veces incluso se hace una pausa a mitad de la ronda para compartir una comida.

Estos elementos de sociabilidad son la razón por la que un *foursome* de golf cumple todos los requisitos de una reunión bien dirigida, como la revisión semanal de tu RPV que estoy recomendando. El juego encarna las cuatro acciones de nuestra plantilla de ganancias, con la ayuda del tejido conectivo de la comunidad:

Exige *cumplimiento*. En un *foursome* serio, te presentas en el primer *tee* a la hora, juegas la pelota tal y como está (sin mejorar la situación), no tienes una segunda oportunidad (también conocidos como *mulligans*), cuentas cada golpe y cada penalización. Incluso hay un código de vestimenta.

Hace honor a la *responsabilidad personal*. El mérito o el descrédito de cada disparo es tuyo. No puedes culpar de tus fallos a nadie más. No puedes engañarte a ti mismo ni a los demás sobre la calidad de tu juego. Si estás oxidado o no estás preparado, o simplemente no eres tan bueno como dices ser, una ronda de golf expondrá la verdad.

Funciona con *seguimiento* y *medición*. Los jugadores llevan su puntuación y la de su compañero de juego. Informan de su puntuación después de cada hoyo. Tú publicas tu puntuación en una base de datos pública para mantener un índice de hándicap honesto. Y, por mucho que te empeñes en recalcar tus buenos golpes y pasar por alto los malos en la revisión posterior a la ronda con tus compañeros de juego, la única prueba admisible es lo que está escrito en tu tarjeta de puntuación. El juego no tolera hechos alternativos.

Lo más importante es que el juego encarna lo que valoro en una comunidad. Hay reglas de comportamiento. No se toleran los juicios ni el cinismo. Se aplaude el tiro bien ejecutado de un jugador y no se dice nada desagradable sobre uno malo. Ayudas a buscar la pelota perdida de otro jugador.

También es una comunidad cuyos miembros se comprometen a mejorar y a compartir sus ideas con los demás. Esta no es una distinción insignificante. A diferencia de la mayoría de los deportes individuales, el golf puede ser una experiencia de aprendizaje. Si me enfrento a un lanzador profesional de béisbol o al jugador profesional de tenis del club, lo único que aprenderé es la humillación de que no estoy ni remotamente en su liga. No es así en el golf. Los jugadores mediocres quieren jugar con los mejores, sabiendo que pueden elevar su juego simplemente observando a los jugadores realmente buenos: la mecánica de su *swing,* su ritmo suave, la disciplina de su rutina previa al tiro. Los mejores jugadores lo agradecen; son muy generosos con los consejos si se les piden (eso es *feedforward*).

Es una comunidad que no tiene en cuenta el género, en la que cualquiera puede ser igual o superior a otro en cuanto a habilidad y puntuación. En presencia de un buen golfista, no hay condescendencia ni interrupciones, solo respeto.

El golf bien hecho venera la meritocracia y la justicia. Nada se da. Todo se gana: el resultado de la práctica, la maximización del talento y el afán de mejora constante. Encarna nuestra definición de una vida merecida porque las elecciones, los riesgos y los esfuerzos que hacemos pueden estar directamente relacionados con una experiencia que valoramos, independientemente de nuestra puntuación.

Si sustituyes en los párrafos anteriores la palabra *golf* por *reunión de RPV*, tienes todas las razones para adoptar la RPV y convertirlo en un ejercicio de grupo. No te desanimes porque formar un grupo de RPV te parezca algo abrumador (un dolor de cabeza logístico, demasiados problemas, más riesgo que recompensa). Créeme, no lo es. Es una reunión semanal que puede salvar tu día, tu año, tu mundo. Lo sé, porque salvó el mío.

El 5 de marzo de 2020, Lyda y yo comenzamos el proceso de venta de nuestra casa durante treinta y dos años en los suburbios de San Diego y nos mudamos a un apartamento de un dormitorio que alquilamos a unos dieciséis kilómetros, en La Jolla, con vistas al océano Pacífico. Fue un cambio de estilo de vida importante, pero no inesperado para nosotros. El plan inmediato era buscar una casa en Nashville para poder ver crecer a nuestros nietos gemelos de cinco años. Imaginamos que acamparíamos en nuestro nuevo apartamento de un dormitorio durante unas semanas mientras hacíamos viajes a Nashville, encontrábamos un lugar cerca de nuestra hija Kelly y sus hijos, llenábamos la nueva casa con los muebles que habíamos guardado en el depósito y nos instalábamos para disfrutar de nuestros años de abuelos. Profesionalmente, la mudanza no fue un trastorno, solo un cambio de lugar. Aún tenía dos años más de trabajo con clases y conferencias, la mayoría de ellas en el extranjero. Estaba más comprometido que nunca con la comunidad de 100 Coaches. Tenía que escribir un libro.

Seis días después, todos nuestros planes se esfumaron. Al igual que muchos estadounidenses, puedo precisar el momento: el miércoles 11 de marzo por la noche, cuando me enteré de que la NBA había suspendido el resto de la temporada 2020, incluidas las eliminatorias y las finales, debido a la incipiente pandemia de coronavirus. Por alguna razón, la repentina desaparición de un importante deporte profesional del calendario nacional fue el punto de inflexión en el que los líderes y ciudadanos estadounidenses se dieron cuenta de que «esto va en serio». Una semana más tarde,

California estaba en cuarentena, los viajes aéreos se suspendieron, mis conferencias fueron canceladas y yo miraba al océano Pacífico. Lyda y yo estaríamos bien. Ella vive en el presente incluso más cómodamente que yo. No miramos hacia atrás ni nos arrepentimos de haber abandonado nuestra casa, mucho más grande, una semana antes de tiempo. La vida seguía siendo buena, y además teníamos vistas al mar.

Yo estaba más preocupado por la comunidad de los 100 Coaches. Apenas seis semanas antes, Alan Mulally y yo habíamos pasado cuatro horas enseñando el concepto RPV a 160 miembros de nuestro grupo 100 Coaches en el Hyatt Regency, cerca de La Jolla. El primer caso de COVID-19 en California se confirmaría unos días después. Pero no nos dimos cuenta. El futuro estaba abierto de par en par. Ahora me preocupaba. Si mi negocio de conferencias podía desaparecer en un instante, ¿qué ocurriría con los *coaches*, profesores y consultores más jóvenes y menos establecidos de nuestra comunidad, que no tenían el mismo colchón que el resto de nosotros? Debían estar agonizando. Los académicos y los altos ejecutivos de 100 Coaches pueden valerse por sí mismos. Pero ¿qué pasa con los numerosos empresarios del grupo, como el restaurador David Chang, mi cliente de *coaching* y querido amigo, cuyo imperio Momofuku se vería seguramente amenazado por una pandemia viral? Si fuéramos abejas, pensé, estaríamos en la fase inicial, pero de rápido empeoramiento, del colapso de la colonia.

Sentí como si Buda me estuviera poniendo a prueba, diciendo: «Bien, amigo. ¿Querías un proyecto de legado? Ahora esta es tu familia. Vas a tener que ganarte tu legado cada día protegiéndola».

Por primera vez en mi vida adulta, tenía tiempo libre, ningún vuelo que tomar, ninguna reunión a la que asistir, ningún día de agobio en mi agenda. Lyda y yo estábamos encerrados, tratando de mantenernos a salvo. Lo único que yo conservaba era el sentido de responsabilidad hacia 100 Coaches y un renovado sentido de propósito para protegerlo.

Así que abrí una cuenta de Zoom, tomé un rincón del pequeño apartamento como «estudio» y anuncié que organizaría un seminario poco estructurado todos los lunes a las diez de la mañana. Todo el mundo estaba invitado. Comenzaría con una charla de veinte minutos sobre un solo tema, y luego los miembros se dividirían en grupos de tres o cuatro para debatir una o dos preguntas que les planteara antes de volver al grupo entero para informar de lo que habían aprendido. El número de personas que participaban en la convocatoria pasó de treinta y cinco al principio a más de cien en algunas ocasiones. Era un grupo internacional muy diverso, procedente de todos los continentes excepto la Antártida (nota para mí: tengo que trabajar en la campaña de afiliación en el Polo Sur). Muchos llamaban desde zonas horarias en las que era medianoche. Algunas semanas comenzaban con nuestra propia versión de un informe de noticias de última hora de la CNN; por ejemplo, Omran Matar, el abogado convertido en consultor del bloque oriental de Bielorrusia, poniéndonos al corriente en tiempo real de la revolución que se estaba produciendo en las calles de Minsk justo al otro lado de su ventana. Simplemente, el hecho de ver las caras y escuchar las voces de una comunidad global era lo que tenía valor. Con el tiempo me enteré de que Zoom tiene una función de chat y de que, mientras yo estaba prestando servicio, mucha gente se enviaba mensajes entre sí, como si fueran estudiantes de secundaria que se pasaban notas en clase y establecían llamadas entre ellos más tarde. Pensé que estaba protegiendo a la comunidad, pero el verdadero trabajo lo estaban haciendo los miembros a un nivel más granular. Se estaban salvando unos a otros.

En junio de 2020, estaba claro que la pandemia no estaba desapareciendo y que Lyda y yo no nos mudaríamos a Nashville hasta al cabo de un año o más. Con todo el mundo atrapado en casa, la comunidad de 100 Coaches ofreció la oportunidad perfecta para probar la versión beta de la RPV (que les habíamos presentado cinco meses antes, justo antes del *lockdown*) en un grupo de trabajo.

Conseguí que cincuenta miembros se comprometieran a responder a las seis preguntas básicas de la RPV y a comunicar sus resultados en una llamada de Zoom cada sábado o domingo por la mañana durante diez semanas. Repetí mi advertencia habitual sobre la auto-supervisión basada en el esfuerzo: «Es fácil de entender. Muy difícil de cumplir».

Cuando las personas con éxito se ven obligadas a calificarse a sí mismas en función de su esfuerzo y deben enfrentarse a su insufi-ciencia en el simple hecho de intentar alcanzar un objetivo que han elegido, suelen abandonar después de dos o tres semanas. Sin embar-go, la mayor parte de las veces se sienten avergonzadas por haber fracasado en una prueba que habían escrito. Esperaba que hubiera diez abandonos en nuestro grupo de cincuenta personas, lo que su-pone una tasa de abandono del 20 %.

Mi socio de *coaching*, Mark Thompson, y yo organizamos seis llamadas consecutivas de una hora para ocho personas cada fin de semana de ese verano. La asistencia era obligatoria, pero resultó ser un problema. Nadie faltó. Ni una sola vez. Los miembros del grupo podían elegir entre las 9:00, las 10:30 o las 12:00 horas del sábado o del domingo. Algunos se mantuvieron en el mismo horario, otros cambiaron, lo que añadió un aspecto no científico a mi estudio in-formal. La gente no tenía que rendir cuentas al mismo grupo de personas cada semana. Por otro lado, seguro que había un mayor entusiasmo por el proceso porque la gente no sabía a quién iba a ver en la llamada cada semana. Mi trabajo consistía en asegurarme de que cada uno se reuniera con los demás al menos una vez.

Diez semanas no son suficientes para establecer un cambio posi-tivo duradero en objetivos complejos como el compromiso y la bús-queda de sentido y la reparación de las relaciones. Es una petición demasiado grande en tan poco tiempo, y tampoco es congruente con el propósito de la RPV. Se supone que debe durar toda la vida. Pero diez semanas son suficientes para proporcionar algunos indicadores sólidos de su valor.

Todos anotaron sus puntuaciones semanales, por lo que los progresos o retrocesos fueron fáciles de medir. A lo largo de diez semanas, las puntuaciones de esfuerzo de los miembros aumentaron de forma constante. A la décima semana, las personas que habían empezado con una puntuación inferior a 5 en esfuerzo se situaban regularmente en el rango de 8 a 10. Mi conclusión fue que, si puedes pasar las primeras semanas sin rendirte, es inevitable que alcances un cierto nivel de éxito. Revisar las puntuaciones cada semana en público añade responsabilidad, tanto al grupo como a ti mismo. Cuando veas que estás logrando avances constantes, será menos probable que aceptes volver a caer en los niveles más bajos.

Este es el principal beneficio de la RPV. En cuestión de semanas notarás cómo te obliga a enfrentarte a la dura pregunta: «¿Qué he hecho realmente esta semana para avanzar en mis objetivos?». Dada nuestra tendencia a planificación superior, pero a una ejecución inferior, es una pregunta que preferimos evitar. La RPV elimina esa opción. Por eso las puntuaciones de los participantes empiezan a mejorar tan rápidamente. La alternativa —es decir, la de informar de las malas puntuaciones obtenidas al intentarlo semana tras semana— es demasiado dolorosa.

Hemos hecho la estructura de la RPV lo más sencilla posible, porque las estructuras sencillas de autosupervisión son más fáciles de seguir y, por tanto, es menos probable que se abandonen a mitad de camino. Cada día, evalúas tu esfuerzo en seis o más objetivos de tu elección y, a continuación, comunicas tu promedio de puntuación de cada pregunta en un grupo semanal. ¿Qué difícil puede ser eso?

Antes de 2020 habría dicho que el requisito de sociabilidad —que personas que no trabajan juntas tengan que reunirse en persona a la misma hora cada semana— representaba la característica más difícil de la RPV. ¿Cómo conseguir que la gente ocupada se presente cada semana? Pero la pandemia de COVID y la salvación de las aplicaciones de videoconferencia como Zoom se encargaron de ese problema. Todos nos hemos acostumbrado a vernos las caras en las pantallas y no en persona.

Sin embargo, como sabe cualquier líder de éxito, el destino de cualquier equipo empieza y termina con la selección de personal. ¿Cómo elegir a los personajes del grupo de RPV para que sean lo más interesantes posible y los miembros quieran volver cada semana? Zoom por sí solo no resuelve ese eterno enigma. Necesitas una estrategia para crear un grupo que aparezca cada semana y que le guste.

Apuntar a la máxima diversidad. Esta fue la gran lección que aprendí del éxito de mis sesiones anuales de «Lo siguiente» (*what's next?*). Comienza con una división equitativa de los miembros según su género, algo siempre imprescindible. A continuación, mezcla y combina a las personas según la edad, la cultura, la nacionalidad, el rango profesional y la línea de trabajo. No des por sentado que personas radicalmente diferentes no se mezclan bien o no se interesan por los demás. Las personas con éxito son innatamente curiosas. La diversidad debe destacarse, no modularse. Ese es el objetivo de la diversidad: cuanto mayores sean las diferencias entre las personas de una reunión, más frescos y sorprendentes serán los puntos de vista que se compartan. Cuando elegí a las cincuenta personas para el primer experimento de diez semanas de RPV, me basé en el modelo de Noé llenando su arca, con dos de cada especie como máximo. Una sesión típica contaba con la presencia de Jan Carlson, CEO del mayor fabricante europeo de cinturones de seguridad y otros sistemas de seguridad para automóviles, que llamaba desde Estocolmo; Gail Miller, una abuela que dirige una extensa empresa familiar en Utah; Nankhonde van den Broek, una profesional sin ánimo de lucro de treinta y nueve años de Zambia, que se hace cargo de la empresa de su difunto padre; Pau Gasol, la estrella de la NBA de treinta y nueve años que se encuentra en el final de su carrera; el Dr. Jim Downing, cirujano que dirige el St. Jude Children's

Research Hospital, en Memphis; Margo Georgiadis, directora general de Ancestry, en Boston, que estaba a punto de perder su trabajo por la venta de Ancestry a un grupo de capital privado, y Marguerite Mariscal, la directora general de treinta y un años que ayuda a Dave Chang a reorganizar su imperio de restaurantes. Puede que estas siete personas no se sienten en la misma mesa de boda, pero en una reunión semanal de grupo en la que todos compartían los mismos objetivos de superación, la química era palpable. La diversidad hace eso.

El tamaño del grupo depende más de la incorporación de las personas adecuadas y de la exclusión de las que no lo son. Si tienes alguna duda acerca de si una posible elección agregará valor al grupo, no ignore tus preocupaciones simplemente porque quieres completar el grupo y alcanzar tu idea de un número adecuado de personas. Es mejor dejar fuera a un candidato que permitirle que acabe con el ambiente del grupo. Yo recomendaría un grupo de no menos de cinco personas, ni más de ocho. Y no dejes que la reunión dure más de noventa minutos.

La RPV no es una terapia. Es una reunión de personas de éxito con objetivos comunes para el futuro, no una sesión de quejas para personas sin éxito con problemas. Y por éxito no me refiero a personas que se miden únicamente por su impresionante estatus, poder y sueldo. Se buscan personas de todo tipo que compartan el mismo optimismo por mejorar. No son víctimas ni mártires. Hazlo y siempre tendrás una sala llena de iguales en la que nadie está demasiado intimidado para hablar o demasiado satisfecho de sí mismo para escuchar.

Alguien tiene que dirigir el grupo. Si el grupo de RPV fue idea tuya, entonces tú eres responsable de dirigir la reunión, preferiblemente con un toque ligero en lugar de un puño pesado. De lo contrario, tu RPV puede convertirse, como dijo un colega *coach*, en«sobreestructurado e infrautilizado». De la misma manera que Alan Mulally fue siempre el facilitador de sus reuniones de RPN en

Boeing y Ford (porque fue su idea), Mark Thompson y yo fuimos los facilitadores en nuestras RPV. Se trata más bien de una tarea administrativa —llamar a la gente, hacer avanzar las cosas, hacer cumplir la regla de «no juzgar», mantener el ambiente de espacio seguro— que un papel de *coach*. Hasta que el grupo aprenda a autogobernarse, asume que todos esperan que tú mantengas el tren en marcha a tiempo.

En el camino, también notarás otros beneficios de la RPV:

1. PUEDES APLICARLA A CUALQUIER OBJETIVO

Cuando Alan Mulally y su mujer, Nicki, criaban a sus cinco hijos en Seattle, adaptó la revisión del plan de negocios que utilizaba con su equipo en Boeing a una revisión del plan familiar en casa. Los domingos por la mañana, Nicki, él y sus cinco hijos se presentaban con sus calendarios y revisaban lo que cada uno tenía que hacer y el apoyo que necesitaba para superar la semana. Lo importante para Alan era cómo equilibrar las cinco áreas de su vida (profesional, personal, familiar, espiritual y recreativa). Revisaba su calendario a diario, comprobando siempre que estaba haciendo lo que quería hacer y marcando una diferencia positiva en una de esas cinco áreas. Si veía que las cosas se desequilibraban, corregía el rumbo y cambiaba su calendario. Así era también cómo la familia nunca perdía el contacto con los demás.

La RPV no tiene por qué limitarse a la consecución de una vida merecida en el sentido más amplio. Se puede aplicar a cualquier estación del camino hacia la vida ganada, a cualquier objetivo, grande o pequeño. Por ejemplo, digamos que decides que quieres hacer algo por el medio ambiente en lugar de hablar de él todo el tiempo. ¿Qué te impide encontrar a media docena de personas con ideas afines al medio ambiente, establecer objetivos personales y revisarlos cada semana en un grupo de trabajo? Estás adaptando el proceso de RPV a tu propia Revisión del Plan Medioambiental. El objetivo puede ser más estrecho y centrado, pero el reto no es menos severo. Cada semana, tú tienes que enfrentarte, con los demás miembros, a la pregunta sin tapujos: «¿Qué he hecho esta semana para ayudar a salvar el planeta?». En efecto, estás determinando si te has ganado la semana o la has perdido.

La aplicación del proceso de RPV a cualquier reto profesional o personal solo está limitada por tu imaginación y tu capacidad de reclutar personas para que se unan a ti.

2. EL ESPACIO SEGURO TAMBIÉN NOS MANTIENE A SALVO DE NOSOTROS MISMOS

Los participantes aceptan y cumplen al instante la atmósfera de no cinismo y no juicio de una reunión de RPV, con una excepción: cuando hablan de sí mismos. De alguna manera, los miembros del grupo piensan que están exentos de las reglas del espacio seguro de RPV si su negatividad no se dirige a los demás. De las sesenta sesiones que dirigí en nuestra primera temporada de RPV, no recuerdo ninguna en la que no haya tenido que interrumpir a uno o dos participantes en medio de un duro juicio de autocrítica sobre su comportamiento pasado. Por lo general, se trata de una confesión casual sobre una supuesta deficiencia («no se me da bien»). Yo agitaba con urgencia mis brazos, diciendo: «¡Para, para, para!» Luego les hacía levantar la mano, decir su nombre y repetir después de mí: «Aunque no haya sido bueno para X en el pasado, ese era un yo anterior. No tengo ningún defecto genético que me impida cambiar a mejor». Suelen captar el mensaje la primera vez que les pillan: Un espacio seguro es para todos, incluidas para las personas que hemos sido.

3. LA MEDICIÓN DEL ESFUERZO PERMITE DEFINIR LO QUE ES IMPORTANTE

Cuando Garry Ridge, el veterano CEO de WD-40 (sí, la lata azul y amarilla con la tapa roja que está en la casa de todo el mundo) informaba de sus puntuaciones semanales en nuestro grupo de RPV, siempre se estancaba en «¿He hecho todo lo posible por encontrar el sentido?». Durante seis semanas consecutivas, anotaba un 5 neutro, explicando que le costaba definir sus criterios de «sentido». Es importante conocer este hecho sobre Garry: volvió a estudiar y obtuvo un máster en liderazgo después de convertirse en CEO de WD-40, lo que es como si un actor se inscribiera en clases de interpretación después de ganar un premio de la Academia. Es un buscador que se toma en serio la práctica de la gestión y está aprendiendo constantemente. La RPV se ajusta directamente a esta faceta de Garry Ridge. Estaba decidido a concretar su definición de encontrar el sentido. Tras seis semanas escuchando a los miembros del grupo describir sus criterios de sentido y rascando para encontrar su propia definición, Garry apareció con la respuesta en la séptima semana: Encuentro sentido, dijo, cuando el resultado de lo que hago me importa y ayuda a los demás. Tal vez no sea una idea que te sorprenda, pero sí lo fue para Garry.

No fue un incidente aislado. Cuando Theresa Park, una agente literaria neoyorquina convertida en productora de cine, dijo al grupo que para ella la felicidad no era necesariamente «una sensación de ligereza», pude ver cómo todos asentían, considerándolo una epifanía que redefinía inmediatamente la felicidad para ellos. Del mismo modo, cuando Nankhonde van den Broek, que llamaba desde Zambia, refiriéndose a su principal objetivo como nueva líder de una organización, dijo: «Quiero observar el tornado sin contribuir a él», los directivos del grupo aplaudieron esa idea, como si pudieran ponerla en práctica inmediatamente.

Esto es lo que ocurre en la RPV: las ideas y la claridad te sorprenden, porque (a) cada día tienes que medir tu esfuerzo en tratar temas significativos,* y (b) al final de la semana estás expuesto a gente inteligente, que discute esos temas. Todo lo que tienes que hacer es presentarte y agarrar las pepitas de oro que salen de los labios de todos.

4. HAZ QUE LA ESTRUCTURA RÍGIDA TRABAJE PARA TI

Las reglas de una RPV son pocas, pero estrictas: presentarse cada semana, ser amable e informar de los resultados. Pero, incluso con las estructuras más rígidas, siempre se puede encontrar espacio para improvisar dentro de los límites. Después de algunas semanas de sesiones, introduje dos preguntas para cada participante para concluir la reunión: *¿Qué has aprendido esta semana?* y *¿De qué estás orgulloso esta semana?* No pretendía provocar a nadie; solo tenía curiosidad. Se convirtió en una característica permanente de nuestras sesiones.

En otra ocasión, cuando vi a un nuevo miembro visiblemente dolorido emocionalmente (2020 fue un año duro para mucha gente), convoqué una audición. Pedí a cada miembro que le diera al novato un consejo que le ayudara (*feedforward*). La sesión duró treinta minutos más de lo habitual, pero creo que se sintió profundamente conmovido por la preocupación y la generosidad de todos. A la semana siguiente, era un hombre cambiado.

La característica más valiosa de la RPV es que la gente está allí para ayudarse mutuamente. Si durante la reunión ves una oportunidad para mejorar la vida de alguien, aprovéchala. Improvisa. Juega con el formato. Llama a tu audiencia. (Y avísame, también me ayudarás a mí).

---

* Debo esta idea sobre el valor de medir el esfuerzo en lugar de los resultados a mi hija Kelly Goldsmith, que me enseñó la diferencia entre hacer preguntas «activas» y «pasivas». «¿Tienes objetivos claros?» es pasiva. «¿Hiciste todo lo posible por establecer objetivos claros?» es activa, porque pone la carga en ti y no en tu situación.

5. LO QUE OCURRE DESPUÉS DE LA RPV PUEDE SER MÁS SIGNIFICATIVO QUE LO QUE OCURRE DURANTE LA RPV

Lo aprendí en mis grupos de Zoom de los lunes cuando descubrí que muchos miembros se conectaban después y se ayudaban mutuamente. Vi que este fenómeno se repetía con las RPV. No debería haberme sorprendido, dada la naturaleza confesional de los comentarios en una RPV. Al fin y al cabo, se pide a la gente que hable de sus objetivos, su felicidad y sus relaciones. No están dando un informe de progreso sobre las ventas de unidades de crema hidratante en el Dallas-Fort Worth Metroplex. La honestidad emocional invita a la honestidad recíproca. Motiva a las personas a ayudarse mutuamente. Y así se conectan.

Uno de los placeres secundarios de presentar la RPV a la gente es la facilidad con la que incorpora los siete conceptos epifánicos que han dado forma a mi carrera como *coach*. Las personas que siguen la RPV semana tras semana son esencialmente su propio grupo de referencia, manteniendo las mismas creencias sobre la mejora y el beneficio mutuo. Utilizan al máximo el *feedforward*, es decir, la piden y la ofrecen sin juzgarla, sólo con gratitud. La RPV está *centrada en las partes interesadas*, ya que la mentalidad que rige las sesiones es que todos son partes interesadas en el progreso de los demás. En cuanto a la estructura (una sesión de información sobre el progreso o el retroceso), la frecuencia de las reuniones (semanal) y la actitud (estamos reunidos para aprender y ayudar), son una derivación de la *Revisión del Plan de Negocio* de mi amigo Alan Mulally. En lo que se refiere a la diversidad de sus miembros y a la honestidad desnuda entre ellos, es una copia de mis sesiones anuales de *Lo siguiente* con los clientes. Utiliza mi proceso de autocontrol de *Preguntas Diarias*. Por último, aprovecha el poder de la comunidad que llegué a apreciar con la formación de nuestra *comunidad de 100 Coaches*.

Después de que terminara la primera temporada de nuestro experimento RPV, la semana anterior al Día del Trabajo, empecé a recibir llamadas y mensajes de texto de los miembros preguntando cuándo iba a empezar la segunda temporada. Echaban de menos las reuniones semanales, algo que no oigo a menudo. Las personas ocupadas rara vez se quejan de que no van a suficientes reuniones. Y, sin embargo, ahí estaban, sufriendo el síndrome de abstinencia de la RPV. Lo consideré una prueba de concepto. Me decía que la RPV es una estructura que va más allá de un mero objetivo, como mejorar en X o, para el caso, ser mejor persona, jefe o pareja. Podría abordar nuestras aspiraciones más básicas y ayudarnos a encontrar la plenitud, y hacerlo de forma continuada, como si el proceso de intentar vivir una vida ganada fuera una virtud digna de convertirse en su nuevo hábito. Las peticiones de una segunda temporada eran la prueba de que la RPV estaba funcionando mejor de lo que imaginaba. No solo daba a la gente más capacidad de decisión sobre su progreso en la vida —una mayor sensación de que se la estaba ganando en lugar de recibirla—, sino que volvían a por más. No querían abandonar una comunidad en la que todo el mundo aspiraba a lo mismo que ellos.

Cuando digo que la RPV salvó mi mundo, me refiero a esto. Me recordó la idea de Lao Tzu sobre el liderazgo: «Un líder es mejor cuando la gente apenas sabe que existe; cuando su trabajo esté hecho, su objetivo cumplido, dirán: "Lo hicimos nosotros mismos"». En un año peligroso y difícil, me propuse proteger a la comunidad de los 100 Coaches, y la comunidad acabó protegiéndose a sí misma.

11

EL ARTE PERDIDO DE PEDIR AYUDA

En su esencia, la RPV es un mecanismo de responsabilidad. Nos hace más responsables de nuestro comportamiento al hacernos responder por otras personas. Nos recuerda que debemos medir lo que es importante en nuestras vidas y, como resultado, ataca una de nuestras debilidades humanas más persistentes: nuestro fracaso de cada día para hacer realmente lo que decimos que queremos hacer. Este beneficio por sí solo hace de la RPV una valiosa ayuda para lograr una vida ganada. Cuanto más capaces seamos de salvar la distancia entre nuestras acciones, ambiciones y aspiraciones, más se sentirá nuestro progreso validado y, por tanto, ganado. Entre las muchas predicciones sorprendentes de Peter Drucker sobre la gestión se encuentra esta: «El líder del pasado sabía contar; el líder del futuro sabrá pedir». Pronto me di cuenta de que la RPV ofrecía un beneficio menos obvio pero igualmente valioso para nosotros. Simplemente, al elegir participar en el proceso de RPV, estamos superando uno de los mayores obstáculos para vivir una vida ganada: *estamos pidiendo ayuda*. El mito del individuo que se hace a sí mismo es una de las ficciones más sagradas de la vida moderna. Perdura porque nos promete una recompensa justa y feliz que está a la altura de nuestra persistencia, ingenio y trabajo duro. Como la mayoría de las promesas irresistibles, merece nuestro escepticismo.

No es imposible alcanzar el éxito por ti mismo hasta el punto de que pueda calificarse de que te hayas hecho a sí mismo. La pregunta más destacada es: ¿Por qué querrías hacerlo cuando seguramente podrías lograr un mejor resultado si contaras con la ayuda de la gente en el camino? Una vida merecida no es más «ganada» o gloriosa o gratificante —ni siquiera más creíble— por el hecho de que hayas intentado conseguirla tú solo.

Somos demasiados los que tratamos de ir por nuestra propia cuenta. Nuestra reticencia casi clínica a pedir ayuda no es un defecto genético, como el daltonismo o la sordera. Es un defecto adquirido, un fallo de comportamiento que estamos acostumbrados a aceptar desde una edad temprana. No fue en mis clases de psicología organizativa de la escuela de posgrado done aprendí cómo las empresas desalientan astutamente la petición de ayuda. Tuve que aprenderlo en el trabajo.

En 1979 trabajaba en la sede de IBM en Armonk (Nueva York), en una época en la que IBM era la empresa más admirada del mundo, el estándar de oro en gestión. IBM tenía un problema: no se percibía internamente que sus gerentes hicieran un buen trabajo de *coaching* con sus subordinados directos. Me llamaron para que revisara el programa de IBM en el que se formaba a los directivos para que fueran buenos *coaches*. A lo largo de los años habían gastado millones de dólares en el programa, con una mejora insignificante. Los directivos seguían siendo malos en el *coaching* de sus subordinados directos. Me invitaron a Armonk para que viera de primera mano qué era lo que fallaba y por qué. Cuando me reuní con los empleados, la entrevista típica era así:

Pregunté a los que reportaban directamente a los directivos:

P: ¿Su jefe hace un buen trabajo de *coaching?*
R: No.

Pregunté a los directivos:

P: ¿Sus subordinados directos le piden alguna vez que les haga *coaching?*
R: No, nunca.

De vuelta a los que reportaban directamente a los directivos.

P: ¿Pide a su jefe que le haga *coaching?*
R: No.

Con curiosidad por el sistema de valoración del rendimiento en IBM, analicé las evaluaciones de fin de año de los empleados y descubrí que IBM define a un trabajador de alto rendimiento así: *Desempeña eficazmente su trabajo sin necesidad de coaching.* Básicamente, IBM había creado un círculo vicioso en el que, si el jefe ofrecía *coaching,* se incentivaba al empleado a responder: «No, gracias, jefe. Me desenvuelvo con eficacia sin necesidad de *coaching*». (¡Increíble, pero cierto!)

Me gustaría decir que el dilema de IBM era único. Pero no lo era; eran simplemente el patrón de las empresas que cometían el mismo error. Comenzaba en los niveles más altos de la dirección de IBM, pocos de los cuales se degradarían admitiendo que necesitaban ayuda. Pedir ayuda se consideraba un signo de debilidad. Se pedía ayuda cuando (a) no se sabía algo, (b) no se podía hacer algo, o (c) se carecía de recursos. En otras palabras (más peyorativas), pedías ayuda debido a tu:

- ignorancia,
- incompetencia, o
- necesidad.

Ninguna de estas cosas es bien vista. Dado que la gente de cualquier organización tiende a modelar su comportamiento según el de sus jefes, la actitud del CEO sobre la búsqueda de ayuda fluyó rápidamente hacia abajo en la escala jerárquica y se instaló para que todos la emularan. Claro que las empresas contrataban activamente a formadores para que impartieran clases sobre temas generales que habíamos aprendido en la escuela de negocios —trabajo en equipo, liderazgo situacional, descentralización, calidad total, excelencia y demás—, pero estas eran más bien como los cursos de formación continua que los médicos y los contables debían seguir para mantener su acreditación profesional.

En cuanto al *coaching* individual entre directivos y personal —que comienza cuando un individuo revela su vulnerabilidad y dice necesito ayuda— apenas estaba en el radar de nadie en el entorno corporativo. Algo parecido al *coaching* tenía lugar en campos muy técnicos —la medicina, las artes escénicas, los oficios artesanales como la carpintería y la fontanería— en los que las habilidades se transmitían en una relación tradicional de maestro y aprendiz. Pero no se trataba de un *coaching,* sino de una forma más íntima y práctica de enseñanza. Era un proceso finito por el que, finalmente, el aprendiz se instruía lo suficiente para pasar a ser experto. El *coaching,* en cambio, es un proceso continuo, tan abierto como nuestro deseo de seguir mejorando. La diferencia entre la enseñanza y el *coaching* es la diferencia entre «quiero aprender» y «necesito ayuda para ser cada vez mejor».

No me di cuenta de esta distinción durante mi estancia en Armonk. Como ocurre con la mayoría de los avances importantes en mi carrera, la claridad llegó unos meses después con la sugerencia de otra persona, en este caso una llamada telefónica del CEO de una importante empresa farmacéutica.

Acababa de impartir un curso de liderazgo en el departamento de recursos humanos de la empresa del CEO. Él asistió a la sesión y debió escuchar algo que le tocó una fibra sensible. Tenía un pedido inusual. Me dijo: «Tengo a una persona que dirige una gran división y que cumple con sus números cada trimestre. Es un joven, inteligente, ético, motivado, creativo, carismático, arrogante, testarudo, sabelotodo, idiota. Nuestra empresa se basa en valores de equipo, y nadie cree que él sea un jugador de equipo. Valdría una fortuna para nosotros si pudiéramos ayudarlo a cambiar. Si no, se va a tener que ir».

Nunca había trabajado individualmente con un ejecutivo (el campo del *coaching* ejecutivo tal y como lo conocemos hoy en día no existía) y, desde luego, no con alguien que estaba a un clic de la silla del CEO de una empresa multimillonaria. Por la escueta descripción del CEO, ya me había encontrado con este perfil muchas veces. Era el tipo de persona que había triunfado en todos los peldaños de la escala de logros. Le gustaba ganar, ya fuera en el trabajo, jugando a los dardos o discutiendo con un desconocido. Llevaba estampado en la frente «alto potencial» desde el primer día de trabajo. ¿Aceptaría mi ayuda alguien cuya vida entera era una afirmación de tener siempre la razón?

Yo ya había enseñado a muchos directivos de nivel medio en grupo. Se trataba de personas que estaban a un paso del éxito, pero que aún no lo habían alcanzado. ¿Podrían mis métodos funcionar con una élite de ejecutivos de forma individual? ¿Podría tomar a alguien que tuviera un éxito demostrado y hacer que tuviera más éxito?

Le dije al CEO: «Quizá pueda ayudar».

El CEO suspiró: «Lo dudo».

—Te diré algo —dije—. Trabajaré con él durante un año. Si mejora, me pagas. Si no, es todo gratis.

Al día siguiente, tomé un vuelo a Nueva York para reunirme con el CEO y con mi primer cliente de *coaching* individual.

Tuve una gran ventaja con ese primer cliente. No tenía más remedio que comprometerse a recibir *coaching*. Si no lo hacía, se quedaría sin trabajo. Por suerte, tenía la ética del trabajo y el deseo de cambiar; mejoró y yo cobré. Pero, a medida que fui captando más clientes como él, aprendí a crear un entorno en el que un líder no se sintiera avergonzado por pedir ayuda. Me recordaba a la paradoja que observé en IBM: los dirigentes de la empresa pensaban que el *coaching* era valioso para los empleados, pero no para ellos mismos. Esto no tiene sentido, por supuesto. Ninguno de nosotros es perfecto. Todos somos seres humanos defectuosos. Todos deberíamos pedir ayuda. Mi avance fue recordarles a mis clientes esta verdad eterna.

Una de las formas de hacerlo fue pedirles que hicieran una lista de todas las cosas que podían hacer como líderes para apoyar a las personas con las que trabajaban. Lo llamé «Ejercicio de necesidades»: ¿Qué necesita tu gente de ti?

Se mencionaban las cosas obvias: apoyo, reconocimiento, sentido de pertenencia y propósito. Luego profundizaban más. La gente necesita ser amada, escuchada y respetada. Necesitan sentirse leales a algo y recibir lealtad a cambio. Necesitan que se los recompense de forma justa por hacer un buen trabajo, no que se los pase por alto o se los descuide. «Esas son muchas de las necesidades entre los miembros de tu personal», le decía a mi cliente CEO. «¿Qué tal si te miras a ti mismo? Admite que necesitas las mismas cosas. No eres mejor que tus empleados. Uno o dos de ellos podrían incluso convertirse en líderes después de que te hayas ido. Ellos son como tú».

Yo quería que los clientes vieran que cuando pregonaban su papel de líderes solidarios y, al mismo tiempo, afirmaban que ellos mismos no necesitaban el mismo apoyo, en realidad estaban degradando a sus empleados y la dignidad de sus necesidades. Y esto no pasaba inadvertido para los empleados. Era un gran fracaso de liderazgo.

Dado que los líderes de éxito rechazan la idea de fracasar en cualquier cosa, no tardaron en superar su vergüenza y su aversión a la frase «necesito ayuda» y aceptar el *coaching*. Reconocieron que mejorarían su rendimiento con ayuda, no sin ella. Es increíble que haya que decir esto a personas inteligentes, pero así era entonces. Hoy en día, la demanda generalizada de *coaching* es una prueba de que la empresa valora a sus líderes y está dispuesta a pagar para que mejoren.

Por mucho menos dinero, comprometerse con la RPV proporciona muchos de los beneficios del *coaching*. Sobre todo, te da permiso para decir: «Quiero mejorar y necesito ayuda». Este reconocimiento es el precio de admisión al RPV.

Cuanto más realizaba el Ejercicio de Necesidades con los clientes, más me daba cuenta de que necesitar cualquier cosa —ya fuera ayuda, respeto, tiempo libre o una segunda oportunidad— se había convertido de alguna manera en un objeto de burla en el lugar de trabajo, un defecto de carácter, una debilidad tan objetable como ser ignorante o incompetente.

La necesidad denostada que más me sigue desconcertando es nuestra necesidad de aprobación. Si se busca en Google «necesidad de aprobación», las primeras cien entradas la describen como un defecto psicológico, ilustrado selectivamente por comportamientos deleznables como valorar las opiniones de los demás más que las propias, estar de acuerdo con la gente incluso cuando en realidad no se está de acuerdo, y alabar a las personas para caerles bien. ¿Desde cuándo buscar la aprobación o el reconocimiento se ha convertido en algo malo, en un sinónimo de falsedad, adulación y disimulo táctico? ¿Cómo es que la búsqueda de aprobación o reconocimiento se ha degradado a necesidad?

En el lugar de trabajo, creo que nuestro problema con la aprobación, al igual que nuestro problema para pedir ayuda, empieza en la cima. Mi experiencia con los líderes de éxito es que son sensibles a la necesidad de aprobación y reconocimiento de los empleados y son muy hábiles a la hora de proporcionarlos. Pero, por las mismas razones por las que no admiten que necesitan ayuda, son reacios a reconocer su propia necesidad de aprobación o reconocimiento. Se dicen a sí mismos que el sentido interno de validación de un líder —es decir, la autoaprobación— debería ser suficiente. Todo lo demás es una exageración, el equivalente a encender la señal de aplauso para uno mismo. Resultado: la actitud del CEO se filtra hacia abajo hasta que la aprobación y el reconocimiento se niegan en el lugar que les corresponde en toda la organización.

Esta duda del tipo «haz lo que yo digo, no lo que yo hago» en relación con buscar la aprobación incluso afecta a los expertos en la materia. Mi gran amigo (y miembro de 100 Coaches) Chester Elton es la autoridad mundial en el valor del reconocimiento en el trabajo. Le pregunté si había encontrado esta reticencia a buscar el reconocimiento entre los líderes con los que ha trabajado.

Dijo: «Puede que yo no sea la persona adecuada para que se lo preguntes. Pasé por un periodo de mi vida en el que me sentía muy deprimido. Así que escribí una nota a una docena de amigos en la que les decía: "Hablo de reconocimiento todo el día. Para ser sincero, a mí también me vendría bien un poco de reconocimiento ahora mismo". Recibí una docena de cartas maravillosas que me hicieron sentir fantástico. Me reanimaron».

«Parece que eres la persona perfecta para hacerle la pregunta», dije.

«Eso fue una vez, hace veinte años. Nunca volví a hacerlo, dijo, reconociendo su error del tipo «haz lo que yo digo, no lo que yo hago». Pero debería hacerlo y lo haré».

Desde hace muchos años, ayudar a los líderes a aceptar y enfatizar sus necesidades ha sido una parte importante de mi *coaching*. A veces es el único consejo que necesitan.

Empecé a hacer coaching a Hubert Joly en 2010, cuando era CEO de Carlson, el gigante de la hostelería de propiedad privada de Minneapolis. Hice mi rutina habitual de preparación: entrevisté a los colaboradores directos de Hubert y al consejo de administración de Carlson, y sinteticé sus comentarios en dos informes. En primer lugar, envié a Hubert el informe con todos los comentarios positivos, aconsejándole que los apreciara. Al día siguiente le envié el informe más extenso sobre sus aspectos negativos, diciéndole que lo digiriera lentamente. Aunque ya era un líder respetado, de los veinte malos hábitos ejecutivos que listé en mi libro *Un nuevo impulso*, Hubert era culpable de trece. Su mayor problema era pensar que siempre tenía que añadir valor, de lo que se derivaban sus otros problemas, como la necesidad de ganar demasiado y juzgar.

Luego nos conocimos y pude ver de dónde venía su supuesta excesiva necesidad de tener razón. Había sido el mejor de su clase en las escuelas más elitistas de su Francia natal. Había sido un consultor estrella en McKinsey. A los treinta y pico, llegó a ser presidente de EDS-Francia, y luego se trasladó a los Estados Unidos, donde acabó ascendiendo a la cima de Carlson. Pero también supe que era un erudito religioso que había colaborado con dos monjes de la Congregación de San Juan (se habían conocido en la escuela de negocios) en artículos sobre la naturaleza del trabajo. Era un gran conocedor no solo del Antiguo y el Nuevo Testamento, sino también del Corán y de las enseñanzas de las religiones orientales. Me cayó bien de inmediato.

No insistí en cada uno de los malos hábitos de su informe. Le dije que eligiera tres en los que quisiera trabajar y que se comprometiera a mejorarlos. Entonces comenzó el proceso de *coaching*: pedir disculpas a los colegas por el comportamiento anterior, prometer que lo haría mejor, pedir ayuda y aceptar con gratitud los consejos que le dieran.

Dos años más tarde, Hubert se convirtió en CEO de Best Buy, donde se enfrentó a uno de los mayores retos de las empresas estadounidenses: salvar a una tienda minorista de productos electrónicos que competía en precios con Amazon. La mejora de Hubert antes de empezar a trabajar en Best Buy fue tan significativa que podría haber dado la vuelta de la victoria y poner fin a nuestra relación de *coaching*. Pero no lo hizo, por dos razones: (1) estaba comprometido con la mejora continua, ya que se sentía muy cómodo expresando su necesidad de ayuda, y (2) quería que sus nuevos colegas de Best Buy vieran el proceso de mejora en la práctica. Así que me invitó a acompañarlo como *coach* en su nuevo trabajo. Hizo pública su necesidad de ayuda, al decirle a su personal: «Tengo un *coach*. Necesito *feedback*. Ustedes también lo necesitan».

Su estrategia para Best Buy consistía en competir con los minoristas online no por el precio, sino por ofrecer mejor asesoramiento, comodidad y servicio. Esto significaba que cuando un cliente acudiera a una de las más de mil salas de exposición de Best Buy, el personal de planta debía estar tan bien informado y ser tan entusiasta que el cliente no tuviera motivos para comprar en otro sitio. En otras palabras, Hubert apostaba por la tienda únicamente por los empleados de Best Buy.

A medida que Hubert se familiarizaba con Best Buy y discutíamos cómo conseguir que los empleados apoyaran su estrategia, se le ocurrió una idea notablemente contraintuitiva. Hubert no iba a ayudar a los empleados con el habitual enfoque de gestión descendente. Todo lo contrario. Les pediría que lo ayudaran. Les expondría públicamente sus propios puntos débiles, reconociendo su necesidad de ayuda a cada paso. Les pediría su aprobación, no en forma de garantías personales del tipo «¿Te gusto?», sino en forma de su aceptación y compromiso con su estrategia. Al igual que un gran vendedor que siempre pide la orden o un político inteligente que nunca se olvida de pedir el voto a los ciudadanos, Hubert pedía algo profundo y cercano. Solicitó a los empleados que creyeran en su estrategia pidiéndoles su «corazón». Y se lo dieron. Solo tuvo que pedirlo.

En el curso de la transformación de Best Buy —durante la cual el precio de las acciones se cuadruplicó y de la que Jeff Bezos, de Amazon, diría en 2018: «Los últimos cinco años, desde que Hubert llegó a Best Buy, han sido notables»—, Hubert se transformó también como persona. Para sus empleados se convirtió en un ser humano, imperfecto y vulnerable, dispuesto a admitir que no lo sabía todo y, por tanto, dispuesto a pedir ayuda. Se unió a Alan Mulally y Frances Hesselbein como uno de mis tres clientes de *coaching* más exitosos: Alan y Frances porque fueron los que menos tuvieron que cambiar (ya eran grandes cuando nos conocimos y se hicieron aún más grandes), Hubert porque fue quien más cambió.

Si puedo dejarte un solo consejo para aumentar tu probabilidad de crear una vida que valga la pena, es este: *Pide ayuda. La necesitas más de lo que crees.*

No dudarías en llamar a un médico si tuvieras un dolor físico extremo, o a un fontanero si el fregadero de la cocina estuviera atascado, o a un abogado si tuvieras problemas legales. Sabes cómo pedir ayuda. Sin embargo, hay momentos en el día en los que pedir ayuda es claramente la mejor opción y te niegas a hacerlo. Ten cuidado con dos situaciones en particular.

La primera es cuando te avergüenzas de buscar ayuda porque, al hacerlo, dejas expuesta tu ignorancia o incompetencia. La instructora de un club de golf me dijo una vez que menos del 20 % de los trescientos socios de su club habían recibido alguna vez una lección suya. Se sentían demasiado avergonzados por sus errores de *swing* como para dejar que ella los ayudara. «Pago mis facturas dando clases a los treinta o cuarenta mejores golfistas del club», dijo. «Solo quieren hacer menos golpes. No importa cómo lo consiguen ni quién los ayude».

La segunda situación comienza cuando te dices a ti mismo: «Debería ser capaz de hacer esto por mí mismo». Caes en esta trampa cuando la tarea a la que te enfrentas es adyacente a un conocimiento o una habilidad que crees que ya posees. Estás conduciendo por un barrio conocido, por lo que deberías ser capaz de llegar a tu destino sin necesidad de direcciones del GPS. Ya has dado discursos antes, así que no necesitas la ayuda de un amigo para afinar un brindis de boda o tu presentación de ventas más importante del año.

Yo ya no tengo este problema, por lo que «¿He hecho todo lo posible por pedir ayuda?» ya no figura en mi lista de preguntas diarias básicas. Declaré la victoria en esta batalla hace muchos años, cuando me pregunté qué tarea o reto de mi vida podía ser más provechoso y eficiente si lo hacía solo en lugar de solicitando ayuda a otras personas, y no pude encontrar una respuesta. Tú también deberías hacerlo.

Piensa en todas las veces que alguien —un amigo, un vecino, un colega, un desconocido, incluso un enemigo— te ha pedido ayuda. ¿Lo has...

- rechazado,
- hecho sentir que te ofendía,
- juzgado como estúpido,
- cuestionado en su competencia, o
- burlado a sus espaldas por necesitar ayuda?

Si eres como la mayoría de las personas buenas que conozco, tu primer impulso fue ayudar. Solo te retractarías si no tuvieras la capacidad de ayudar, y probablemente te disculparías por ello, considerando tu incapacidad como una especie de fracaso. La única respuesta que no ofrecerías es un no instantáneo y rotundo.

Antes de rechazar la idea de pedir ayuda a los demás, piensa en esto: si estás dispuesto a ayudar a cualquier persona que te lo pida sin pensar mal de ella, ¿por qué te preocupa que los demás no sean igual de generosos e indulgentes cuando eres tú el que busca ayuda? La Regla de Oro, por definición, funciona en ambos sentidos, aún más cuando se trata de ayudar.

Una pregunta aún más significativa: ¿cómo te has sentido cuando has ayudado a otros? Creo que estamos de acuerdo en que es uno de los mejores sentimientos, ¿verdad? ¿Por qué privar a otros de la misma sensación?

EJERCICIO

·····························

Escribe tu historia de ayuda

Este es un ejercicio de memoria recuperada y de humildad.

HAZ ESTO: Confecciona una lista de entre cinco y diez logros de los que te sientas muy orgulloso, especialmente aquellos que te parezcan bien merecidos. Ahora imagina que te invitan a recibir un premio por cada logro y que tienes que dar un discurso de agradecimiento delante de todos tus familiares, colegas y amigos. ¿A quién le darías las gracias? ¿Y por qué?

Sospecho que en cada caso descubrirás que no tuviste éxito sin ayuda. No me refiero simplemente a los casos de suerte inesperada y pura casualidad, sino a los dones de la sabiduría y la influencia de otras personas que te ayudaron a avanzar en un proyecto o a evitar un error de juicio catastrófico. Sin este viaje por el carril de la memoria, sospecho que siempre subestimarás la ayuda que has recibido en tu vida.

Una vez aprecies toda la ayuda que has olvidado o no has acreditado en tu vida, estarás finalmente preparado para la alarmante recompensa de este ejercicio. Puedes imaginar —y culparte con pesar— cuánto más podrías haber conseguido si hubieras pedido ayuda más a menudo. Ahora proyecta tu imaginación hacia adelante: ¿Dónde necesitas ayuda en el futuro? ¿Y quiénes son las primeras personas a las que pedirías ayuda?

12

CUANDO MERECER UNA VIDA QUE VALGA LA PENA SE CONVIERTE EN NUESTRO HÁBITO

¿Cuándo se empieza a merecer lo ganado? ¿Cuándo se termina de hacer algo que valga la pena? ¿Cuándo nos tomamos un respiro de todos nuestros esfuerzos para saborear el proceso y reevaluar, a menudo para llegar a la conclusión de que necesitamos ganar algo nuevo?

En los cuatro capítulos anteriores hemos considerado la *disciplina* necesaria para lograr una vida ganada, y cómo es una habilidad adquirida, producto de nuestro cumplimiento, responsabilidad, seguimiento, medición y comunidad. También hemos examinado los sencillos elementos estructurales de la RPV, o Revisión del Plan de Vida, como un sistema que nos ayuda a *mantenernos en el plan*. Y hemos recordado que nos va mucho mejor cuando reconocemos nuestra *necesidad de ayuda*.

Disciplina. Seguir el plan. Pedir ayuda. La siguiente cuestión esencial es la del *tiempo*. Lograr una vida que valga la pena es un trabajo duro que, a menudo, lo consume todo. Pero somos humanos. Nuestros recursos —energía, motivación, concentración— se agotan. ¿Cuándo debemos pisar el acelerador y cuándo debemos retroceder para recuperarnos y reiniciar, para equilibrar la urgencia de estar siempre mereciendo lo que ganamos con nuestra necesidad de reflexionar sobre lo que hemos logrado y lo que queda por hacer?

Conseguir una vida que valga la pena es un juego largo. Ten en cuenta esto: es *el* juego largo. Necesitas una estrategia anclada en la conciencia de ti mismo y de la situación para mantener la urgencia y evitar el agotamiento, hasta que conseguirlo se convierta en un hábito.

1. GANARSE LOS COMIENZOS

A lo largo de la vida, experimentarás episodios en los que una fase se termina y otra comienza. Algunos de ellos son marcadores predecibles de la vida moderna: la graduación, el primer trabajo de verdad, el matrimonio, la primera casa, la paternidad, el divorcio, el éxito profesional, el fracaso económico, la pérdida de un ser querido, un golpe de suerte o una gran idea. Estos momentos pueden ser estimulantes o confusos hasta el punto de la parálisis (¿Qué hago ahora?). Pueden ser oportunidades o crisis, puntos de inflexión o reveses. Gail Sheehy los llamó «pasajes» en su bestseller de 1977 del mismo nombre. Mi difunto amigo Bill Bridges los llamaba transiciones (cada tanto vuelvo a consultar su clásico de 1979 sobre el tema, titulado adecuadamente *Transiciones*; es una lectura muy recomendable). Todos experimentamos estos intervalos entre lo viejo y lo nuevo.

Según Bill Bridges, «el proceso de transición no depende de que haya una realidad de reemplazo esperando. Estás en transición automáticamente cuando una parte de tu vida termina».

Pero cometemos un grave error si tratamos una transición como una pausa en la acción, la calma que precede a la tormenta y que nos permite tomarnos un respiro y esperar pasivamente a que comience nuestra siguiente fase, nuestra realidad de reemplazo. Nuestras transiciones no son vacíos por los que vagamos sin rumbo hasta que encontramos una vía de escape. Son organismos vivos, tan vivos como otras partes de nuestra vida en las que nos implicamos plenamente.

La coreógrafa estadounidense Twyla Tharp es una experta en transiciones, ya que ha creado más de 160 ballets y danzas modernas en sus cincuenta años de carrera. Son más de 160 periodos de transición entre una obra terminada y la siguiente. También son más de 160 tentaciones —al menos tres al año— de acostarse y echar una siesta antes de empezar la siguiente pieza. Tharp no muerde el anzuelo. No espera a que la siguiente inspiración le llegue a la cabeza. La busca de forma proactiva. En sus palabras, tiene que «ganarse su próximo comienzo»: dejar atrás la pieza anterior, investigar a los compositores, escuchar música, elaborar los pasos a solas durante horas con una cámara de vídeo en marcha para no perder ninguna idea. Entonces, cuando todas estas partes desconectadas se alinean, está lista para empezar a crear. Así es como se merece su próximo comienzo. Para el ojo inexperto, lo que podría parecer una zona muerta de inacción entre proyectos está en realidad tan concentrada y empapada de sudor como en las intensas horas de ensayo de sus bailarines antes de la noche de estreno. Para Tharp, las transiciones no son un respiro en el proceso de aprendizaje, sino una parte más de este, tan difícil de conseguir como todo lo que hace.

Creo que Tharp tiene razón en esto: cada uno de nosotros tiene un conjunto único de criterios para definir los puntos de inflexión en nuestras vidas, ese momento en el que empezamos a desprendernos de nuestro yo anterior y empezamos a dar cabida a la nueva persona en la que queremos convertirnos. Mientras que una artista creativa como Twyla Tharp podría identificar sus momentos de transición en un sentido micro como los intervalos entre las danzas individuales, o en un sentido macro como las interrupciones bruscas entre los principales períodos estilísticos de su carrera (similar a la brecha entre, por ejemplo, el Período Azul y el Período Rosa de Picasso), tú y yo podríamos optar por marcadores diferentes.

Por ejemplo, las *personas* son mis marcadores de los grandes puntos de inflexión en mi vida, específicamente, las personas que me ofrecieron alguna variación del discurso «*Puedes ser más*». El primer recuerdo que tengo de una persona así es el del Sr. Newton, en undécimo curso, que me dijo que un suspenso en matemáticas era inexplicable. Esperaba más de mí. Esto ha ocurrido una docena de veces en mi vida. Cada una de estas personas, lo haya entendido o no, ha provocado una repentina insatisfacción con mi yo actual y un fuerte deseo de convertirme en alguien nuevo. Todavía no sabía quién podría ser esa persona, pero me empujaron a una transición donde podría ordenar mis opciones, descubrir la respuesta y ganar mi próximo comienzo.

Los marcadores que utilizas para interpretar el arco de tu vida son una elección profundamente personal. Un ejecutivo me dijo que sus principales puntos de inflexión eran sus meteduras de pata, porque convertía el recuerdo vergonzoso de cada fiasco en un momento de aprendizaje, un error que nunca debía repetirse. Otro me dijo que fueron los momentos en los que se dio cuenta de que ya no era la persona más joven de la sala y que su influencia había crecido. Marcó el paso del tiempo por cada momento en que se dio cuenta de su creciente estatus profesional. Una diseñadora industrial marca los puntos de inflexión en su carrera a través de los productos que ha diseñado. Cada diseño es como un hito que marca la distancia que ha recorrido entre un producto y el siguiente. Cuando observa los diseños en orden cronológico, ve la evidencia de la evolución de la persona que era cuando sacó cada producto al mercado.

La edad también es un factor. La perspectiva de los principales puntos de inflexión cambia con los años acumulados. En 2022, puedo interpretar mi vida a través de la lente de la influencia de una docena de personas a lo largo de setenta y tres años, mientras que la unidad de medida de un joven de dieciocho años podrían ser los trece cursos entre el jardín de infancia y el último año de instituto, con las vacaciones de verano como transición de una fase a la siguiente.

Más adelante, las transiciones de la juventud que se sintieron como puntos de inflexión se desvanecerán en el fondo, mientras que otros momentos, no apreciados en su ocasión, surgirán como definitorios. Cuando tengas setenta y tres años, como yo, dudo que incluyas más de un episodio del instituto entre tus puntos de inflexión.

No puedes saber si has empezado a ganar tu próximo comienzo hasta que sepas que estás en transición. No puedes apreciar tus transiciones hasta que tengas un método para marcar tus puntos de inflexión.

2. DESPRENDERSE DEL PASADO

Antes de que puedas ganar efectivamente la siguiente fase de tu vida, tienes que desvincularte de la antigua fase que pretendes haber dejado atrás. No solo debes dejar de lado los logros del pasado (no eres la persona que se ganó esos logros), sino que también tienes que renunciar a tu antigua identidad y forma de hacer las cosas. Está bien aprender de nuestro pasado, pero no recomiendo volver a visitarlo todos los días.

Cuando conocí a Curtis Martin en 2018, hacía doce años que se había retirado de la NFL. Tenía curiosidad por saber cómo había llevado la transición de atleta profesional a ciudadano normal. ¿Qué echaba de menos? ¿Qué había sido difícil dejar ir? Yo esperaba que mencionara la competición, sus compañeros de equipo, los vítores, las cosas habituales que se oyen en las entrevistas posteriores a los partidos. ¡Qué equivocado estaba! Ni siquiera me acercaba.

Curtis dijo que echaba de menos los «patrones» de ser un atleta profesional. Los jugadores que llegan a la NFL suelen ser los mejores atletas de una generación de su instituto. Desde su temprana adolescencia, los adultos bien intencionados se fijan en ellos, les dan *coaching* y los cuidan. Nunca tienen que pedir indicaciones a sus mayores; siempre les llegan, incluso cuando son superestrellas adineradas a los treinta años y piensan por su cuenta. Desde el campamento de verano en julio hasta las eliminatorias en enero, cada minuto del día de un jugador de la NFL está programado y reglamentado: qué comer, cuándo hacer ejercicio, cuándo estudiar la película y memorizar el libro de jugadas, cuándo entrenar, cuándo hacer terapia para las lesiones, cuándo presentarse en el autobús o el avión del equipo. No es de extrañar que los jugadores más productivos lleguen a correlacionar una parte de su éxito con las pautas de formación y trabajo que han adoptado durante tantos años.

Aquí es donde el paradigma de cada respiración —cada respiración que tomo es un nuevo yo— se afirmó para Curtis. Tal vez sea porque es consciente de la fragilidad de la carrera de un deportista, de que solo eres tan bueno como lo fuiste en tu último partido y de que no puedes confiar en las estadísticas de la temporada anterior para conservar tu puesto. Tal vez sea algo que le dijo el entrenador Bill Parcells: «Curtis, nunca debes sacarte del juego, porque es posible que tu reemplazante nunca te deje volver al campo». Pero Curtis vive en el presente, con la vista puesta en el futuro. Su pasado siempre queda atrás, una reliquia que él considera como un Curtis anterior. A lo largo de sus días de jugador, Curtis operaba en dos vías: Curtis el jugador y Curtis el exjugador. En la vía del jugador, se ceñía a los patrones que se le daban, sabiendo que proporcionaban el enfoque que conducía al éxito. En la vía del exjugador, transformaba las lecciones del fútbol en tiempo real en sabiduría que podía utilizar el resto de su vida. Cuando se retiró a los treinta y tres años, no le resultó difícil dejar de lado su necesidad de dirección externa, porque estaba preparado para sustituirla por una dirección propia que surgía de su interior (y que se alineaba con su mayor aspiración, a saber, ayudar a los demás). Seguía necesitando patrones en su vida, pero ahora eran de su propia cosecha.

Cuando somos capaces de desprendernos de nuestro yo anterior, dejar atrás todos los patrones de nuestro pasado para crear un nuevo yo, se convierte en algo tan fácil como apagar las luces cuando salimos de una habitación.

3. MANEJAR LA «RESPUESTA DE MERECIMIENTO»

No hay ningún misterio en cómo formamos un buen hábito. Se trata de un concepto conductual bien investigado en la actualidad, descrito comúnmente como una secuencia de tres pasos: estímulo, respuesta y resultado. Mis profesores en la escuela de posgrado se referían a ella como la secuencia de antecedente, comportamiento y consecuencia. He oído a otros describirla como la secuencia causa-acción-efecto. Sea cual sea la denominación, solo importa la parte central de la secuencia: nuestra respuesta (o comportamiento o acción). Esa es la parte que podemos controlar y cambiar.

Si respondemos mal cada vez que recibimos el mismo estímulo, no debería sorprendernos que cada vez obtengamos el mismo resultado decepcionante. Con el tiempo, nuestra mala respuesta se convierte en algo predecible; hemos adquirido otro mal hábito. La única forma de eliminar el nuevo hábito es cambiar conscientemente nuestra respuesta al estímulo no cambiante por un comportamiento mejor, por ejemplo, en lugar de matar al mensajero que nos trae malas noticias, ¿por qué no mantener la calma y dar las gracias al mensajero? Cambia la respuesta y luego cambia el hábito. He hecho carrera recordando este precepto a líderes muy inteligentes. Les digo que traten cualquier reunión con su personal como un campo minado de estímulos peligrosos que pueden hacer aflorar sus hábitos más contraproducentes: tener que ser la persona más inteligente de la sala; añadir demasiado valor; ganar todas las discusiones, castigar la franqueza. Mis clientes son personas que aprenden rápido. No necesitan terapia clínica, solo un recordatorio para estar atentos a sus respuestas en una reunión. Ese recordatorio puede ser tan sencillo como poner delante de ellos una ficha con palabras que se refieran a su tema en particular: *Deja de intentar ganar. ¿Vale la pena? ¿Eres experto en este tema?* Mantener la tarjeta ante su vista es todo lo que necesitan hacer para alterar su respuesta a un estímulo molesto. Así es como el buen comportamiento se ritualiza, se repite y transformarse en un hábito duradero.

¿Puede aplicarse esta misma dinámica a algo tan complejo y relevante como vivir una vida merecida que valga la pena? ¿Podemos convertir el merecer en un hábito, tan automático como decir gracias a un cumplido?

Yo digo que sí, siempre que añadamos una pausa reflexiva entre el estímulo y el resultado antes de dar nuestra respuesta oficial. La pausa nos da tiempo para considerar tanto el mensaje explícito como el implícito del evento desencadenante, así como el resultado deseado de cualquier acción que emprendamos. Nos impulsa a responder racionalmente, en nuestro mejor interés, en lugar de hacerlo emocional o impulsivamente.

En retrospectiva, en las raras ocasiones de mis años escolares en las que alguien me dijo «Puedes ser más», debí intuir que se me estaba presentando una transición significativa en mi vida. Una oportunidad para despojarme del viejo Marshall y convertirme en alguien nuevo. La propia afirmación fue el estímulo, al decirme «¡Lo estás echando a perder, chico!» al tiempo que insinuaba «Si no cambias, te arrepentirás el resto de tu vida». La primera vez que ocurrió, cuando el Sr. Newton dijo que yo valía más que un alumno deficiente, mi respuesta fue ganarme su aprobación demostrándole que tenía razón. En mi último año de carrera saqué sobresalientes en Matemáticas y obtuve la primera puntuación perfecta de mi instituto en la prueba de rendimiento de Matemáticas. Me gustaría decir que mi respuesta indujo un cambio de actitud permanente. Pero un solo acontecimiento no crea un buen hábito. La repetición lo hace.

Volví a mis hábitos de holgazán en mis años de estudiante en el Instituto Tecnológico Rose-Hulman de Terre Haute, Indiana. Luego volvió a ocurrir en 1970, esta vez con el profesor Ying en clase de

Economía. El Dr. Ying expresó una gran fe en mi futuro si «refinaba mi actitud». Me animó a hacer la prueba de admisión para los graduados en administración y a solicitar el ingreso en el programa de Máster en Administración de la Universidad de Indiana, lo que me llevó milagrosamente al programa de doctorado de la UCLA. Allí recibí al menos dos mensajes de los profesores Bob Tannenbaum y Fred Case. En cada ocasión, respondí positivamente y mejoré mi rendimiento. Cuando llegué a mi punto de inflexión con Paul Hersey, había repetido mi respuesta al mensaje de «Puedes ser más» tantas veces que ya era prácticamente un hábito. Cada vez, el principal motor era mi miedo a arrepentirme de hacer algo menos. Ya no era un holgazán incorregible. El deseo de maximizar mi esfuerzo para merecerme el futuro y evitar el dolor del arrepentimiento se había convertido en mi respuesta ganadora.

Creo que esta es la razón por la que he respondido con tanto entusiasmo y energía todas las veces que, desde finales de los años 70, he escuchado el mensaje de *puedes ser mejor*. Me detengo a repasar los factores que hicieron necesario el mismo, sabiendo inmediatamente por qué me suenan tan familiares. Mi cerebro me dice: «He pasado por esto antes. Conozco las señales. Este es un punto de inflexión». El estímulo es el mismo. La recompensa de un resultado exitoso es la misma. Así que mi respuesta debería ser la misma. Mi cerebro se apresura a adaptarse y me comprometo a iniciar la siguiente fase de mi vida. Como todo lo demás, sé que tendré que ganármelo. Y me parece bien. Así, merecer algo que valga la penase convierte en un hábito.

No es diferente para ti, incluso si no has sido el afortunado beneficiario de tanto estímulo generado externamente como lo he sido yo. La verdad es que estaba tan instalado en mi zona de confort y atascado por la inercia que tuve que confiar en los demás para que me empujaran a salir de mi burbuja y empezar a ganar mi próximo comienzo.

Ese no tienes por qué ser tú. La rutina de *puedes ser mejor* no es solo para personas que no alcanzan su potencial. Es para personas que ya han logrado la plenitud pero que todavía creen que hay niveles más altos que alcanzar. A diferencia de mí, no tienes que esperar a que alguien venga y te indique la dirección correcta (aunque siempre es agradable cuando eso sucede). Puede que ya lo estés haciendo por ti mismo. Siempre que pienses que podrías y deberías hacer más cosas en tu vida, estarás iniciando el ejercicio. El hecho de que sea una charla de ánimo autoadministrada no la hace menos válida ni indigna de convertirse en un hábito.

4. JUEGA EL GOLPE QUE TIENES DELANTE

El golf es un juego tan difícil que es inevitable cometer algunos errores en dieciocho hoyos, incluso para los mejores jugadores en su mejor día. Los mejores jugadores lo compensan con un sentido de la amnesia bien afinado en el campo. Se enfrentan breve y eficazmente a los errores inevitables —un rápido estallido de rabia o de autocrítica para reabsorber la tensión— y luego se olvidan. Mientras dan las más de doscientas zancadas entre el *tee* de salida y el desafortunado lugar en el que ha caído su bola —en algunos casos, a veinte o más metros de la calle, en una hierba alta y espesa, con ramas de árboles bajas que bloquean su camino hacia el *green*—, son capaces de despejar su mente y concentrarse en la bola, la situación y el golpe que tienen delante. Son maestros de la presencia. Lo que sea que haya sucedido antes en el campo no interfiere en sus pensamientos. Se reúnen con su *caddie* para hablar de estrategia, distancia y selección de palos. Sopesan la probabilidad de hacer un buen contacto con la bola enterrada en la hierba alta. Calculan las probabilidades de riesgo y recompensa de intentar un tiro heroico al *green* o tomar su medicina y devolver la bola a la calle. Ya se ocuparán del siguiente golpe cuando tengan que hacerlo, pero en ese momento tienen que decidir el golpe que quieren jugar y golpear la bola. Nada más importa. Hacen esto entre sesenta y setenta veces por ronda. Forma parte de su rutina antes de cada golpe. En otras palabras, es un hábito.

La parte más instructiva de la rutina es la caminata desde la posición anterior en el campo al siguiente golpe, ya sea un drive de 290 metros o un *putt* de seis metros que se detuvo a 90 centímetros del hoyo. Cubrir esa distancia es la forma de pasar del golpe anterior al golpe en cuestión, de mantenerse en el momento. Si lo hacen sistemáticamente en cada golpe, estarán contentos con la ronda, tanto si el marcador refleja la calidad de su juego como si no lo hace. Al menos tienen la satisfacción de saber que hicieron todo lo que estaba en sus manos en esas circunstancias.

Para un golfista muy malo como yo (tan malo que dejé el juego hace veinticinco años), ver este ritual de evaluación de cada golpe durante una retransmisión de golf que requiere mucho tiempo es como ver crecer la hierba. ¿Por qué los profesionales no se acercan a la bola y la golpean como yo solía hacer? La manera de los profesionales es la correcta, por supuesto. Cumplir con la rutina es gran parte de lo que los hace tan buenos. También es la razón por la que el enfoque de los profesionales es un análogo tan adecuado de cómo separamos las versiones anteriores y futuras de nosotros mismos de lo que somos ahora. Refuerza la sabiduría de estar presente.

El Premio Nobel Daniel Kahneman dijo: «Lo que ves es todo lo que hay», en referencia a la rapidez con que utilizamos la limitada información de que disponemos para sacar conclusiones prematuras. Fue un ejemplo más de que los seres humanos se comportan como actores irracionales sesgados, en este caso precipitándose a juzgar.

Prefiero aplicar su frase de forma más positiva, como un recordatorio de que cada conjunto de hechos que vemos es situacional, y que hay algo noble en tratar de hacer lo mejor que podamos con lo que tenemos delante. Cuando los golfistas juegan el tiro que tienen delante, están siendo actores sumamente racionales y desinteresados, alejados de las preocupaciones pasadas o futuras que puedan nublar su juicio. Aceptan que el golf, como la mayor parte de la vida, es situacional, y que nunca tiene que ver con el momento anterior o posterior, sino con el ahora. En su mejor momento, son maestros budistas de la atención plena y del estar presente.

El enorme valor de estar presente no debería ser un tema de discusión. Y, sin embargo, no «jugar el golpe» es uno de nuestros patrones de comportamiento más constantes. Lo hacemos todo el día, cuando ignoramos a nuestros hijos en la mesa del desayuno porque estamos ensayando mentalmente la presentación que haremos más tarde en el día; cuando nos distraemos durante una reunión porque estamos reviviendo una llamada inquietante de diez minutos antes, o cuando encasillamos a las personas por nuestro recuerdo de sus peores momentos, y nos negamos a perdonarlas o a aceptar que las personas cambian.

Cuando no sabemos interpretar el plano que tenemos delante, estamos fallando en la transición. Estamos fallando en ver que algo en nuestro mundo, grande o pequeño, ha cambiado irremediablemente y tenemos que lidiar con la nueva realidad. Lo vi en la comunidad de 100 Coaches cuando comenzaron los aislamientos por COVID en marzo de 2020. Mientras algunos miembros fueron capaces de pasar sin problemas de lo que era antes a lo que es ahora, a otros les empezaron a rechinar engranajes. Una integrante de este último grupo era Tasha Eurich, para quien 2020 se perfilaba como un año decisivo. Dos años antes había publicado con una importante editorial su primer libro, *Insight*, que trata sobre la diferencia entre cómo nos vemos a nosotros mismos y cómo nos ven los demás. El libro había tenido mucha repercusión en el mundo empresarial. Tasha era una oradora dinámica, tan buena que le pedí que iniciara la primera sesión de la tarde en nuestra reunión de 100 Coaches en San Diego, en enero de 2020. Su éxito fue arrasador. Seis semanas después, los grandes planes de todo el mundo se vinieron abajo. Tasha se lo tomó muy mal. Había pasado dos años construyendo hasta el 2020, y ahora todo se había terminado. El hecho de que sus compañeros sufrieran igualmente no le sirvió de consuelo. Se trataba de un problema externo sin final a la vista.

Cuando la visité a principios de mayo de 2020, seguía atormentada por la inutilidad de todo su duro trabajo, y no se sentía preparada para seguir adelante y afrontar la realidad de su situación. El mundo había cambiado y a ella le costaba adaptarse a él. Le aconsejé que pensara en jugar la bola que tenía delante y dejara de lado un pasado que no podía cambiar. También le recordé que el mundo podía haberse derrumbado, pero no había desaparecido. Poco a poco, a medida que sus clientes corporativos se aclimataban a un nuevo entorno de trabajo —oficinas vacías, todo el mundo conectado desde casa, el auge del Zoom— volvió la demanda de su experiencia. No sería tan grande como antes (al menos no todavía), pero poco a poco empezó a dejar atrás el pasado. Cuando lo haces, lo único que queda es el momento presente y tu futuro. La distinción entre la Tasha de ahora y la Tasha del futuro fue una percepción significativa para ella. Fue su salida hacia una situación más esperanzadora.

En noviembre de 2020, cuando su negocio de consultoría y *coaching* aún no estaba a pleno rendimiento, ella decidió utilizar su tiempo libre para formar su propia comunidad de mentores. Emulando el modelo que yo había establecido con 100 Coaches, publicó un breve vídeo *selfie* en el que invitaba a los aspirantes a recibir *coaching* de ella. De los varios cientos de respuestas, seleccionó a diez miembros, a los que apodó los Diez de Tasha. No hubo dinero ni reconocimiento público. Fue un acto privado de generosidad que añadió un poco más de propósito y significado a su vida. No sabía adónde la llevaría, pero estaba ansiosa por descubrirlo.

Ese fue el momento en que la transición de Tasha fue completa. Ya no se aferraba a un mundo anterior al COVID que le había servido de mucho, pero que ya no iba a volver, y había encontrado algo significativo para sustituirlo. Se había ganado su próximo comienzo.

Comencé este capítulo con dos preguntas: *¿Cuándo se empieza a ganarse una vida que valga la pena? ¿Cuándo se termina?* La respuesta es breve: se termina cuando logramos lo que nos proponemos, o cuando las circunstancias cambiantes en el mundo o en nosotros mismos hacen innecesario continuar con lo que hemos estado haciendo. La ganancia comienza cuando decidimos que necesitamos reconstruir nuestra vida, haciéndola nuestra —aunque sea la idea de otra persona—, para redefinir quiénes somos. Entre el principio y el final, tenemos que desprendernos de muchas cosas —nuestro rol, nuestra identidad, nuestro apego al pasado, nuestras expectativas— y luego rascar y arañar para encontrar la siguiente cosa nueva. Así es cómo nos ganamos cada nuevo comienzo en nuestra vida. Debemos cerrar la puerta de una parte de nuestra vida y abrir una nueva.

EJERCICIO

....

¿Cuál es tu «imposible»?

Cuando el poeta Donald Hall le preguntó a su amigo, el escultor Henry Moore, por el secreto de la vida, Moore, que acababa de cumplir ochenta años, dio una respuesta rápida y pragmática: «El secreto de la vida es tener una tarea, algo a lo que dediques toda tu vida, algo a lo que aportes todo, cada minuto del día durante toda tu vida. Y lo más importante es que debe ser algo que tal vez no puedas hacer». (Para mí, este es el ejemplo perfecto de aspiración). Hall creía que la definición de Moore de algo que tal vez no puedas hacer era "ser el mayor escultor que haya existido y saberlo". Una aspiración elevada, quizás, pero no más alta que los deseos aparentemente ordinarios que mucha gente alberga: ser feliz, sabio o recordado con cariño después de que nos hayamos ido de este mundo mortal.

¿Cuál es tu «algo que no puedes hacer»?

13

PAGAR EL PRECIO Y COMER MALVAVISCOS

Hace algunos años fui uno de las ponentes en una conferencia de Mujeres de Negocios organizada por el grupo de patrimonio privado del banco suizo UBS. La oradora que me precedía era una mujer pionera en el sector tecnológico, fundadora y directora general de su propia empresa y una especie de celebridad. Veinte años después sigo recordando la sabiduría y la refrescante franqueza de sus palabras. No era fácil ser el siguiente expositor.

Dijo que no realizaba sesiones de tutoría con demasiada frecuencia, porque dirigir una empresa era un trabajo exigente y tendría que dedicar todo su tiempo a la tutoría de mujeres si aceptara todas las invitaciones que le llegaban. Dijo que se limitaba a las tres cosas que le importaban en la vida. Pasaba tiempo con su familia; cuidaba su salud y su forma física, y trataba de ser excelente en su trabajo. Esas tres funciones ocupaban todo su ancho de banda. No cocinaba, ni hacía las tareas domésticas, ni los recados. Tras captar la atención de todas las mujeres de la sala, redobló su mensaje contundente: «Si no te gusta cocinar, no cocines. Si no te gusta la jardinería, no la hagas. Si no te gusta limpiar, contrata a alguien para que lo haga. Haz solo lo que es fundamental para ti. Todo lo demás, elimínalo».

Una mujer del público levantó la mano y declaró: «Para ti es fácil decirlo. Eres rica».

La directora general no aceptó esa excusa. Le replicó diciendo: «Resulta que sé que el salario más bajo de esta sala es de un cuarto de millón de dólares. Ninguna habría sido invitada aquí si no le fuera bien. ¿Me estás diciendo que no puedes permitirte contratar a alguien que haga lo que no quieres hacer? No aceptarías que te pagaran el salario mínimo siendo una profesional. ¿Por qué está bien aceptarlo en cualquier otro lugar? Estás devaluando totalmente tu tiempo».

Estaba diciendo una dura verdad que es difícil de aceptar para mucha gente: *para conseguir cualquier tipo de vida satisfactoria, especialmente una vida ganada, hay que pagar un precio.* No hablaba de dinero. Hablaba de esforzarse al máximo en las cosas importantes, de aceptar los sacrificios necesarios, de ser consciente de los riesgos y del fantasma del fracaso, pero ser capaz de bloquearlos.

Algunos estamos dispuestos a pagar ese precio. Otros no, por razones convincentes, pero también, al fin y al cabo, lamentables.

Una de las excusas más comunes es una variación del conocido concepto de aversión a la pérdida: nuestro impulso de evitar una pérdida es mayor que nuestro deseo de adquirir una ganancia equivalente. Estamos dispuestos a pagar el precio cuando hay una alta probabilidad de que nuestros esfuerzos tengan éxito, y mucho menos cuando la probabilidad es baja. Queremos tener la certeza de que nuestro esfuerzo y sacrificio no serán en vano. Nos aterroriza la perspectiva de poner todo lo que tenemos en la consecución de un objetivo y acabar sin nada que mostrar. El compromiso total no debería ser un gesto inútil, pensamos. No es justo. Así que evitamos pagar ese precio. Sin compromiso, no hay inutilidad.

Esta es una creencia tan poderosa que he llegado a acomodarla en mi *coaching* individual, aunque mis clientes de éxito se sientan claramente cómodos al pagar el precio. Es lo que los ha llevado a donde están. Sin embargo, sigo sintiendo la necesidad de asegurarles que su compromiso con el proceso de *coaching* no será inútil. "Esto es difícil", digo. "Un solo desliz puede deshacer tus progresos

y devolverte a la casilla de salida. Pero si sigues y te mantienes durante uno o dos años, mejorarás". Es lo más cerca que estoy de ofrecer una garantía, pero transmitir mi certeza forma parte del *coaching*.
Al reducir la resistencia de mis clientes a pagar el precio, les estoy
dando una ventaja para el éxito.

Otra razón es la falta de visión. Nuestro sacrificio de hoy no
produce una recompensa que podamos disfrutar hoy. El beneficio de
nuestro autocontrol está muy lejos, ligado a una versión futura de
nosotros que no conocemos. Por eso preferimos gastar nuestro dinero sobrante en nosotros mismos ahora en lugar de ahorrarlo y dejar
que las maravillas del interés compuesto lo conviertan en una suma
útil treinta años después. Algunas personas pueden pagar ese precio,
previendo la futura gratitud que sentirán hacia su antiguo yo que se
sacrificó en su interés. Otros no pueden ver tan lejos.

Una tercera razón es nuestra visión del mundo en términos de
ganar o perder, en la que ganar algo aquí significa perder algo allí.
Pagar el precio es un coste de oportunidad, que se calcula como lo
que debemos sacrificar. Si hago esto, no puedo hacer aquello. Este
punto de vista no es del todo erróneo. Simplemente no tiene sentido
como consideración sobre el pago del precio. Cuando elegimos pagar
el precio —es decir, hacer algo desafiante y arriesgado en lugar de
algo fácil y seguro— no significa que hayamos sacrificado lo seguro.
La mayoría de las veces, cuando se elige el camino difícil, se eliminan
automáticamente todas las demás opciones, incluida la segura. Después de todo, no se puede estar en dos sitios al mismo tiempo; algo
tiene que ceder. Cuanto antes lo aceptes, más cómodo te sentirás a la
hora de pagar el precio. Recuerdo haber leído una historia sobre el
gran esquiador francés Jean-Claude Killy, que le decía a su manager:
«Me entreno en cualquier lugar donde sea invierno. La mitad del año
en el hemisferio norte, la otra mitad en el hemisferio sur. Hace años
que no sé qué es el verano». Killy, héroe nacional francés y atleta do-
minante en los Juegos Olímpicos de Invierno de 1968 —donde arrasó
con todas las medallas de oro en esquí alpino—, no estaba

describiendo la ausencia de veranos como una dificultad que sufría. Afirmaba que se sentía cómodo con el precio que pagaba por ser campeón del mundo. Podía vivir el verano todo lo que quisiera cuando guardara sus medallas de oro.

En los últimos años, me he dado cuenta de una cuarta razón por la que la gente duda al pagar el precio de ganar algo: los obliga a salir de su zona de confort. Por ejemplo, no me gusta la confrontación y la evito nueve de cada diez veces. No me parece que merezca la pena. Pero esa décima vez, cuando algo que valoro mucho está en peligro (un proyecto, mi familia, un amigo necesitado), estoy dispuesto a enfrentarme a quien sea para hacer lo que creo que es necesario. No disfruto haciéndolo, pero no me arrepiento de haberlo hecho.

No me estoy burlando de estas razones. Cuando el precio que tienes que pagar supera con creces la recompensa prevista, cualquiera de estas realidades parece de sentido común. El esfuerzo requerido simplemente hace que no valga la pena el resultado. Es como dedicar seis meses a aprender un idioma extranjero para visitar durante un solo día el país donde se habla. Mejor contratar a un intérprete para ese día.

Para tomar decisiones más inteligentes sobre cuándo pagar el precio y cuándo no hacerlo, primero debemos resolver la omnipresente dicotomía entre la gratificación diferida y la gratificación instantánea. En mi diccionario, *pagar el precio* puede ser un sinónimo de *gratificación diferida* (y *no pagar el precio* es un sinónimo de *gratificación instantánea*). Ambas tienen que ver con el autocontrol. Es un dilema al que te enfrentas cada día y durante todo el día, desde que te levantas. Por ejemplo, quieres levantarte temprano para hacer ejercicio antes de ir a trabajar. Cuando suena el despertador a las 5:45 de la mañana, te detienes un momento, tentado por la gratificación instantánea de quedarte en la cama para dormir media hora más, y lo sopesas en relación con el beneficio de tu rutina de ejercicios y también en relación con el dolor psíquico que genera empezar el día con un episodio de intención frustrada, un fracaso de voluntad y propósito. Tanto si el entrenamiento triunfa sobre el sueño como si no, esta es solo la primera de las muchas veces que tendrás que resolver hoy la dicotomía entre la gratificación diferida y la instantánea. La cosa continúa en el desayuno. ¿Serán saludables los copos de avena y la fruta de siempre, o mejor los tentadores huevos, con tocino y tostadas con un café con leche doble? Luego está la primera hora de trabajo. ¿La pasarás abordando el punto más difícil de tu lista de tareas o charlando con tus compañeros de oficina? Y así hasta el final del día, cuando debes elegir entre acostarte a una hora aceptable o quedarte despierto hasta tarde con Netflix. Nunca se acaba.

Nuestra actitud respecto de la gratificación diferida cambia de forma interesante desde el nacimiento hasta la muerte. Tal y como yo lo veo, solo hay dos momentos en la vida adulta en los que la gratificación instantánea no es una opción que torture el alma. La primera es en los primeros años de la vida adulta, cuando no tienes la sensación de que el tiempo pase deprisa. No ves la necesidad de ahorrar tu dinero o de cuidar tu salud o, para el caso, de dedicarte a una carrera específica. Puedes ser extravagante con tu tiempo y tus recursos porque tienes tiempo para recuperar el terreno perdido. Pagar el precio es algo que puedes retrasar hasta algún momento posterior (sea lo que sea que eso signifique). El otro momento es al final de la vida, cuando la brecha entre el tú de ahora y el tú del futuro se reduce. A cierta edad te conviertes en quien siempre pensaste que querías ser o, si no superas ese gran obstáculo, aceptas en quién te has convertido realmente. Ha llegado el momento de cobrar tus fichas. Así que haces reservas para un costoso viaje. Ofreces tu tiempo libremente. Te comes el kilo de helado sin sentirte culpable.

En los muchos años intermedios, la gratificación diferida te pone a prueba constantemente. Por eso, tu capacidad para experimentar la gratificación diferida es un factor tan decisivo para vivir una vida ganada, quizás un predictor incluso más fiable que la inteligencia.

Al final, la razón más convincente para pagar el precio es que, siempre que te sacrificas por algo, te ves obligado a valorarlo más.

Añadir valor a tu vida es un objetivo que merece la pena conquistar. Por otra parte, pagar el precio también sienta bien, independientemente de que tu esfuerzo heroico haya logrado la recompensa. No hay que avergonzarse por quedarse corto si uno ha dado lo mejor de sí mismo.

Tampoco hay que lamentarse. El arrepentimiento es el precio que pagas por no pagar el precio.

Dicho esto, hay momentos en nuestras vidas activas en los que podemos sentir legítimamente que hemos pagado lo suficiente y deberíamos darnos el lujo, aunque sea brevemente, de relajarnos. Un malvavisco nos llama.

A finales de la década de 1960, el psicólogo de Stanford Walter Mischel llevó a cabo sus famosos estudios sobre malvaviscos con niños en edad preescolar en la Escuela Infantil Bing, perteneciente a la universidad. A los niños les mostraban un malvavisco y les decían que podían elegir comerlo cuando quisieran. También se les decía que recibirían una recompensa mayor de dos malvaviscos (el menú de golosinas incluía galletas, caramelos, minipretzels y otros) si esperaban veinte minutos sin comer el malvavisco. Era una elección vívida entre la gratificación inmediata y la gratificación diferida. El niño se sentaba solo a una mesa frente a un malvavisco y una campana de escritorio que podía hacer sonar en cualquier momento para llamar al investigador y comer el malvavisco. O el niño podía esperar a que el investigador volviera, veinte minutos después, y, si el malvavisco seguía allí, recibiría dos malvaviscos. Mischel escribió:

> *«Las luchas que observamos mientras estos niños trataban de contenerse para no tocar la campana podrían hacer que se te saltaran las lágrimas, llevarte a aplaudir su creatividad y darles ánimos, y te darían nuevas esperanzas sobre el potencial que tienen incluso los niños pequeños para resistir la tentación y perseverar para obtener sus recompensas diferidas».*

Una investigación de seguimiento de los niños años más tarde llevó a Mischel a la conclusión de que los individuos que esperaron a los dos malvaviscos obtuvieron mejores puntuaciones en los exámenes de admisión, un mayor rendimiento educativo y un menor índice de masa corporal. Estos estudios condujeron finalmente al libro que Mischel publicó en 1994, *La Prueba del Malvavisco: Por qué el autocontrol es el motor del éxito*, que estableció la prueba como uno de los raros estudios de laboratorio sobre el comportamiento humano que se ha convertido en una piedra de toque cultural (por ejemplo, las camisetas que dicen Don't Eat the Marshmallow (No comas el malvavisco)).*

En términos generales, diferir la gratificación significa resistirse a recompensas inmediatas más pequeñas a cambio de recompensas más grandes más adelante. Gran parte de la literatura psicológica endiosa la gratificación diferida y la vincula con el «éxito». Nos bombardean sin descanso con la virtud de sacrificar el placer inmediato para conseguir resultados a largo plazo.

Pero hay otra forma de ver la prueba del malvavisco. Aunque el aprendizaje implícito del estudio —la gratificación diferida es unilateralmente buena— es difícil de ignorar, imagina que el estudio se extendiera más allá del segundo malvavisco. Después de esperar los minutos indicados, el niño recibió un segundo malvavisco, pero le dijeron: «Si esperas un poco más, tendrás un tercer malvavisco». Y un cuarto malvavisco... Un quinto malvavisco... Un centésimo malvavisco».

Según esta lógica, el maestro definitivo de la gratificación diferida sería un anciano a punto de morir en una habitación rodeado de

---

* Estudios posteriores, aplicando el sentido común, cuestionaron la solidez de la prueba original. Los niños acomodados, con padres muy educados de la comunidad de la Universidad de Stanford, tenían más probabilidades de criarse en un entorno en el que las recompensas de la gratificación diferida eran más obvias que las que tenían los niños pobres con padres menos educados. Estos niños también eran más propensos a confiar en que la figura de autoridad —el experimentador— entregaría la recompensa.

miles de malvaviscos rancios sin comer. Sin duda, ninguno de nosotros querría ser esa persona cuando seamos viejos y estemos muriendo.

A menudo hago esta advertencia sobre los malvaviscos a mis clientes de *coaching*. Su nivel de logro es asombroso, así como su fuerza de voluntad y su dominio de la gratificación diferida. Entre mis clientes de *coaching* se encuentran muchos de los líderes más exitosos del mundo. A menudo tienen una formación impresionante. A veces están tan ocupados haciendo sacrificios para lograr el futuro que se olvidan de disfrutar de la vida ahora. Mi consejo para ellos es mi consejo para ti: *Hay momentos en los que debes comer el malvavisco. Así que ¡come el malvavisco!* Hazlo hoy (aunque solo sea para recuperar la emoción de la gratificación instantánea). No esperes a que algún acontecimiento tardío de la vida te sacuda.

El escritor especializado en negocios John Byrne (cuya ceremonia de boda oficié), que colaboró con Jack Welch en su libro de memorias de 2001, *Jack: Straight from the Gut*, me contó una historia sobre Welch después de un ataque al corazón y una operación de triple *bypass* a los cincuenta y nueve años, en 1995. La operación hizo que Welch se replanteara cosas grandes y pequeñas de su vida. ¿Una lección? Dejar de beber vino barato. Para entonces, Welch llevaba catorce años como CEO de General Electric y era un hombre rico, pero nadie lo hubiera dicho, a juzgar por el vino barato que servía en casa. Con la mayor conciencia de la brevedad de la vida, a partir de entonces Welch llenaba su bodega solo con los tintos de Burdeos más preciados. Si cenabas con Welch en su casa, eso era cuanto servía. Básicamente, estabas bebiendo los malvaviscos de un hombre afortunado.

Al crear una gran vida para ti, acepta el hecho de que los logros a largo plazo requieren sacrificios a corto plazo. Pero no te pases con la gratificación diferida. Detente para disfrutar del viaje. La vida es una prueba perpetua de malvaviscos, pero no hay medalla por acumular el mayor número de malvaviscos sin comer. También podrías estar acumulando arrepentimientos.

Al final de su libro, Walter Mischel cuenta la historia comparada de dos hermanos. Uno es un banquero de inversiones serio y rico, con un matrimonio largo y estable e hijos adultos a los que les va bien. El otro hermano es un escritor que vive en Greenwich Village y que ha publicado cinco novelas que apenas han llamado la atención del público lector, pero que se describe a sí mismo, sin embargo, como alguien que se lo pasa muy bien, que pasa los días escribiendo y vive la vida de soltero por la noche, yendo de una relación a corto plazo a la siguiente. El escritor, refiriéndose a la prueba del malvavisco, especula que su hermano banquero, que es muy recto, es capaz de esperar eternamente por sus malvaviscos, en claro contraste con él mismo, que considera la gratificación instantánea como una opción de estilo de vida.

Sorprendentemente, Mischel emplea el contraste fraternal para dar su bendición a la vida del escritor, señalando que el escritor debe haber desarrollado un gran autocontrol para lograr pasar por los cursos de escritura creativa en la universidad y luego producir efectivamente cinco novelas. Mischel también excusa la vida de citas de espíritu libre del escritor, señalando que probablemente necesitó el mismo autocontrol que el otro «para mantener sus relaciones divertidas mientras se mantenía sin compromiso».

En otras palabras, el hombre que inventó la prueba del malvavisco quiere que todos nosotros comamos también malvaviscos.

EJERCICIO

....

Elimina la demora de la gratificación diferida

Este es un ejercicio para tomar conciencia del papel que desempeña la gratificación diferida en nuestras vidas.

HAZ ESTO: Durante un día entero, filtra cada dilema al que te enfrentes a través de la dicotomía de la gratificación diferida (no comer el malvavisco) frente a la gratificación instantánea (comerlo). Ante cualquier decisión, haz una pausa de siete segundos (un breve retraso que cualquiera puede soportar) y pregúntate: ¿Puedo diferir la gratificación en este momento para obtener una recompensa mayor en el futuro, o estoy tomando el camino más fácil y conformándome con la gratificación instantánea? Dicho de otro modo: ¿Estoy pagando el precio de esta situación o estoy sacando provecho?

Si ves que el ejercicio te hace estar más atento a las recompensas de la gratificación diferida y a tu capacidad para afrontar el reto —al menos más que si te rindes a la gratificación instantánea sin pensar— intenta seguir con él todo lo que puedas. No es fácil. Se trata de un gran autocontrol, sobre todo teniendo en cuenta todas las tentaciones a las que nos enfrentamos cada día. Pero, al igual que ocurre con el seguimiento de una dieta o una rutina de ejercicio físico, si puedes pasar los primeros cuatro o cinco días sin abandonar, habrás mejorado las probabilidades de que la gratificación diferida se convierta en tu respuesta a la falta de costumbre, en lugar de un acontecimiento extraordinario. Hazlo y estarás listo para un ejercicio avanzado.

AHORA HAZ ESTO: Todos nosotros creamos jerarquías en nuestra mente para nuestros objetivos. A algunos les damos alta prioridad;

a otros, baja. Algunos son difíciles de alcanzar, otros son fáciles. Según mi experiencia, los objetivos difíciles tienden a ser los de alta prioridad, y los fáciles los de baja prioridad. La sabiduría convencional dice que deberíamos empezar cada día quitándonos de encima los objetivos fáciles y de baja prioridad, porque es bueno empezar el día con algunas victorias. Y, como somos humanos y nos sentimos naturalmente atraídos por la fruta fácil de alcanzar, seguimos la sabiduría convencional, mientras diferimos la gratificación de abordar nuestros objetivos más prioritarios.

Por un día, sé poco convencional. Aborda primero el objetivo más prioritario.

Como toda sugerencia que desafía las convenciones, esta tarea de una sola vez (es solo para un día) puede ser un reto para la mayoría de nosotros, precisamente porque nuestros objetivos de alta prioridad tienden a ser de alta dificultad. Por ejemplo, yo intento responder a toda la correspondencia que recibo —solicitudes, invitaciones, sugerencias, comentarios positivos o negativos, ya sean analógicos o digitales— en los dos días siguientes a su recepción. No me gusta ignorar a las personas que se toman la molestia de escribirme; se merecen una respuesta. No es especialmente urgente y rara vez es relevante, y no es que me guste pasar tres horas cada dos días enviando notas y correos electrónicos a personas que no conozco. Pero responder a la correspondencia no es ni de lejos tan difícil como escribir un capítulo de un libro. Así que, cuando siento la necesidad de seguir trabajando hasta la noche en lugar de dar por terminada la jornada, recurro a las cartas y los correos electrónicos en lugar de lo que me digo a mí mismo que es un objetivo más prioritario, como escribir durante dos horas. En mi jerarquía de cosas por hacer, responder el correo es fácil, una prioridad media; escribir es un trabajo pesado y una prioridad muy alta. Al elegir la tarea fácil antes de dar por terminado el día, no puedo decir honestamente que esté experimentando o ganando alguna gratificación diferida, porque responder a la correspondencia no es ni de lejos tan gratificante como terminar

el siguiente capítulo (no hay gratificación diferida si no estoy grati-
ficado). Entonces, ¿cuál es el precio que realmente estoy pagando?

Si escribir fuera realmente tan prioritario como afirmo que es, yo
adoptaría la estrategia de muchos escritores de éxito con mayor autocontrol del que yo poseo. Redactan sus escritos a primera hora de
la mañana, cuando su mente está descansada, antes de que nada pueda distraerlos. Ya sea que su plan sea permanecer en su escritorio
durante cinco horas ininterrumpidas o alcanzar un número específico de palabras, si se apegan al plan obtienen la gratificación extrema
de comenzar cada día con su mayor logro. Lo primero es lo que se
gana. Todo lo que sigue es un extra.

Se trata de una ventaja tan atractiva que resulta sorprendente que
la mayoría de nosotros (incluido yo) no copiemos esta práctica. Gracias a la regularidad y la repetición de presentarse en su escritorio
para escribir a primera hora de la mañana, estos escritores han eli-
minado la demora de la gratificación diferida. Tienen su malvavisco
y lo comen también (justo después de terminar el día).

14

LA CREDIBILIDAD DEBE GANARSE DOS VECES

¿Cuál es el propósito de vivir una vida que valga la pena?

Una respuesta que admiro es la de Peter Drucker, que dijo: «Nuestra misión en la vida es marcar una diferencia positiva, no demostrar lo inteligentes o lo acertados que somos».

Solo nosotros definimos cómo marcamos una diferencia positiva. Algunas personas lo hacen en una gran escala de sacrificio y ambición: médicos que salvan vidas, activistas que corrigen errores, filántropos que reforman la sociedad. Otros lo hacen con gestos humildes y a pequeña escala: realizando un esfuerzo para consolar a un amigo que sufre, entrenando a las ligas menores, presentando a dos personas que acaban enamorándose, siendo los padres que nuestros hijos necesitan. Entre esos extremos, hay una miríada de buenas acciones comunes que crean un legado de consideración y bondad.

Cuando he pedido a personas de éxito que caractericen la plenitud que obtienen al perseguir una vida ganada, la respuesta número uno, con ventaja, es alguna variación de ayudar a la gente. Considero que estas respuestas confirman una vez más (por si hiciera falta algo más) la penetrante pero generosa visión de Peter Drucker sobre nosotros. Al afirmar que nuestra misión en la vida es marcar una diferencia positiva, no nos estaba exhortando a hacer lo correcto; estaba describiendo lo que ya está ahí, lo que ya sabemos de nosotros mismos. Nos merecemos la vida más plenamente cuando estamos al servicio de los demás.*

Para entender el tipo de impacto positivo que quieres causar en tu vida, tienes que aceptar dos cualidades profundamente personales. Una es la credibilidad, la otra es la empatía. Necesitas ambas para marcar una diferencia positiva. En este capítulo, exploraremos la importancia de la credibilidad.

La credibilidad es una cualidad de la reputación que se gana con el tiempo cuando la gente confía en ti y cree en lo que dices.

Ganar credibilidad es un proceso de dos pasos. El primer paso es establecer tu competencia en algo que los demás valoran y hacerlo bien de forma constante. Así se gana la confianza de los demás. Ellos saben que cumplirás lo que prometes. El segundo paso es ganarse el reconocimiento y la aprobación de los demás por tu competencia particular. Necesitas tanto la confianza como la aprobación para acreditarte con credibilidad. Por ejemplo, si eres una vendedora que supera su límite mes tras mes, la gente se dará cuenta. Si continúas con tu racha intachable durante uno o dos años, adquirirás credibilidad. La competencia constante crea credibilidad. La credibilidad crea influencia. Es la autoridad ganada que nos ayuda a persuadir a la gente para que haga lo correcto, lo que a su vez aumenta nuestra capacidad de marcar una diferencia positiva.

---

* Incluso algunas de las respuestas más centradas en el yo están teñidas del tono de marcar una diferencia positiva: «mantener a mi familia» y «criar a mis hijos para que sean ciudadanos sanos y productivos», más que «crear un negocio» o «ganar suficiente dinero para jubilarme a los cincuenta». Pero, si se profundiza en la comprensión de la fuente de realización de cualquier persona, sospecho que se verá que marcar una diferencia positiva suele ser una parte de ella. Mi cliente Harry Kraemer, por ejemplo, tenía cincuenta años en 2005 cuando se jubiló como CEO de Baxter Pharmaceuticals en Chicago. No necesitaba ni quería otro puesto de CEO. En cambio, se convirtió en uno de los profesores más populares de la Northwestern's Kellogg School of Business, y causó un impacto en cientos de estudiantes que, en su opinión, estaba a la altura de su buen trabajo anterior cuando producía medicamentos que salvaban vidas en Baxter.

El camino que va de la competencia a marcar una diferencia positiva es bastante directo. Asumiendo la buena voluntad de una persona, la competencia, combinada con su reconocimiento, conduce a la credibilidad, que lleva a la influencia, que lleva a marcar una diferencia positiva. Esto es particularmente cierto en el caso de mis héroes-mentores, como Paul Hersey, Frances Hesselbein y Peter Drucker. Tuvieron años de logros constantes para dejar su huella y ser admirados (o sea, aprobados) por ello, mucho antes de que yo apareciera en sus vidas. Su evidente hipercompetencia fue la fuente de su profunda influencia sobre mí y la razón por la que mi deseo de asociarme con ellos era una obviedad. Pero ese fue solo el primer paso. La diferencia positiva que marcaron en mi vida fue tan grande que pronto me di cuenta de que quería ser como ellos, sobre todo si el tipo de credibilidad que se habían ganado podía ser también la mía. No se me ocurre una forma de aprobación más profunda o gratificante que lograr una vida merecida que otras personas —tus hijos, alumnos, colegas, acólitos, lectores— quieran conseguir también.

Me comprometí con este objetivo hace más de veinticinco años. Ya sabía que la credibilidad era fundamental para tener éxito como *coach* de ejecutivos, sobre todo si limitaba mi base de clientes a las personas de la cima de la escala empresarial. En los niveles más altos, los clientes necesitan saber no solo que eres competente, sino que las personas a las que ellos respetan te aprueban. Esa fue la primera vez que me di cuenta de que la credibilidad tuve que ganármela dos veces: primero, cuando alcancé un alto nivel de competencia, y luego, una segunda vez, mientras esperaba que la gente se diera cuenta de mi creciente capacidad y me concediera el reconocimiento que conduce a la credibilidad.

Muchos años después, en una de nuestras convocatorias de RPV en 2020, Safi Bahcall, físico polímata, empresario y autor de *Loonshots*, ofrecería una revelación que describía perfectamente mi reto de ganar credibilidad. Safi se esforzaba por puntuar con exactitud su esfuerzo para alcanzar la felicidad cada semana en la convocatoria de RPV, hasta que se dio cuenta de por qué la medición de la felicidad lo confundía tanto. Asociaba los logros con la felicidad, es decir, el logro de un objetivo debería hacerlo feliz y, a la inversa, ser feliz debería mejorar su capacidad para alcanzar un objetivo, cuando en realidad son variables independientes en el camino hacia una buena vida y una diferencia positiva. Pueden estar correlacionadas, pero no necesariamente. Merecer la felicidad es una búsqueda en sí misma, independiente de conseguir cualquier logro. Nuestra experiencia nos dice que ser feliz no significa obtener logros y, viceversa, los logros no siempre proporcionan felicidad. Al fin y al cabo, muchos triunfadores son desgraciados o están deprimidos.

De la misma manera que los logros y la felicidad eran variables independientes, ganar competencia no garantizaba automáticamente que se me reconociera por ello. Una mayor competencia y el reconocimiento por ella son dos variables independientes que debería conectar para que los demás lo vieran. Para adquirir una mayor credibilidad como *coach,* tendría que ser bien conocido. Este reconocimiento no me vendría de regalo. Tendría que salir de mi zona de confort de «solo hacer el trabajo» para añadir una nueva tarea esencial a mi definición de solo hacer el trabajo, a saber, ser más conocido. Mi buen trabajo ya no iba a «hablar por sí mismo». Esa arrogancia podría haber funcionado hace cincuenta años, en tiempos más sencillos. Pero en la llamada Economía de la Atención, donde hacerse notar es un deporte de contacto, resulta una estrategia incompleta. Estás declarando la victoria con el trabajo a medias. No solo tienes que contar una buena historia que hable por sí misma, sino que tienes que vender tu capacidad de contar historias. La incomodidad a menudo asociada con el automarketing —tanto si buscas atención por un logro en el trabajo como si quieres dar a conocer una nueva empresa— es el precio adicional que hay que pagar para tener éxito en un entorno que cambia rápidamente. Resulta menos incómodo si puedes argumentar razonablemente que aceptar los incómodos deberes del automarketing sirve para el propósito aspiracional de marcar una diferencia positiva. Esto se ha convertido ahora en una parte reveladora de mi *coaching,* pero antes tuve que probarlo en mí mismo. Desarrollé un diálogo socrático con cuatro preguntas:

1. Si fuera más reconocido como experto en *coaching* de ejecutivos, ¿podría marcar una diferencia más positiva en el mundo?
2. ¿El hecho de luchar por este reconocimiento me incomoda?
3. ¿Mi incomodidad me inhibe y, por tanto, limita mi capacidad para marcar una diferencia positiva?
4. ¿Qué es más importante para mí: mi incomodidad momentánea o marcar una diferencia positiva?

Cuando puedo convencerme de que cualquier tarea incómoda es para un bien mayor, mi incomodidad se convierte de repente en un precio que estoy feliz de pagar.

Tengo que hacer una confesión al mencionar nuestra incomodidad con la búsqueda de reconocimiento. Desde las primeras páginas de este libro, he evitado sinceramente describir una vida que valga la pena de forma excluyente a través del contundente cálculo de la elección, el riesgo y el esfuerzo que conducen a una recompensa merecida. Es ciertamente una parte del conjunto, pero, ante todo, nuestra ganancia debe estar al servicio de una aspiración más elevada. No se trata solo de resultados.

Confieso ahora una grave falta de omisión. No he logrado abordar la certeza absoluta de que no obtendremos lo que queremos simplemente porque nos esforcemos por conseguirlo, incluso cuando nuestras elecciones sean intachables, nuestros esfuerzos impecables y completos. He omitido la posibilidad de que el mundo no sea siempre justo con nosotros. Si lo fuera, ninguno de nosotros se sentiría ignorado, maltratado o víctima de alguna otra forma. Siendo buenas personas con nobles intenciones, comprometidas a marcar una diferencia positiva, obtendríamos exactamente lo que merecemos.

A estas alturas de nuestra vida adulta, sabemos que las personas y las circunstancias no siempre son tan complacientes. Si alguna vez has hecho algo maravilloso y el mundo lo ignora, o incluso te castiga por ello, sabes que esto es cierto. Muchas veces no es culpa tuya. No has llegado a tiempo. El buen trabajo de otro te ha robado el protagonismo. Te ha tapado una voz más fuerte que quiere llamar la atención.

Lo curioso es que vemos este problema claramente en otras personas, pero rara vez lo aceptamos como una realidad cuando nos ocurre a nosotros. Si una amiga lanzara hoy un producto al por menor, supondríamos que tiene un plan de marketing completo para llamar la atención sobre su marca —publicidad, una campaña sofisticada en las redes sociales, muestras gratuitas para obtener críticas positivas, colocación pagada en los estantes de las tiendas, modos de difusión gratuitos en forma de comunicados de prensa, entrevistas y perfiles—, todo ello en busca de reconocimiento y aprobación que se traduzca en un poco más de credibilidad para su marca. Menos que eso sería una locura en un producto de venta al público.

Sin embargo, no trasladamos esto automáticamente a nosotros mismos en el trabajo o en cualquier otro lugar. Podemos sentir que llamar la atención sobre nosotros mismos es indecoroso y narcisista. Nuestro gran trabajo debería hablar por sí mismo. No deberíamos tener que elogiarlo. He oído todas clase excusas, a las que respondo: No irías a toda máquina en la primera parte de un partido para luego no hacer nada en la segunda si esperas un resultado satisfactorio, ¿verdad? Entonces, ¿por qué te comportarías de la misma manera cuando el destino de tu duro trabajo, tu carrera, tu vida ganada pende de un hilo?

Por eso tenemos que aceptar la credibilidad. Como atributo personal, es esencial para marcar una diferencia positiva y vivir una vida que valga la pena. Afortunadamente, tengo un plan.

Además de su conocimiento sobre cómo marcar una diferencia positiva, Peter Drucker tenía otras cinco reglas que son aplicables para ganar credibilidad. Al principio pueden parecerte evidentes, incluso trilladas, pero personas más inteligentes que yo tuvieron la misma reacción inicial y ahora las citan con regularidad. Si quieres elevar tu credibilidad, empieza por memorizar estos «druckerismos»:

1. Cada decisión en el mundo es tomada por la persona que tiene el poder de tomar la decisión. Haz las paces con eso.
2. Si tenemos que influir en alguien para marcar una diferencia positiva, esa persona es nuestro cliente y nosotros somos un vendedor.
3. Nuestro cliente no necesita comprar; nosotros necesitamos vender.
4. Cuando intentamos vender, nuestra definición personal de valor es mucho menos importante que la definición de valor de nuestro cliente.
5. Debemos centrar nuestra energía en lo que realmente puede marcar una diferencia positiva en el mundo. Vender lo que podemos vender y cambiar lo que podemos cambiar. Dejar ir lo que no podemos vender o cambiar.

Cada una de estas reglas supone que la adquisición del reconocimiento y la aptitud es un ejercicio transaccional. Presta atención a la frecuente referencia a venta y clientes. La implicación es que debemos vender nuestros logros y competencias para que sean reconocidos y apreciados por los demás. Estos druckerismos no solo avalan nuestra necesidad de aprobación, sino que subrayan que no podemos permitirnos ser pasivos al respecto cuando nuestra credibilidad está en juego.

Pero hay una forma correcta y una forma incorrecta de buscar la aprobación. Desde nuestros primeros días, cuando tratábamos de complacer a nuestros padres, nos hemos pasado la vida buscando la aprobación de las personas que podían influir en nuestro futuro. Algo que continuó en la escuela, cuando buscábamos la aprobación de nuestros profesores, y luego aumentó su intensidad cuando nuestros jefes y clientes se convirtieron en quienes tomaban las decisiones que influían en nuestra vida (ver la regla 1). Cuanto más ascendemos, más nos esforzamos por demostrar nuestra valía. Con el tiempo, esto se convierte en algo natural; no nos damos cuenta de que lo estamos haciendo. Es entonces cuando empezamos a cometer errores que dañan nuestra credibilidad en lugar de mejorarla. La siguiente matriz te ayudará a determinar cuándo merece la pena demostrar tu valía ante los demás y cuándo es una pérdida de tiempo o te hace más daño que bien:

MATRIZ DE CREDIBILIDAD

El eje vertical mide una dimensión de la credibilidad: nuestro nivel de esfuerzo por demostrar nuestra valía. El eje horizontal mide una segunda dimensión: marcar una diferencia positiva. La matriz ilustra las conexiones entre las dos dimensiones. Nos hacemos dos preguntas: (1) ¿Me estoy esforzando por demostrar mi valía? y (2) ¿El hecho de probarme a mí mismo me ayudará a marcar una diferencia positiva? La utilidad de la matriz es situacional. En algunas situaciones, nuestras respuestas a esas preguntas pueden ser altas o bajas. Cuando ambas son altas o bajas, estamos en un buen momento.

Examinemos lo que está en juego en cada uno de estos cuatro cuadrantes y cómo determina nuestro comportamiento.

Ganar credibilidad: El cuadrante más beneficioso se encuentra en la parte superior derecha, donde buscas proactivamente la aprobación y esta marcará una diferencia positiva en tu propia vida o en la de los demás. Buscar agresivamente un trabajo que sabes que puedes hacer mejor que nadie es un buen ejemplo. Hace algunos años, uno de mis clientes de *coaching* oyó el rumor de que no iban a contratarle para el puesto de CEO de su empresa. Se rumoreaba que el puesto iba a ser ocupado por una persona ajena a la empresa a la que mi cliente conocía bien y que consideraba un charlatán. Aunque estaba decepcionado, mi cliente estaba aún más preocupado por el futuro de la empresa con ese farsante al mando.

—¿Ya se ha anunciado? —pregunté.

—No.

—¿Crees que tú eres una mejor opción?

—Sí.

—Entonces, es solo un rumor—dije—. Es tu oportunidad para luchar por el puesto.

Redactó una propuesta de veintiocho páginas en la que detallaba sus planes para la empresa y se la envió al presidente del consejo de administración (avisando a su jefe), solicitando una reunión para exponer su postura. En la reunión, el presidente del consejo de administración le comunicó que, efectivamente, había sido descartado porque no se lo consideraba capaz de liderar la empresa. Su valentía para redactar la propuesta y venderse directamente al presidente —el responsable de la toma de decisiones, quien tenía el poder de elegir al próximo CEO— revirtió esa opinión. Consiguió el puesto.

Este es el cuadrante en el que quieres estar, vendiéndote sin miedo, cuando tu competencia no está en duda y el resultado marcará una diferencia positiva en todos los ámbitos. Cualquier otra cosa sería lamentable.

Dejar pasar: Este es el cuadrante del «No vale la pena», en el que esforzarse por demostrar lo que vales no supone una diferencia positiva y no sientes ninguna necesidad de aprobación. Discutir sobre política con alguien que es diametralmente opuesto a tu posición y que no está dispuesto a dejarse conmover por nada de lo que digas es un ejemplo común. En lugar de golpearte la cabeza contra la pared con tu oponente, deberías preguntarte: ¿Vale la pena? La respuesta es invariablemente *no*, y tienes que dejarlo pasar. Me encuentro en este cuadrante unas cuantas veces al día. Sucede cuando piden mi opinión sobre un tema en el que tengo conocimientos limitados, que puede ser cualquier cosa, desde la estrategia corporativa hasta la macroeconomía o la cocina. He aprendido de la forma más dura y dolorosa que cualquier opinión desinformada que ofrezca podría hacer más mal que bien si se toma en serio. Esto no supondría una diferencia positiva. Ahora confío en una respuesta estándar: «No soy un experto en el tema». Así se termina la conversación, respetando y protegiendo a todos los implicados.

Aunque las dos condiciones aquí son negativas, este es el otro cuadrante bueno para estar. Un doble negativo, después de todo, es un positivo. Cuando no estás tratando de probarte a ti mismo y no habría ninguna diferencia positiva si lo hicieras, tu única respuesta aceptable es dejarlo pasar. Todo lo demás es una pérdida de tiempo.

Promocionarte de menos: Este es el cuadrante «No debería tener que...», en el que ganarse la aprobación mejoraría tu credibilidad y marcaría una diferencia positiva, pero no estás dispuesto a demostrar tu valía. A veces se trata de un exceso de ego en el que crees que tu capacidad habla por sí misma, que tu reputación es tu argumento de venta. Así que te retraes cuando deberías dar lo mejor de ti mismo.

A veces el ego es demasiado poco. Tienes dudas sobre ti mismo o te sientes como un impostor (crees que la competencia que se te atribuye no es merecida y que no te has ganado esa aprobación). No expresas la confianza que deberías tener.

Promocionarte de más: Este es el cuadrante del «falta de oído musical», en el que las posibilidades de marcar una diferencia positiva son de bajas a nulas y, sin embargo, tu necesidad de aprobación se dispara. Cometes el pecado de sobrevender. Intentas ganar un juego que nadie más juega.

Esto también tiene su origen en un exceso o defecto de ego. Cuando tenemos poca confianza, lo compensamos exagerando. Este es el comentario más común que escucho de los miembros de la junta directiva cuando personas sin experiencia hacen presentaciones a la junta. Suelen hablar demasiado y dar demasiadas explicaciones. Lo mismo ocurre con las personas excesivamente seguras de sí mismas. Hablan demasiado, dan demasiadas explicaciones y se esfuerzan demasiado por demostrar su valía. Cualquiera que sea la razón, promocionarse de más rara vez supone una diferencia positiva o mejora nuestra credibilidad.

Cuando te promocionas de más, estás rompiendo todas las reglas de Peter Drucker. No intentas marcar una diferencia positiva, porque no es una opción en esta situación concreta. Estás vendiendo lo qué tú valoras, no lo que el cliente valora. Peor aún, no sabes qué el valora el cliente. Y, lo que es peor, le estás vendiendo a alguien que no es quien toma las decisiones: el ejercicio definitivo de inutilidad. El resultado neto es peor que un fracaso para mejorar tu situación. En lugar de quedarte en tu sitio, has dado un paso o dos hacia atrás.

En el pasado, este era el cuadrante en el que resultaba más probable que yo cayera cuando no prestaba atención a las reglas de Drucker. El momento más grave fue a principios de los años 90, cuando acababa de regresar de un programa de ayuda familiar de la

Cruz Roja Internacional en África. Mi experiencia apareció en la primera página del periódico local *La Jolla Light*. El Dr. Sam Popkin, un respetado profesor de Ciencias políticas de la Universidad de San Diego, organizó una fiesta en mi honor. Brindó con efusivos elogios por mis esfuerzos humanitarios. Fue una ocasión perfecta para subestimarme. Sam me había dado toda la credibilidad que merecía. Sin embargo, eso no me impidió exagerar inútilmente mi estancia en África ante un pequeño grupo de vecinos en la fiesta. Estaba aturdido y lleno de confianza en mí mismo y me comporté como un vendedor excesivamente entusiasta, aunque no había pruebas de que mi público fuera cliente. Cuando el grupo se disipó, quedó un señor mayor. Finalmente, tomé aire y le dije: «Lo siento, no he entendido su nombre».

Extendió su mano para estrechar la mía y dijo: «Soy Jonas Salk. Es un placer conocerte».

Frente al hombre que inventó la vacuna contra la polio, no tuve que preguntar: «¿Y a qué se dedica usted?». Su nombre era su credibilidad. Su credibilidad era su nombre.

Cada uno de los cuatro cuadrantes de la matriz te indica cuándo debes intentar buscar la aprobación —es decir, venderte— y cuándo no es apropiado. Cada uno de los puntos de Drucker se ilustra en alguna parte de la matriz. Promocionarte de más es perder el tiempo y el esfuerzo intentando demostrar que eres inteligente o que tienes razón, en lugar de intentar marcar la diferencia. Cambiar lo que puedes cambiar y dejar ir lo que no puedes cambiar es Dejar pasar. Dar más valor a tus necesidades que a las del cliente es Promocionarte de menos. En el cuadrante óptimo, Ganar credibilidad, encontrarás todos los druckerismos. No solo intentas marcar una diferencia positiva, sino que también aceptas tu papel de vendedor. Valora las necesidades del cliente más que las tuyas propias. También aceptas que el cliente tiene el poder de tomar la decisión, y no lo cuestionas si no va en tu dirección. No intentas cambiar lo que no puedes cambiar.

La matriz de credibilidad aborda un tema en el que me he centrado durante años: una cosa es ser competente y otra cosa es ser reconocido por ello. No basta con ganar credibilidad en un aspecto y no en el otro. Hay que ganársela dos veces. De lo contrario, disminuirás tu capacidad de marcar una diferencia positiva y reducirás el impacto de tu vida.

EJERCICIO

································

¿Cuál es tu gran revelación?

Tal vez te haya pasado esto. Estás en una boda familiar en la que participan personas que, en cantidad, son dos veces más que tu familia inmediata. Estás familiarizado con algunos de los invitados y miembros de la fiesta de la boda, pero no con la mayoría de los invitados. En la recepción, observas cómo llevan a tu callado primo Ed a la pista de baile, donde descubres que se mueve como una mezcla de Fred Astaire y Justin Timberlake. Te sorprende de verdad saber que Ed es un gran bailarín. ¿Dónde ha escondido ese talento toda su vida?

Vuelve a ocurrir algo similar durante los brindis. Erica, la siempre seria dama de honor que estudia un doctorado en Química y a la que conoces desde su infancia, se levanta para brindar por los novios y pronuncia de memoria un discurso de diez minutos. a la vez divertido y sincero, con el que deslumbra a la sala y lleva el ambiente de la boda a otro nivel. Mientras aplaudes a Erica, giras hacia los comensales y notas que todos piensan lo mismo: ¿Quién iba a saber que Erica era tan divertida?

La escena es un elemento básico de las comedias y las películas de suspense. Es la gran revelación en la que descubrimos que un personaje hasta entonces poco impresionante tiene habilidades que nunca sospechamos. Es aprender que el personaje de Marisa Tomei en *Mi primo Vinny*, la astuta y competente Monica Vito, sabe mucho de coches. Son escenas de película que podemos ver repetidamente porque proporcionan un cierre muy satisfactorio. Nos alegramos de que se revele la excelencia del personaje y quizás envidiamos que su cualidad especial sea finalmente conocida por todos. Sospecho que muchos de nosotros nos sentimos así: ansiamos que se conozca nuestra particularidad.

Pero primero tenemos que identificar las habilidades especiales y los rasgos de personalidad que muy poca gente conoce de nosotros.

HAZ ESTO: ¿Qué hay de ti que, al salir por fin a la luz, sorprendería a la gente y la dejaría pensando: «Quién lo iba a decir»? Tal vez sea tu colección de cerámica de primera categoría, o que eres voluntario en un comedor social todos los domingos, o que tu poesía ha sido publicada en revistas reconocidas, o que sabes escribir programas de computación, o que ganas en tu grupo de edad en los campeonatos nacionales de natación. Tal vez seas como Ed y Erica —bailas bien o puedes hacer un brindis como un profesional del *stand-up*— y simplemente necesitabas una boda para tu gran revelación.

Lo que quiero decir es que, una vez revelada, tu cualidad de «¿Quién lo iba a decir?» abre los ojos a otras personas que creían conocerte y les permite deducir que tienes pasiones profundas ocultas, compromiso e ingenio, que eres más capaz de lo que pensaban. Esto eleva tu credibilidad a sus ojos. Es el resultado neto ideal: estás ganando credibilidad.

Ahora extiende este ejercicio al lugar de trabajo. ¿Cuál es la gran revelación —tu cualidad de *¿Quién lo iba a decir?*— que aumentaría tu credibilidad entre tus compañeros y jefes? Si todo el mundo lo supiera, ¿qué diferencia positiva supondría en tu vida? ¿Por qué la ocultas?

15

EMPATÍA SINGULAR

La *empatía* es la segunda cualidad profundamente personal que configura nuestra capacidad de ejercer un impacto positivo.

La empatía es el acto de experimentar lo que otras personas sienten o piensan. Un filósofo alemán creó el término en 1873, a partir de la palabra *Einfühlung*, que significa «sentir en», y así es como lo consideramos hoy en día: nos sentimos partícipes de las emociones y situaciones de los demás.

Una de las cualidades más importantes para vivir una vida que valga la pena es construir relaciones positivas (de ahí la pregunta que se hace en el RPV «¿He hecho todo lo posible por mantener las relaciones?»). La empatía, creo que todos podemos admitirlo, es una de las variables más importantes en la construcción de relaciones. Como la mayoría de las cosas importantes, es una disciplina que debe aprenderse. Mientras que la credibilidad nos ayuda a influir en los demás, la empatía nos ayuda a establecer relaciones positivas, aunque ambas sirven para el mismo propósito: marcar una diferencia positiva.

Tendemos a pensar que la empatía es algo bueno. ¿Qué hay de malo en estar atento al sufrimiento de los demás y mostrar preocupación? Pero la empatía no consiste únicamente en sentir el dolor de otra persona. Es algo más complicado que eso. La empatía es una respuesta humana muy adaptable, que cambia con cada situación. A veces la sentimos en nuestra cabeza. A veces la expresamos directamente desde el corazón. A veces puede abrumarnos físicamente y dejarnos impotentes. A veces expresamos nuestra empatía a través del impulso de hacer algo. Nuestra empatía cambia de forma a medida que cambia la situación.

Mi preferida —porque es la más útil para un *coach*— es la empatía de la *comprensión*, mediante la que entendemos por qué y cómo piensan y sienten los demás. He oído llamarla *empatía cognitiva*, lo que sugiere que somos capaces de ocupar el mismo espacio mental que otra persona. Entendemos las motivaciones de la otra persona. Podemos predecir cómo reaccionará ante una decisión. La empatía cognitiva es la razón por la que, en los matrimonios y las parejas de toda la vida, una persona puede terminar las frases de la otra. Es la habilidad secreta en la que se basan los grandes vendedores para satisfacer las necesidades de sus clientes, y la razón por la que un gran vendedor presume de conocer a sus clientes. Es el conocimiento agudo —a menudo adquirido a través de la investigación de mercado y las pruebas de productos—, que los anunciantes eficaces emplean para crear mensajes que nos hacen querer comprar sus productos, normalmente de forma inconsciente. Este tipo de manipulación, llevada demasiado lejos, saca a relucir el lado oscuro de la empatía de la comprensión. Es la forma en que los siniestros actores políticos, al comprender los prejuicios y las quejas de los ciudadanos, pueden influir en la gente para crear una agitación sociopolítica o una revolución. También es un recordatorio de que los humanos hemos subestimado el poder de la empatía, en todas sus formas, durante siglos.

También poseemos una empatía del *sentimiento* —experimentar el estado emocional de la otra persona. Es la empatía que mostramos cuando reproducimos en nuestro interior el sentimiento de otra persona, normalmente para comunicarle «Siento tu dolor» o «Me alegro por ti». Es una fuerza poderosa dentro de nosotros. Los estudios cerebrales sobre las reacciones de las personas a los acontecimientos emocionales han demostrado que los aficionados al deporte en los Estados Unidos pueden experimentar una alegría tan intensa al ver a su equipo de fútbol marcar un tanto como la alegría que siente el jugador que realmente marcó el tanto. Por eso lloramos o reímos al ver a personajes de películas que sabemos que solo están actuando. Cuando el personaje de la pantalla se emociona o se asusta, nosotros nos emocionamos o nos asustamos. Por eso nos sentimos reconfortados por el trato de cabecera de un médico; a través de la réplica que hace el médico de lo que sentimos, comprendemos que no estamos solos en nuestro miedo o sufrimiento. Los padres pueden sentir esta forma de empatía más intensamente, no siempre con efecto positivo. Una vez le pregunté a mi vecino Jim, padre de cinco hijos, por qué parecía abatido cada vez que lo veía. Me respondió: «Como padre, solo puedo ser tan feliz como mi hijo sea menos feliz». Ese es el riesgo que conlleva la empatía del sentimiento. Podemos sentir demasiado, hasta el punto de perdernos en el dolor del otro y hacernos daño en lugar de ayudarnos a nosotros mismos y al objeto de nuestra preocupación. Podemos reducir este riesgo concreto, según la experta francesa en empatía Hortense Le Gentil, con una estrategia bien intencionada de ir y volver. «Por supuesto, está bien compartir los sentimientos de la otra persona, pero no te quedes demasiado tiempo en la fiesta. Participa y luego vete».

Una forma más sutil de empatía aparece cuando sentimos preocupación por la reacción de la otra persona ante un acontecimiento. Esta empatía del *cuidado* difiere de la empatía del sentimiento en un aspecto importante: está causada por la preocupación por *la reacción de la persona ante el acontecimiento, no por el acontecimiento en sí.* Por ejemplo, uno de los padres que asiste al partido del equipo de fútbol de su hija podría sentirse feliz cuando el equipo marca un gol, independientemente de que su hija u otra persona haya sido la responsable del gol (el gol es un acontecimiento feliz), o podría sentir alegría solo al ver lo feliz que el gol hizo sentir a su hija (no el acontecimiento, sino la reacción ante el acontecimiento feliz). En la empatía del cuidado, te sientes feliz o triste porque la persona está feliz o triste, no porque la situación sea una ocasión feliz o triste. Los acontecimientos familiares suscitan la empatía del cuidado todo el tiempo. Si lo pasamos muy bien en una cena, pero la velada termina con nuestro cónyuge enfadado por algo que ha ocurrido en la fiesta, nuestro placer tiende a ser inmediatamente sobrepasado por la angustia de nuestro cónyuge. Nos sentimos naturalmente inclinados a empatizar con su dolor, porque ¿quién quiere un marido, una esposa o un compañero que no se preocupe? Las personas que trabajan con clientes son especialmente hábiles en la empatía del cuidado y muestran más preocupación por el descontento del cliente después de un percance que por el propio percance. Los clientes aprecian el gesto empático; perdonarán casi cualquier error si ven que te preocupas lo suficiente por ellos como para solucionarlo.

El gesto empático más eficaz es la empatía de la *acción*, cuando se va más allá de la comprensión, el sentimiento y el cuidado, y se actúa para marcar la diferencia. Es el paso extra, que siempre supone un coste de alguna manera, y que pocos estamos dispuestos a dar. E incluso cuando actuamos de acuerdo con nuestros sentimientos empáticos, nuestras acciones bien intencionadas pueden ser excesivas en lugar de marcar una diferencia positiva. Cuando le dije a mi cliente Joan —una matriarca adinerada de una dinastía de la Costa Este que realiza una cantidad asombrosa de buen trabajo para su comunidad y nunca habla de ello— lo mucho que la admiraba como modelo positivo de la empatía de hacer, ella objetó amablemente: «Si no tengo cuidado, me convierto en una solucionadora. Me preocupo demasiado y luego hago demasiado. Resuelvo los problemas de los demás en lugar de dejar que aprendan de sus errores y los arreglen ellos mismos. Me convierto en su muleta y acabo haciéndolos más dependientes».

Experimentamos este tipo de empatía en infinidad de situaciones: cuando nos abruma la preocupación por los desfavorecidos de la sociedad; cuando nos alarmamos por las decisiones que toman los demás porque hemos pasado por ello; cuando empleamos nuestra comprensión de las personas que se interponen en nuestro camino; cuando imitamos el malestar físico de otra persona —por ejemplo, copiando su modo de rascarse o su tartamudeo—; cuando comprendemos perfectamente la lucha emocional de una persona porque recordamos cuando nos pasó algo similar a nosotros, y así sucesivamente. Tenemos la oportunidad de ser empáticos docenas de veces al día, y cada vez es una oportunidad para mostrar bien la empatía o para hacerlo mal. Si alguna vez has llegado a casa y has descuidado a los miembros de tu familia porque seguías preocupado por las emociones empáticas que sentías al escuchar los problemas de un colega, has visto los peligros de la empatía exagerada o errónea.

Este es el persistente argumento que Paul Bloom, profesor de Filosofía de Yale, expone en su provocador libro de 2019, *Contra la empatía*. Bloom escribe: «Para casi cualquier capacidad humana, se pueden observar pros y contras». Y luego procede a destacar los muchos contras de la empatía; por ejemplo, la empatía es parcial: tendemos a otorgarla a aquellos que se parecen a nosotros, que son atractivos y que son familiares y no amenazantes. Bloom señala con entusiasmo que no está en contra dc la compasión, la preocupación, la bondad, el amor y la moral. Está de acuerdo si así se define la empatía. Bloom está en contra de la empatía cuando no se apoya en la razón y el pensamiento disciplinado, cuando refleja nuestras respuestas miopes y emocionalmente coaccionadas.

Estoy de acuerdo con el profesor Bloom. Si la empatía es la capacidad de «caminar cien metros en los zapatos de otra persona», cabe preguntarse: ¿Por qué parar después de los cien metros? ¿Por qué no quinientos? ¿Por qué no para siempre? Este es uno de mis problemas con la empatía. Para ser una cualidad personal bañada en un resplandor tan brillante de bondad, la empatía tiene una forma de hacernos sentir mal con nosotros mismos. Nos exige demasiado. Nos sentimos culpables cuando no somos capaces de sentir empatía por el sufrimiento de alguien. Nos sentimos como farsantes cuando nos separamos del objeto de nuestra empatía y, al no estar ya en su presencia, nos despojamos de lo que sentimos, como si hubiéramos estado jugando a la empatía, como si hubiéramos sido profesionalmente —pero no auténticamente— empáticos. ¿Cuándo nos liberamos de la carga de ser empáticos?

No quiero que esas críticas oscurezcan la razón por la que considero que la empatía es un requisito para lograr una vida que valga la pena. No es porque nos haga más compasivos, morales o bondadosos, aunque esos sean impulsos loables.

Para mis propósitos, la empatía tiene muy poco que ver con el refuerzo del paradigma que presentamos en el capítulo 1 (*Cada respiración que tomo es un nuevo yo*), que nos recuerda que somos una serie interminable de viejas y nuevas versiones de nosotros mismos. La mayor utilidad de la empatía es la eficacia con la que nos recuerda que debemos estar presentes.

Hace unos años conocí a alguien que escribía discursos para una conocida figura política. También publicaba ficción y no ficción con su propio nombre, pero cuando escribía para el político, decía que asumía el papel de «empático profesional». Me impresionó la caracterización de profesional. Él consideraba que la empatía que aportaba a la redacción de discursos era una habilidad discreta que ocupaba sus pensamientos y emociones mientras ejecutaba la tarea y que luego abandonaba fácilmente cuando el trabajo estaba terminado. Se comportaba como un profesional total: hacía lo que fuera necesario para realizar el trabajo y luego seguía adelante. Admiraba al político y estaba de acuerdo con él en cuanto a la política y la historia; eso era algo evidente. Describió el hecho de escribir en la voz de otra persona como un acto de máxima generosidad. Se subsumía en su personalidad y escribía con la voz y los patrones de habla del cliente en sus oídos. Decía: «Cuando estoy trabajando, cada idea y cada línea buena que tengo va para el cliente. No me guardo una frase bonita para usarla en mi propio escrito. Tiene que ir al discurso». Después de entregar un borrador y de que el político hiciera cambios y pronunciara el discurso, decía: «Me olvido totalmente de lo que he escrito, como si hubiera estado tecleando en un trance y luego hubiera salido de él para poder pasar a lo mío».

Este escritor estaba describiendo una forma de empatía muy útil para lograr una vida merecida. Mientras se encerraba en el cerebro del cliente y se mantenía en la tarea, el escritor exhibía la empatía de comprender y sentir. Después, podía desprenderse de cualquier sentimiento empático. No permitía que se desbordaran en el siguiente episodio de su vida en curso. Esos sentimientos pertenecían a su viejo yo. El nuevo yo tenía algo nuevo que ganar. En una palabra, estaba alcanzando un estado poco común que todos desearíamos poder alcanzar más a menudo. Estaba presente.

El actor y cantante Telly Leung describe perfectamente el proceso mental de compartimentar nuestra empatía y estar presentes. Telly fue la estrella del gran éxito de Broadway *Aladdin* durante dos años seguidos. Al hablar de cómo mantuvo su motivación y energía ocho veces a la semana durante dos años como protagonista de una producción físicamente exigente, dividió su empatía en dos partes:

En primer lugar, su empatía emocional con el público que lo veía actuar. Telly dijo: «Yo era un niño de ocho años la primera vez que vi una obra. Quedé hipnotizado por la música, el canto, el baile y la alegría. Llevo el recuerdo de esa experiencia conmigo a cada actuación. Cuando salgo al escenario de Broadway, pienso en el pequeño Telly e imagino las emociones de algún niño o niña de ocho años que se encuentra en el público esa noche. Quiero que sienta lo que yo sentí. Cada noche, me digo a mí mismo: ¡Este espectáculo es para ti!».

La segunda es lo que Telly llama «empatía auténtica», un respeto por sus colegas cuando actúan juntos. Es una muestra de profesionalidad que lo mantiene centrado en el personaje en cada momento de cada actuación. Un actor que intenta dar lo mejor de sí en el escenario no puede permitirse el lujo de desconectarse mental o emocionalmente ni un solo segundo.

«En las dos horas que estaba en el escenario en el papel de Aladdin, tenía que manifestar muchas reacciones emocionales muy diferentes. Tenía que estar feliz, triste, enamorado, rechazado, serio, desenfadado, enojado y divertido. Tenía que conectar emocionalmente con los otros actores. Tenía que demostrar empatía por ellos cada vez que estaba en el escenario. Cada noche tenía que enamorarme de la princesa Jasmine, y lo hice. Cuando caía el telón, apagaba inmediatamente ese sentimiento hasta la siguiente función. Entonces me iba a casa, donde podía volver a estar enamorado de mi marido», me contó Telly.

No puedo mejorar la definición de Telly: «La auténtica empatía es hacer todo lo posible para ser la persona que necesitas ser para las personas que están contigo ahora».

Sea cual sea la terminología —si la empatía es profesional o auténtica—, el escritor de discursos y el actor se preguntan lo mismo: ¿Estamos mostrando y experimentando la empatía en el único instante en que puede crear un impacto positivo, es decir, cuando es importante en el momento?

Prefiero el término *empatía singular* no solo porque centra nuestra preocupación en una sola persona o situación, sino también porque nos recuerda que cada oportunidad discreta de desplegar nuestros poderes empáticos es un acontecimiento único y excepcional. La empatía singular es única en cada momento; cambia con cada situación. A veces se asemeja a la empatía de la comprensión, otras veces a la empatía del sentimiento, a la del cuidado o a la de la acción. La única constante de la empatía singular es que concentra nuestra atención en un solo momento y, por tanto, lo hace singular para todos los implicados. Cuando demuestras una empatía singular, no puedes ser inauténtico. No estás faltando al respeto a otras personas de otros momentos anteriores de tu vida, inmediatos o lejanos. Estás demostrando empatía a las únicas personas que pueden apreciarla: las personas que están contigo ahora.

Si pudiera tener una sola ficha para llevarla conmigo durante el resto de mi vida, para poder mirarla en cualquier momento del día como recordatorio de cómo debo comportarme para lograr una vida merecida que valga la pena, este sería el mensaje que escribiría en ella:*

¿Estoy siendo la persona que quiero ser en este momento?

Hazlo una vez con una respuesta afirmativa y descubrirás que te has ganado el momento. Hazlo de forma habitual y continua, y crearás una cadena de muchos momentos merecidos, que se extienden de días a meses y a años se suman a una vida que vale la pena.

---

* Todo el mérito de esta idea es de mi amiga y miembro de 100 Coaches, Carol Kauffman. Gracias, Carol.

EPÍLOGO

DESPUÉS DE LA VUELTA DE LA VICTORIA

Si eres un invitado de fin de semana en casa de mi amigo Leo, comerás bien. Leo te preguntará de antemano qué te gusta beber y qué tipo de comida no te gusta, como si fuera el maître que pregunta por las preferencias de los clientes y sus alergias a los alimentos en un establecimiento de alta cocina.

Leo aprendió a cocinar a los treinta años, cuando se retiró del mercado laboral para quedarse en casa cuidando de sus tres hijas pequeñas mientras su mujer, Robin, volvía a trabajar como contable. Tras cinco años como amo de casa, Leo se unió a un antiguo colega que estaba poniendo en marcha una empresa de capital privado, y permaneció como director de operaciones de la empresa durante treinta años. Trabajó mucho, le fue muy bien, pero nunca abandonó su papel de cocinero de la familia. Leo no es ostentoso con su cocina. Nunca le he oído describirse como un gourmet. Solo los amigos y la familia que cenan a la mesa de Leo saben que la cocina es su gran revelación.

Los amigos de Leo ya dan por sentada su excelencia en los fogones, aunque dudo que Leo sea consciente de ello. Si tienes la suerte de visitar a Leo y Robin durante unos días en una de sus muchas casas, verás lo silenciosamente que trabaja para alimentar a todo el mundo. Leo no es un cocinero instintivo que pueda preparar una comida maravillosa con un revoltijo de ingredientes, como un concursante en un certamen televisivo de cocina. Busca recetas en los libros de cocina, sabe lo que le va a funcionar y siempre sigue la receta al pie de la letra: no se permite la creatividad independiente. Leo guarda las recetas que le gustan en una carpeta de tres anillas que consulta antes de la comida. Planifica las cenas de la semana, compra todos los ingredientes y prepara todo lo que puede en su tiempo libre. De alguna manera, cada comida parece mejor que la anterior. Tras todos estos años en los fogones, Leo sigue mejorando.

Lo sorprendente de Leo es que, excepto cuando está fuera de casa, lo hace todos los días, ya sea una comida rápida para Robin y él o una cena de Acción de Gracias con toda su familia.

La cocina no es una actividad que Leo realice como un elemento de la lista de deseos que siempre quiso hacer cuando tuviera tiempo. Leo cocinaba cuando no tenía trabajo, siguió haciéndolo cuando volvió a trabajar y no dejó de hacerlo cuando estaba muy ocupado dirigiendo a cuarenta personas y una cartera internacional de inversiones.

Leo, el cocinero, no es una metáfora de la idea de una vida que valga la pena. Leo, el cocinero, es la esencia de la vida merecida en todo su esplendor mundano.

Cuando se levanta por la mañana, Leo es un cocinero. Prepara una gran comida. La sirve a los invitados. La gente experimenta placer, a veces deleite. Leo se siente validado al ver los platos vacíos y las caras sonrientes alrededor de la mesa. Cuando se despierta a la mañana siguiente, sigue siendo un cocinero. Vuelve a hacerlo.

Quizás haya un momento, después de que todo haya terminado, en el que Leo reflexione con Robin sobre la comida. «Ha ido bien», pueden estar de acuerdo. Pero eso es todo lo que Leo está dispuesto a hacer para conseguir la victoria. Acepta que esa satisfacción es efímera. Sabe que tiene la oportunidad de ganársela de nuevo con la siguiente comida.

En esto, Leo no es diferente de cualquiera de nosotros que haya encontrado una vocación, profesional o personal, a la que pueda dedicarse con la suficiente pasión y propósito como para que estemos deseando volver a ella cada día. Puede ser el médico que trata de curar y aliviar el dolor de treinta pacientes al día, para luego ver a otros treinta pacientes al día siguiente; o el lechero que se levanta a las 4:30 de la mañana para ordeñar el rebaño todos los días (no hay días libres con un rebaño lechero); o el panadero artesanal que alimenta al vecindario con panes frescos cada día, o la madre de nido vacío, con sus hijos mayores viviendo por fin solos, que se da cuenta de que sus hijos siempre estarán en su mente, que nunca dejará de ser madre. No hay una vuelta de la victoria por ser médico, lechero, panadero o madre, solo el privilegio y la satisfacción de ser esas personas y tratar de hacerlo lo mejor posible cada día.

Todos deberíamos ser tan afortunados.

De las diversas exhortaciones y ejercicios que he ofrecido aquí, me gustaría destacar cinco temas recurrentes —a veces explícitos y a veces implícitos— que planean sobre cada página como ángeles de la guarda de la idea de una vida ganada. Cada uno de ellos está fácilmente bajo nuestro control (y no hay muchas cosas en la vida que podamos controlar).

El primero es el *propósito*. Cualquier cosa que hagamos es más elevada, más apasionante y más conectada con lo que queremos llegar a ser si la hacemos con un propósito claramente expresado (que sea «expresado» marca una gran diferencia).

La segunda es la *presencia*. Esta es la petición imposible: estar presentes con las personas de nuestra vida, en lugar de desaparecer en acción. Aunque nunca podamos alcanzar la cumbre de estar presentes en todo momento, sigue siendo la montaña que nunca debemos dejar de escalar.

La tercera es la *comunidad*. Lograr algo con la ayuda de una comunidad elegida tiene más resonancia, afecta a más personas y suele ser una mejora respecto del acto en solitario a causa de las contribuciones de muchos. ¿Prefieres ser el solista o cantar con el acompañamiento de un coro?

El cuarto es la *impermanencia*. En el gran esquema, estamos aquí en la tierra por un breve momento. «Nacemos, enfermamos y morimos», dijo Buda, para recordar que nada es duradero, ni nuestra felicidad, ni un día, ni nada. Todo es limitado. No se trata de una idea para deprimirnos. Es para inspirarnos a estar presentes y encontrar un propósito en cada momento.

El quinto es el de los *resultados*. Se trata de un tema negativo que revela un concepto positivo, porque mi objetivo no ha sido ayudarte a ser mejor en la consecución de un resultado, sino ayudarte a que te esfuerces al máximo para alcanzar un objetivo. Si te esfuerzas al máximo, no has fracasado, independientemente del resultado.

Al final, una vida que valga la pena no incluye una ceremonia de entrega de trofeos ni permite una larga vuelta de la victoria. La recompensa de vivir una vida merecida es participar en el proceso de ganarse constantemente esa vida.

AGRADECIMIENTOS

Me gustaría dar las gracias a los miembros de la comunidad de los 100 Coaches que me ayudaron a entender lo que puede ser una vida ganada: Adrian Gostick, Aicha Evans, Alaina Love, Alan Mulally, Alex Osterwalder, Alex Pascal, Alisa Cohn, Andrew Nowak, Antonio Nieto-Rodríguez, Art Kleiner, Asha Keddy, Asheesh Advani, Atchara Juicharern, Ayse Birsel, Ben Maxwell, Ben Soemartopo, Bernie Banks, Betsy Wills, Bev Wright, Beverly Kaye, Bill Carrier, Bob Nelson, Bonita Thompson, Brian Underhill, Carol Kauffman, Caroline Santiago, CB Bowman, Charity Lumpa, Charlene Li, Chester Elton, Chintu Patel, Chirag Patel, Chris Cappy, Chris Coffey, Claire Diaz-Ortiz, Clark Callahan, Connie Dieken, Curtis Martin, Darcy Verhun, Dave Chang, David Allen, David Burkus, David Cohen, David Gallimore, David Kornberg, David Lichtenstein, David Peterson, Deanna Mulligan, Deanne Kissinger, Deborah Borg, Deepa Prahalad, Diane Ryan, Donna Orender, Donnie Dhillon, Dontá Wilson, Dorie Clark, Doug Winnie, Eddie Turner, Edy Greenblatt, Elliott Masie, Eric Schurenberg, Erica Dhawan, Erin Meyer, Eugene Frazier, Evelyn Rodstein, Fabrizio Parini, Feyzi Fatehi, Fiona MacAulay, Frances Hesselbein, Frank Wagner, Fred Lynch, Gabriela Teasdale, Gail Miller, Garry Ridge, Gifford Pinchot, Greg Jones, Harry Kraemer, Heath Dieckert, Herminia Ibarra, Himanshu Saxena, Hortense le Gentil, Howard Morgan, Howard Prager, Hubert Joly, Jacquelyn Lane, Jan Carlson,

Jasmin Thomson, Juan Martin, Jeff Pfeffer, Jeff Slovin, Jennifer Mc-Collum, Jennifer Paylor, Jim Citrin, Jim Downing, Jim Kim, Johannes Flecker, John Baldoni, John Dickerson, John Noseworthy, Julie Carrier, Kate Clark, Kathleen Wilson-Thompson, Ken Blanchard, Kristen Koch Patel, Laine Cohen, Linda Sharkey, Liz Smith, Liz Wiseman, Libba Pinchot, Lou Carter, Luke Joerger, Lucrecia Iruela, Macarena Ybarra, Magdalena Mook, Maggie Hulce, Mahesh Thakur, Margo Georgiadis, Marguerite Mariscal, Marilyn Gist, Mark Goulston, Mark Tercek, Mark Thompson, Martin Lindstrom, Melissa Smith, Michael Bungay Stanier, Michael Canic, Michael Humphreys, Michel Kripalani, Michelle Johnston, Michelle Seitz, Mike Kaufmann, Mike Sursock, Mitali Chopra, Morag Barrett, Mojdeh Pourmahram, Molly Tschang, Naing Win Aung, Nankonde Kasonde-van den Broek, Nicole Heimann, Oleg Konovalov, Omran Matar, Pamay Bassey, Patricia Gorton, Patrick Frias, Pau Gasol, Paul Argenti, Pawel Motyl, Payal Sahni Becher, Peter Bregman, Peter Chee, Phil Quist, Philippe Grall, Pooneh Mohajer, Prakash Raman, Pranay Agrawal, Praveen Kopalle, Price Pritchett, Rafael Pastor, Raj Shah, Rita McGrath, Rita Nathwani, Rob Nail, Ruth Gotian, Safi Bahcall, Sally Helgesen, Sandy Ogg, Sanyin Siang, Sarah Hirshland, Sarah McArthur, Scott Eblin, Scott Osman, Sergey Sirotenko, Sharon Melnick, Soon Loo, Srikanth Velamakanni, Srikumar Rao, Stefanie Johnson, Steve Berglas, Steve Rodgers, Subir Chowdhury, Taavo Godtfredsen, Taeko Inoue, Tasha Eurich, Telisa Yancy, Telly Leung, Teresa Ressel, Terri Kallsen, Terry Jackson, Theresa Park, Tom Kolditz, Tony Marx, Tushar Patel, Wendy Greeson, Whitney Johnson y Zaza Pachulia.

SOBRE EL AUTOR

Marshall Goldsmith es reconocido como uno de los principales *coaches* de ejecutivos del mundo y es el autor de muchos libros que figuran en la lista de más vendidos del *New York Times*, como *Un nuevo impulso*, *Mojo* y *Disparadores*. Se doctoró en la Anderson School of Management de la UCLA. En su práctica de *coaching*, Goldsmith ha asesorado a más de doscientos CEOs y a sus equipos de gestión. Él y su esposa viven en Nashville, Tennessee.

MarshallGoldsmith.com
Twitter: @coachgoldsmith